MICHAEL COLLINS PIPER

EL GOLEM

UN MUNDO TOMADO COMO REHÉN

La bomba nuclear israelí y el camino hacia el Armagedón mundial

Un estudio sobre la "israelización" de la política exterior estadounidense y sus implicaciones para la supervivencia de la humanidad.

MICHAEL COLLINS PIPER

Michael Collins Piper fue un escritor político y presentador de radio estadounidense. Nació en 1960 en Pensilvania, Estados Unidos. Fue colaborador habitual de *The Spotlight* y su sucesor, *American Free Press*, periódicos apoyados por Willis Carto. Falleció en 2015 en Coeur d'Alene, Idaho, Estados Unidos.

El Golem - Un mundo tomado como rehén
La bomba nuclear israelí y el camino hacia el Armagedón global
Un estudio sobre la "israelización" de la política exterior estadounidense y sus implicaciones para la supervivencia de la humanidad

The Golem – A world held hostage
Israel' nuclear hell bomb and the road to Global Armageddon
A study of the "israelization" of American foreign policy and its implications for the survival of mankind

Primera edición en Estados Unidos: junio de 2002 American Free Press

Traducido y publicado por
Omnia Veritas Limited

OMNIA VERITAS®
www.omnia-veritas.com

© Omnia Veritas Ltd - 2025

Reservados todos los derechos. Ninguna parte de esta publicación puede ser reproducida, distribuida o transmitida en forma alguna ni por ningún medio, incluidos el fotocopiado, la grabación u otros medios electrónicos o mecánicos, sin el permiso previo por escrito del editor, salvo breves citas en reseñas críticas y otros usos no comerciales permitidos por la legislación sobre derechos de autor.

¿QUÉ ES EL GOLEM 14

EL GOLEM 16

UNAS PALABRAS DEL AUTOR... 17

    Israel me ha incluido en el Salón de la Vergüenza 17

DEDICACIÓN 19

    Al Dr. Mahathir Mohamad 19

    Al difunto F. C. Schellenberg. 19

    Y a Mordechai Vanunu 19

    ¿Se disparó el primer tiro de la guerra de Israel por la supremacía nuclear en Dallas (Texas) el 22 de noviembre de 1963 21

PRÓLOGO 23

    Un mundo tomado como rehén... 23

EL GOLEM 26

INTRODUCCIÓN 29

    ¿Qué es el Golem? ¿Cuál es la relación entre este icono religioso judío y el arsenal de armas nucleares de destrucción masiva más peligroso del planeta 29

CAPÍTULO I 39

    El racismo institucional de Israel, fuente de preocupación en el contexto de su gólem nuclear 39

CAPÍTULO II 45

EL AUGE DEL FANATISMO EN LA ARENA POLÍTICA ISRAELÍ Y SUS IMPLICACIONES PARA EL GOLEM NUCLEAR ISRAELÍ: ¿SERÁ AVIGDOR LIEBERMAN EL ARQUITECTO DEL ARMAGEDÓN 45

CAPÍTULO III 48

¿GUERRA CIVIL EN ISRAEL? ¿PODRÍAN LOS EXTREMISTAS JUDÍOS FANÁTICOS TOMAR EL CONTROL DEL GOLEM NUCLEAR DE ISRAEL 48

CAPÍTULO IV 53

NO SÓLO LOS "FANÁTICOS"... LOS ALTOS DIRIGENTES ISRAELÍES Y LA AMENAZA DEL GOLEM 53

CAPÍTULO V 57

SÍ, ISRAEL ATACARÁ PRIMERO... Y TAMBIÉN ATACARÁ A UN "ALIADO". 57

CAPÍTULO VI 63

EL SECRETO SAGRADO DE ISRAEL: EL GOLEM SIONISTA, PRINCIPAL IMPULSOR DE LA ESCALADA NUCLEAR EN ORIENTE PRÓXIMO 63

CAPÍTULO VII 69

GRUPOS ESTADOUNIDENSES SIN ÁNIMO DE LUCRO EXENTOS DE IMPUESTOS FINANCIAN EL GÓLEM NUCLEAR ISRAELÍ 69

CAPÍTULO VIII 72

¿SE HA FUSIONADO EL GOLEM ISRAELÍ CON EL ARSENAL NUCLEAR ESTADOUNIDENSE 72

CAPÍTULO IX 75

"ISRAEL: RENUNCIA A TU GOLEM" ANALISTAS DE LA ESCUELA DE GUERRA DEL EJÉRCITO DE EE.UU. CREEN QUE IRÁN RENUNCIARÍA A SU PROGRAMA NUCLEAR SI ISRAEL LO HICIERA 75

CAPÍTULO X 78

La relación "envenenada": un intelectual judío pide un giro de 180 grados en la política exterior estadounidense hacia el Golem israelí 78

CAPÍTULO XI 81

El eje Estados Unidos-Israel-India y sus implicaciones para la proliferación nuclear 81

CAPÍTULO XII 86

La guerra secreta de JFK contra Israel: La historia no contada de cómo la controversia sobre el Golem de Israel fue fundamental en la conspiración del asesinato de JFK. 86

CAPÍTULO XIII 101

El "problema judío" de Jimmy Carter La larga y no tan secreta guerra emprendida contra Jimmy Carter por Israel y su poderoso lobby en Washington. 101

CAPÍTULO XIV 107

¿Ha "dado la espalda" Bill Clinton a Israel? Las intrigas sionistas detrás del "Monica-Gate 107

CAPÍTULO XV 117

La revuelta de los generales: la élite militar estadounidense se posiciona en contra de los partidarios estadounidenses de Israel 117

CAPÍTULO XVI 123

La gran caza de brujas del siglo XXI: los sionistas piden la expulsión de los críticos de Israel del gobierno y el ejército de EE.UU. 123

CAPÍTULO XVII 127

La revuelta académica: destacados académicos plantean la pregunta: "¿Es buena para Estados Unidos la relación especial entre EE.UU. e Israel?" 127

CAPÍTULO XVIII 131

La guerra del sionismo contra las Naciones Unidas: creación de un nuevo mecanismo para establecer un imperio global 131

CAPÍTULO XIX 140

Irak e Irán como objetivos: un elemento clave en la estrategia a largo plazo del sionismo para la dominación de Oriente Próximo y del mundo. 140

CAPÍTULO XX 143

¿Quién es Bono? Israel, único beneficiario de la política estadounidense hacia Irak e Irán 143

CAPÍTULO XXI 149

"Huellas judías imborrables": ¿Quién quiere que Estados Unidos declare la guerra a Irán 149

CAPÍTULO XXII 152

Han vuelto: Los sumos sacerdotes de la guerra de Irak ahora quieren destruir Irán 152

CAPÍTULO XXIII 155

Los "neoyorquinos de plata": un general estadounidense de origen judío señala con el dedo a los que hicieron la guerra 155

CAPÍTULO XXIV 158

"Made in Israel": el verdadero origen de la polémica nuclear iraní según los principales expertos en armas nucleares 158

CAPÍTULO XXV 160

El Presidente iraní toma la palabra: Desafiando frontalmente al nuevo orden mundial 160

CAPÍTULO XXVI **168**

Es hora de librar una guerra contra la guerra: habla el Dr. Mahathir Mohamad 168

CAPÍTULO XXVII **172**

Israel, un "Estado fallido" dispuesto a romper el tabú nuclear; los neoconservadores buscan la dominación mundial 172

CAPÍTULO XXVIII **175**

El fin de la vida en la Tierra: las terribles consecuencias de la proliferación nuclear incontrolada 175

CAPÍTULO XXIX **178**

Desinformación institucionalizada: el papel del monopolio mediático en la promoción de la guerra 178

CAPÍTULO XXX **181**

"El mayor crimen del siglo XX" Apelación de un profeta a la razón 181

CONCLUSIÓN **197**

UNAS PALABRAS FINALES **217**

¿Qué tenemos que hacer 217

OTROS TÍTULOS **231**

Durante más de 30 años, Michael Collins Piper ha luchado contra las guerras innecesarias y el imperialismo global. Ha viajado por todo el mundo para decir a la buena gente del mundo que los verdaderos estadounidenses no apoyan las acciones criminales de la élite sionista que reina suprema en suelo estadounidense...

Arriba a la izquierda, Michael Collins Piper comparte un momento de relax en Kuala Lumpur con el ex Primer Ministro de Malasia, el Dr. Mahathir Mohamad. A la derecha, Michael Collins Piper, amante de los animales, visita el monumento conmemorativo del famoso santuario Yasukuni de Tokio, que rinde homenaje a los perros que sirvieron junto a las tropas japonesas en tiempos de guerra. Abajo, a la derecha, con el Presidente iraní Mahmud Ahmadineyad. Abajo a la izquierda, Piper da una conferencia en el centro de estudios de la Liga Árabe, el Centro Internacional Zayed de Coordinación y Seguimiento, en Abu Dhabi (Emiratos Árabes Unidos).

Abajo, a la izquierda, en la Plaza Roja de Moscú. Sanusi Junid, Presidente de la Universidad Islámica Internacional de Malasia (izquierda), y el Conde Hans Christophe Von Sponeck (derecha), antiguo Secretario General Adjunto de la ONU y coordinador del programa humanitario de la ONU en Irak antes de la invasión estadounidense. A la derecha, dirige su foro radiofónico nocturno en la Republic Broadcasting Network.

¿Qué es el Golem

Esta provocadora pregunta, cuya respuesta es esencial para la supervivencia de la vida en la Tierra, se aborda sin ambages en este explosivo estudio, el primero de este tipo...

En la tradición judía, un eminente rabino conjuró mágicamente una criatura brutal -el Golem- a partir de la arcilla de la tierra y la envió al mundo para derrotar a los enemigos del pueblo judío. Según cuenta la leyenda, que más tarde inspiró el Frankenstein de Mary Shelley, el Golem se volvió incontrolable e incluso resultó ser una amenaza para la supervivencia del pueblo judío.

De hecho, un Golem muy real (y muy peligroso) existe en nuestro planeta en los tiempos modernos. Fabricado a partir de un mineral llamado uranio, este Golem es -como lo describió el padre fundador de Israel, David Ben-Gurion- el arma nuclear "sagrada" de destrucción masiva de Israel, la principal fuente de problemas en el precario ámbito de la proliferación atómica en nuestro conflictivo planeta actual.

En este libro histórico, el veterano autor Michael Collins Piper no escatima palabras al afirmar que la bomba nuclear de Israel está empujando a la civilización hacia el Armagedón global, y que la perpetuación de este programa armamentístico incontrolado ha tomado al mundo como rehén. Piper explica el peligro al que se enfrenta el planeta como consecuencia directa de la colaboración estadounidense con un Israel con armas nucleares, una nación con una historia abierta de hostilidad hacia otros pueblos, basada en enseñanzas religiosas judías poco conocidas que han sido la filosofía sobre la que Israel -desde sus primeros días- ha trabajado incansablemente para construir un arsenal atómico -su Golem-, la base de su estrategia de seguridad nacional.

Al describir toda esta espeluznante historia, Piper demuestra cómo la política internacional de Estados Unidos ha sido secuestrada por ricos partidarios de Israel que, en asociación con medios de comunicación dominados por familias judías e intereses financieros, se han convertido en los dueños del destino de Estados Unidos y de la propia humanidad.

Piper llama a este fenómeno la "israelización" de la política exterior estadounidense.

Tras haber producido seis estudios diferentes (traducidos a varios idiomas), todos ellos ampliamente aclamados, sobre diversos aspectos de la intriga sionista, Piper es ahora reconocido internacionalmente como uno de los principales y más antiguos críticos de la política estadounidense hacia Israel y el mundo musulmán. En *The Golem*, Piper ha reunido una impresionante serie de hechos indiscutibles que conducen a una conclusión inequívoca: los ciudadanos de Estados Unidos y del mundo deben trabajar juntos para garantizar el desmantelamiento del Golem de Israel.

Este volumen monumental podría ser justo lo que...

EL GOLEM

En 1994, Jane's Intelligence Review, la principal autoridad mundial en la industria armamentística, confirmó que Israel [poseía] 200 cabezas nucleares, lo que la convertía en la sexta potencia nuclear del mundo.

El doble rasero que se pone de manifiesto cada vez que se mencionan las palabras "armas de destrucción masiva" no puede excusarse en el hecho de que Israel respeta las normas internacionales.

Israel se niega a firmar ningún tratado que regule el uso de armas nucleares. Toda la correspondencia relativa al acuerdo de no proliferación nuclear, al tratado de prohibición de pruebas nucleares y a otros acuerdos copiosamente negociados sobre armas de destrucción masiva va a parar al cubo de la basura del gobierno israelí.

Sin embargo, Israel recibe 3.000 millones de dólares [en ayudas] al año de Estados Unidos. Y ello a pesar de la legislación -el Acuerdo Symington- que impide al gobierno estadounidense conceder ayudas a países que desarrollen armas nucleares al margen de cualquier control o acuerdo internacional.

-Hilary Wainwright *The Guardian* 4 de octubre de 2002

ACERCA DE LA PORTADA: Se trata de "El Golem", de la clásica película expresionista alemana de los años veinte que narraba la historia (basada en una popular leyenda judía) de cómo un rabino judío creó una criatura gigante de arcilla, conocida como el "Golem", para proteger a los asediados judíos de Praga de sus enemigos. Sin embargo, el Golem se descontroló y se convirtió en una amenaza para los judíos. En el pecho del Golem hay una estrella de cinco puntas, antiguo símbolo judío de la ciudad de Jerusalén. Hoy existe un Golem muy real: el arsenal israelí de armas nucleares de destrucción masiva. El peligro que el Golem nuclear de Israel representa para el mundo -y para la propia supervivencia del pueblo judío- es el tema de este volumen.

Unas palabras del autor...

Israel me ha incluido en el Salón de la Vergüenza...

Este "honor" bastante inusual -por así decirlo- fue concedido por un foro estatal israelí conocido como Foro de Coordinación para la Lucha contra el Antisemitismo, copatrocinado por la Oficina del Primer Ministro israelí, los Ministerios israelíes de Educación y Asuntos Exteriores, así como destacadas organizaciones judías mundiales como la Liga Antidifamación, el Congreso Judío Mundial, B'nai B'rith y la Agencia Judía, entre otras.

Mi "delito" es haber participado -junto con unos 70 investigadores y académicos de 30 países de todo el mundo- en una conferencia organizada en Teherán en diciembre de 2006 por el Presidente iraní Mahmoud Ahmadinejad y el Instituto de Estudios Políticos e Internacionales del Ministerio de Asuntos Exteriores iraní.

Aunque el tema oficial de la conferencia fue el omnipresente "Holocausto", la atención se centró en los continuos problemas derivados del papel central de Israel en los conflictos de Oriente Próximo, en particular el trato que Israel dispensa a cristianos y musulmanes en Palestina, políticas que recuerdan a las supuestamente practicadas por la Alemania nazi contra los judíos europeos.

Permítanme decir sin vacilar que considero esta condena de Israel como una insignia de honor que llevo con orgullo: la verificación formal de que he dedicado más de la mitad de mi vida a luchar contra las guerras sin sentido a las que se ha visto arrastrado Estados Unidos en nombre de Israel y de la agenda sionista internacional.

No me disculpo por haber adoptado una postura abierta contra las fechorías de Israel y la injerencia mundial de Estados Unidos en favor de Israel.

Estoy firmemente convencido de que lo que yo llamo "el problema de Israel" amenaza la supervivencia misma de la vida en la Tierra. Es la fuerza motriz de los males gemelos de la guerra y el imperialismo, un dragón de dos cabezas que debe ser abatido.

Por eso he escrito este libro. Las armas nucleares de destrucción masiva de Israel -su Golem- están en el centro del problema, y este problema debe resolverse rápidamente.

Esperemos que este libro ayude a resolver el problema.

-MICHAEL COLLINS PIPER

Washington, DC 11 de septiembre de 2007

Para saber más sobre los esfuerzos del Dr. Mahathir Mohamad por combatir la guerra y el imperialismo, visite el sitio web del Foro Perdana por la Paz Global: perdana4peace.org.

Mahathir Mohamad, ex Primer Ministro de Malasia (arriba), fue un ferviente defensor de la paz mundial. En el recuadro hay una foto del hermanastro de Michael Collins Piper, F. C. Schellenberg, que saltó de un camión durante su entrenamiento militar antes de ser destinado a Vietnam. Schellenberg fue sólo uno de los millones de estadounidenses enviados a luchar en guerras extranjeras innecesarias.

DEDICACIÓN

Al Dr. Mahathir Mohamad

El padre de la Malasia moderna y guerrero de primera línea por la paz mundial

Debemos prohibir la guerra como opción en la resolución de disputas y conflictos entre naciones; reconocer y definir la guerra como un asesinato en masa legitimado, inhumano e incivilizado".

Hago un llamamiento al mundo para que rechace totalmente la guerra y acepte la paz como la verdadera expresión de la humanidad y de la nobleza de la raza humana, la medida última del nivel de civilización que la humanidad debe esforzarse por alcanzar, que debe lograr.

En nombre de la democracia, la libertad y Dios, los criminales de guerra han librado y siguen librando guerras de agresión y cometiendo atroces crímenes de guerra. En nombre de la paz, debemos hacer un esfuerzo global para impedir que los criminales de guerra libren guerras y masacren a personas inocentes.

Tenemos que ser decididos. No debemos rendirnos ante la adversidad. Nuestra causa es justa y la victoria está asegurada, aunque la lucha sea larga y ardua. Si Dios quiere, la paz prevalecerá.

Un viaje de mil millas comienza con los primeros pasos. Hemos dado muchos pasos. Avancemos en esta lucha por alcanzar la verdadera civilización, por criminalizar la guerra.

-DR. MAHATHIR MOHAMAD

Al difunto F. C. Schellenberg.

Fue reclutado para luchar en la guerra de Vietnam, otra guerra que no era necesaria y que no debería haberse librado. Aunque mi hermano mayor regresó a nuestra familia -y fundó la suya propia-, las cicatrices de una guerra de la que nunca me habló -salvo una vez- le llevaron a una muerte prematura.

En muchos sentidos, el hijo mayor de mi madre ya había muerto en las selvas del sudeste asiático varios años antes.

Y a Mordechai Vanunu.

 El mundo tiene una gran deuda con Mordechai, un profeta de nuestro tiempo. Esperemos que las advertencias de Mordejai sobre el Golem nuclear de Israel sean escuchadas y que por fin consiga la libertad con la que soñó durante los 18 años que pasó en el infierno de una prisión israelí.

Habla un preso de conciencia israelí

Nominado varias veces al Premio Nobel de la Paz, el antiguo técnico nuclear israelí Mordechai Vanunu pasó 18 años en prisión en Israel, 11 de ellos en régimen de aislamiento, condenado por traición y espionaje por haber facilitado (en 1986) al Sunday Times de Londres información privilegiada sobre el programa israelí de construcción de armas atómicas de destrucción masiva.

Desde que salió de la cárcel en 2004, las autoridades israelíes han perseguido repetidamente al Sr. Vanunu por su persistente negativa a acceder a la petición de Israel de cesar todo contacto con periodistas extranjeros. El Sr. Vanunu desea abandonar Israel, pero el gobierno israelí no se lo permite. El 25 de julio de 2004, el Jerusalem Post informó de que Vanunu había declarado en una entrevista con el periódico árabe londinense al-Hayat que creía que el asesinato de John F. Kennedy fue consecuencia directa de los esfuerzos de Kennedy por impedir que Israel desarrollara armas nucleares. Fue otro destacado disidente israelí, Israel Shamir, quien presentó por primera vez a Vanunu esta tesis, expuesta en el libro de Michael Collins Piper, Juicio final. Piper fue una de las personas con las que Vanunu habló, desafiando la prohibición israelí de contactar con periodistas extranjeros.

Ha llegado el momento de que Estados Unidos y Europa informen a todos los pueblos de Oriente Medio de que Israel posee todas las armas atómicas. Es hora de preparar a todos los estados y a todos los pueblos para la guerra nuclear que se avecina. Guerra nuclear.

Dado que Israel aún no está preparado para respetar todas las normas democráticas y los derechos humanos, esto significa que Israel se encamina hacia una guerra nuclear en el futuro.

Todas estas discusiones y reuniones no traerán la paz. Sólo ayudan a los israelíes a engañarse a sí mismos. Mientras exista el muro, la ocupación, los asentamientos, los campos de refugiados, nunca habrá paz.

Los judíos de Israel deben despertar de sus sueños sionistas, despertar de la política de Ben Gourion y Shimon Peres, que confían en las armas atómicas. Están haciendo inevitable la guerra nuclear.

Por lo tanto, Estados Unidos y Europa tienen la obligación de anunciar muy clara y abiertamente que la guerra es inminente.

¿Se disparó el primer tiro de la guerra de Israel por la supremacía nuclear en Dallas (Texas) el 22 de noviembre de 1963

> ... [John F. Kennedy situó la limitación de la carrera armamentística nuclear en el centro de la política exterior estadounidense... La empresa nuclear de Israel estaba en contradicción directa con los principios de su política...
>
> El corresponsal de Ha'aretz en Washington durante las presidencias de Kennedy y Johnson, Amos Elon, publicó un informe en el que afirmaba que, en una entrevista con James Reston del *New York Times*, Kennedy había dicho que, en lo que se refiere a asuntos nucleares, [el primer ministro israelí David] Ben-Gurion era un "hombre salvaje".
>
> *El* historiador israelí Michael Karpin *La bomba en el sótano: cómo Israel se volvió nuclear y qué significa para el* mundo

El asesinato del presidente estadounidense John F. Kennedy puso fin abruptamente a la presión masiva ejercida por la administración estadounidense sobre el Gobierno israelí para que abandonara su programa nuclear. [En Israel y la bomba, Avner] Cohen demuestra ampliamente la presión ejercida por Kennedy sobre Ben-Gurion... en la que Kennedy deja claro al primer ministro israelí que no aceptará bajo ninguna circunstancia que Israel se convierta en un Estado nuclear.

El libro sugiere que si Kennedy hubiera seguido vivo, no es seguro que Israel tuviera hoy una opción nuclear.

-Reuven Pedatzer en el periódico israelí Ha'aretz el 5 de febrero de 1999, comentando el libro de Avner Cohen Israel and the Bomb.

Privilegios especiales para una nación -y sólo una nación- sobre la faz de todo el planeta... Todo el mundo está de acuerdo en que Israel es un Estado con armas nucleares. Fue la sexta nación del mundo -y la primera de Oriente Próximo- en desarrollar y adquirir armas nucleares. De hecho, aunque las cifras exactas son especulativas, las fuerzas nucleares de Israel están (al menos en términos cualitativos) más cerca de las de Francia y el Reino Unido que de las de India y Pakistán.

Sin embargo, el código de conducta y el discurso nucleares de Israel difieren notablemente de los de los demás Estados poseedores de armas nucleares. A diferencia de las siete naciones nucleares reconocidas -los cinco Estados nucleares de jure signatarios del Tratado de No Proliferación (TNP) (Estados Unidos, Rusia, Reino Unido, Francia y China) y los dos Estados nucleares de facto no signatarios del TNP (India y Pakistán)-, Israel nunca ha anunciado su estatus nuclear, ni siquiera lo ha admitido. Nadie, ni en Israel ni en el extranjero, se atreve a plantear a los dirigentes israelíes preguntas incómodas sobre el estatus nuclear del país... En Washington, y posteriormente en otras capitales occidentales, la bomba israelí se ha convertido en una cuestión extremadamente sensible, casi intocable... en virtud de la cual Estados Unidos trata a Israel como un caso nuclear especial (y único). Como parte de esta política, Estados Unidos ha utilizado su influencia y poder diplomático para ignorar y proteger el caso israelí. Israel es tratado como una excepción, de alguna manera exento del régimen de no proliferación que se aplica a todos los demás.

Amigos y enemigos de Israel (y de Estados Unidos) deben tener en cuenta esta aura de excepcionalismo. Para los amigos, es una cuestión de vergüenza política; para los enemigos, pone de relieve el doble rasero y la desigualdad del enfoque estadounidense de la no proliferación.

-Avner Cohen, historiador israelí, "The Last Taboo: Israel's Bomb Revisited"
Current History - abril de 2005

Prólogo

Un mundo tomado como rehén...

La existencia del arsenal de armas de destrucción masiva de Israel es el mayor "secreto a voces" del mundo. Por desgracia, muchos estadounidenses creen que el fuego infernal atómico de Israel es simplemente espléndido, un regalo de Dios.

Sin embargo, la mayoría de las personas bien informadas de todo nuestro planeta -personas de todos los credos y colores- no comparten esta opinión. Y como la gente de nuestro mundo -la inmensa mayoría- no comparte esta opinión, ha empezado a percibir a Estados Unidos como poco más que una herramienta vergonzosa y desvergonzada de Israel.

Si a algunos se les ha oído sugerir que la situación es la contraria, que Israel es, por el contrario, un instrumento de Estados Unidos, el conjunto de documentos reunidos en las páginas de este volumen debería convencerles de lo contrario.

Sea como fuere, lo que es indiscutible es que la llamada "relación especial" entre Estados Unidos e Israel es, como ha escrito un crítico, una "relación venenosa" que no augura nada bueno para el futuro de la humanidad, y huelga decir que eso es quedarse corto.

Varias obras importantes, escritas en su mayor parte por autores judíos (entre ellos varios israelíes), han explorado en profundidad la historia, hasta ahora poco conocida, del afán de Israel por adquirir armas nucleares.

Sin embargo, el propósito de este libro, *El Golem*, es explicar cómo la realidad de la bomba nuclear israelí -que hemos apodado "El Golem"- se ha convertido en una realidad omnipresente (peligrosa y aterradora) que ha tenido un impacto destructivo en la conducción de la política exterior estadounidense.

La existencia de este Golem también ha dado al poderoso lobby israelí en Washington una influencia adicional que va mucho más allá de los millones (si no miles de millones) de dólares políticos a disposición del lobby. Todo esto ha convertido a Israel y a sus partidarios en Estados Unidos en los dictadores indiscutibles del sistema estadounidense.

Los dos principales partidos políticos estadounidenses están estrechamente controlados al más alto nivel por el lobby judío y están dispuestos a hacer todo lo que el lobby exija. Además, nos encontramos con que todas las principales revistas de noticias, periódicos y redes de radiodifusión están firmemente en manos de familias judías e intereses financieros profundamente comprometidos con la promoción de los intereses de Israel y el sionismo global. En realidad, quienes controlan los medios de comunicación en Estados Unidos controlan el proceso estadounidense y lo utilizan para hacer avanzar la agenda sionista.

La muerte del Presidente John F. Kennedy en Dallas, Texas, el 22 de noviembre de 1963, puso fin a los persistentes esfuerzos de JFK por impedir que Israel pusiera en práctica la piedra angular de su programa de seguridad nacional de larga data: la construcción de un arsenal nuclear. El asesinato político del Presidente Richard Nixon que, al igual que JFK, se había atrevido a desafiar a Israel entre bastidores, consolidó el poder de Israel sobre el sistema estadounidense e impulsó su programa nuclear.

Desde entonces, Israel ha seguido adelante, ejerciendo su enorme y sin duda incomparable poder político sobre Estados Unidos, utilizando la amenaza de su capacidad nuclear para chantajear, extorsionar y coaccionar a Estados Unidos y a Occidente -de hecho, a todo el mundo civilizado- para que acepten la agenda nacional (e internacional) de Israel, que tiene sus raíces en la ancestral visión racista y etnocéntrica del mundo del sionismo y sus antecedentes filosóficos en el cuerpo de la ley judía conocido como Talmud.

Aunque los medios de comunicación dominados por los sionistas promueven regularmente (falsas) historias de terror sobre pasajes "anticristianos" del Corán, esos mismos medios ignoran la vil y odiosa retórica del Talmud dirigida a los no judíos. Y no se equivoquen, la ideología talmúdica de Israel es peligrosa, sobre todo porque se encuentra en el corazón de la agenda geopolítica de Israel, que se basa en el arsenal nuclear de Israel.

En resumen, vivimos en un mundo secuestrado por el Golem nuclear de Israel. E incluso si nunca has oído el término "Golem" -que probablemente no lo hayas oído- pronto entenderás por qué este término inusual es tan notablemente preciso (y profundo) para describir la bomba infernal de Israel.

Nunca antes en la historia de la humanidad la civilización se ha visto tan directamente amenazada por un enemigo semejante. Sin embargo, asombrosamente, muchos estadounidenses siguen sin ser conscientes de este horrible peligro.

El ex Primer Ministro de Malasia, Dr. Mahathir Mohamad, ha declarado que los pueblos del mundo constituyen la "segunda superpotencia" del planeta y que, gracias a sus esfuerzos conjuntos, la guerra puede por fin erradicarse definitivamente. Esperemos que tenga razón. Espero que este libro sea una herramienta eficaz en manos de esta segunda superpotencia.

Si este libro logra algo, que sea simplemente esto: allanar el camino para que los estadounidenses entren en razón y se levanten en los términos más enérgicos posibles para exigir, de una vez por todas, que los elementos sionistas-corruptos en los pasillos del poder estadounidense sean puestos en cintura, que el mecanismo de control en manos de Israel y su lobby en Washington sea desmantelado por la fuerza, que un nuevo sistema estadounidense, liberado de las garras del sionismo, cierre filas con los pueblos de este planeta y obligue a Israel y al movimiento sionista internacional a reincorporarse a la comunidad de la humanidad y librarse de su monstruo, su Golem nuclear.

Cuando eso ocurra, estaremos un paso más cerca de detener la destrucción de nuestro mundo tal y como lo conocemos hoy.

-MICHAEL COLLINS PIPER

EL GOLEM

¿Qué debe hacer Israel? También tengo otros sueños, sueños apocalípticos. Creo que Israel lleva treinta años construyendo armas nucleares. Los judíos han comprendido lo que ha significado para ellos en el pasado la aceptación pasiva e impotente de la desgracia y se han protegido contra ella. Masada no fue un ejemplo a seguir -no perjudicó lo más mínimo a los romanos, pero ¿Sansón en Gaza? ¿Con una bomba H

¿Qué mejor manera de pagar al mundo judío por miles de años de matanzas que con un invierno nuclear? ¿O invitar a todos esos estadistas y pacifistas europeos a unirse a nosotros en los hornos

Por primera vez en la historia, un pueblo amenazado de exterminio mientras el mundo entero se burla o mira hacia otro lado... tiene el poder de destruir el mundo. ¿La justicia definitiva

-Profesor David
Universidad Estatal de Luisiana
"Pensamientos oscuros y silenciosa desesperación".
Los Angeles Times

7 de abril de 2002

Nosotros [los israelíes] tenemos varios centenares de cabezas nucleares y cohetes atómicos y podemos lanzarlos contra objetivos en todas direcciones, quizás incluso Roma. La mayoría de las capitales europeas son objetivos de nuestra aviación. Nuestras fuerzas armadas no son las 30 más poderosas del mundo, sino más bien las segundas o terceras. Tenemos la capacidad de arrastrar al mundo con nosotros. Y puedo asegurarles que esto ocurrirá antes de que Israel desaparezca.

-Martin van
Universidad Hebrea
Jerusalén [Palestina ocupada] Israel

Arriba, una ilustración del siglo XIX que muestra al rabino Loew de Praga conjurando al legendario Golem de la tradición judía. Un Golem muy real existe hoy en Israel: su arsenal de armas nucleares de destrucción masiva.

A la izquierda, escena de una de las famosas películas en tres partes del cineasta expresionista alemán Paul Wegener, que cuenta la historia del

"Golem". En ella, el rabino Loew (derecha) y un secuaz se aferran al monstruo creado por el rabino.

La historia del Golem -recordada en la prensa, el teatro y el cine a lo largo de los siglos- es (quizá sin quererlo) una advertencia a nuestro mundo sobre los peligros del fanatismo religioso. El moderno Golem nuclear israelí está en el centro de los actuales problemas mundiales y debe ser destruido.

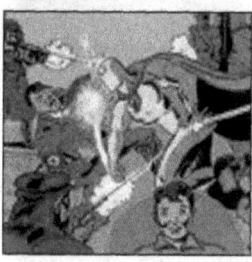

No es casualidad que, en el Israel actual, un icono cultural de la literatura popular sea una encarnación del "Golem", que lucha contra los enemigos de Israel. Arriba, el Golem (su nombre en hebreo en la parte superior). El recuadro muestra al Golem avanzando en compañía de un joven oficial israelí de aspecto brillante. A la derecha, el Golem derrota a Adolf Hitler. La antigua leyenda judía del Golem está en la vanguardia del pensamiento geoestratégico israelí y, como tal, debe ser reconocida por el peligro que representa.

Introducción

¿Qué es el Golem? ¿Cuál es la relación entre este icono religioso judío y el arsenal de armas nucleares de destrucción masiva más peligroso del planeta

La leyenda del Golem, de una forma u otra, se remonta a los primeros tiempos del folclore judío y se menciona en particular en el Talmud, una larga colección de debates entre rabinos judíos sobre cuestiones relativas a las leyes, la ética, las costumbres y la historia judías, que data de mediados del siglo I d.C.

Una versión posterior fue publicada en 1909 por Yudl Rosenberg en una colección de relatos cortos sobre el Golem titulada El Golem y las maravillosas hazañas del Maharal de Praga.

El llamado Maharal de Praga fue un rabino del siglo XVI, una autoridad muy respetada en el misticismo judío, que vivió entre 1525 y 1609. Generalmente conocido en la época como Yehudah Levin ben Betzalel Levai (o Loew) - o variantes de este nombre - el rabino es más a menudo referido en la leyenda del Golem como simplemente "Rabino Loew". (El título del rabino, "MaHaRaL", es en realidad el acrónimo hebreo de "Moreinu ha-Rav Loew", que significa simplemente "Nuestro maestro Rabbi Loew"). Rico heredero de una distinguida familia judía, cuyo tío fue rabino de los judíos del Sacro Imperio Romano Germánico, el rabino Loew no sólo fue influyente en Praga, sino que en un momento dado viajó a Polonia, donde fue nombrado rabino jefe de Polonia. Hoy, su tumba en Praga, ciudad a la que regresó en sus últimos años, es una popular atracción turística.

La labor de Loew como erudito talmúdico y maestro de eruditos talmúdicos es aclamada en los tiempos modernos como esencial para la fundación de la filosofía judía. El hecho de que el rabino Loew sea la figura clave en la historia del Golem es, por tanto, totalmente apropiado. Es un ser humano vivo, que respira y que gozó de gran estima entre los judíos durante más de 500 años.

Según la leyenda del Golem, el emperador del Imperio de los Habsburgo proclamó que los judíos de Praga debían ser expulsados o asesinados, un "Holocausto" antes de tiempo. La leyenda varía, pero está claro que el emperador tenía malas intenciones con los judíos.

En cualquier caso, en aquella época, la comunidad judía de Praga estaba en el punto de mira -como muchas comunidades judías de Europa lo han estado en muchas ocasiones- porque se acusaba a algunos judíos de matar a niños cristianos y utilizar su sangre en los rituales de Pascua. (Si los judíos de, como grupo o como individuos, o si facciones de judíos realmente cometieron tales crímenes, es una cuestión de serio debate, como lo demuestra un reciente escándalo en Italia en el que un erudito judío italiano, Ariel Toaff, con sede en la Universidad Bar-Illan de Israel, sugirió en un libro -retirado posteriormente de la circulación para su revisión tras una frenética reacción de las organizaciones judías- que existen pruebas históricas sólidas de tales crímenes, generalmente conocidos como "asesinatos rituales judíos".

En cualquier caso, en aquella época, los enfurecidos cristianos de Praga creyeron las acusaciones de asesinato ritual y dirigieron una campaña de represalias contra los judíos. Según la leyenda del Golem, fue el rabino Loew quien encontró la forma de defender al pueblo judío.

El rabino, seguidor del misticismo judío, recoge arcilla del río Vitava y crea el Golem, una gran figura con forma de hombre -un monstruo de Frankenstein antes de tiempo, más o menos- para defender a la comunidad judía y devolver el golpe a los malvados cristianos.

(Algunos afirman que Mary Shelley, la autora de Frankenstein, se inspiró en la leyenda del Golem cuando escribió su famoso cuento).

Cuenta la leyenda que el rabino Loew transformó la imagen de arcilla en un ser vivo colocando en su boca un pergamino, llamado "Shem", en el que estaba inscrito "el Nombre de Dios, creador de la vida e inefable", según Nathan Ausubel, que escribe en The Book of Jewish Knowledge.

Sin embargo, la creación del buen rabino, señala Ausubel, llegó a "embriagarse con el inmenso poder que ostentaba, amenazó a toda la comunidad judía e incluso intentó doblegar a su voluntad al Maharal, que se había vuelto malvado y destructivo".

Por último, el rabino retira el "Shem" de la boca del Golem y priva al monstruo loco de su fuerza vital.

Sin embargo, el rabino conservó el cuerpo del Golem y encerró al monstruo en el desván de la Vieja-Nueva Sinagoga de Praga, prohibiendo a todo el mundo entrar en ella. La leyenda cuenta que el Golem sigue allí hoy en día.

Se afirma que ni siquiera la Gestapo alemana se atrevió a entrar en el ático de la vieja sinagoga durante la Segunda Guerra Mundial y que, probablemente gracias a la presencia del Golem, la vieja-nueva sinagoga sobrevivió de algún modo a la destrucción nazi. O eso dice la leyenda.

En Jewishmag.com, Joyce Ellen Weinstein ofrece una visión concisa de la leyenda del "Golem", señalando que el Talmud menciona varios casos de rabinos que crearon criaturas parecidas a los humanos y las utilizaron para hacer recados. Sin embargo, en la versión popular de la leyenda del Golem, como hemos visto, la criatura se desbocó e incluso se volvió contra su creador. La Sra. Weinstein señala

> La palabra golem procede de la palabra hebrea gelem, que significa materia prima. Exteriormente, el golem es una persona real, pero carece de la dimensión humana de la personalidad y el intelecto.
>
> Se le insufla vida mediante un proceso místico que utiliza el nombre especial de Dios. Es creado de la tierra, como el primer hombre. Una vez cumplida su misión, se le retira el nombre de Dios y vuelve a la tierra.
>
> Muchas personas remontan el origen del golem a las enseñanzas místicas del libro cabalístico llamado "Sefer HaYetzera", el Libro de la Formación. Este antiguo libro se sigue imprimiendo hoy en día y es estudiado por los místicos judíos. Trata en detalle el proceso de creación del universo.

En esencia, la leyenda del Golem sugiere que los seres humanos -en este caso, los rabinos judíos- tienen un poder casi igual al de Dios: el de crear una criatura viviente que es casi humana, pero no del todo.

Y esto es significativo, desde un punto de vista teológico, en el sentido de que, a diferencia de las tradiciones cristiana y musulmana, este poder está reservado a Dios y sólo a Dios: sólo Dios puede crear vida.

Pero la tradición judía concede claramente poderes superiores a los rabinos, expertos en las artes mágicas que utilizaban (o quizá abusaban o malversaban, como se defina) para sus propios fines terrenales y, en la leyenda popular del Golem, el rabino Loew utilizó un poder sobrenatural para dar vida a una criatura con apariencia humana hecha a partir de los elementos naturales dados al hombre por Dios, en este caso, arcilla del río Vitava.

En la Biblia hebrea (véase Salmos 139:16) y en el Talmud judío, el término galem o gelem -o Golem- se refiere a una "sustancia informe".

La edición israelí de 1971 de la *Enciclopedia Judaica* señala la evolución del concepto de que el Golem, como siervo de su creador, "desarrolló peligrosos poderes naturales... [y que al tema subyacente del Golem] se une el nuevo motivo del poder incontrolado de los elementos que pueden causar destrucción y caos". [y que al tema subyacente del Golem] se une el nuevo motivo del poder incontrolado de los elementos que pueden causar destrucción y caos".

El hecho de que el Golem del folclore judío fuera creado de la tierra para defender al pueblo judío, sólo para convertirse en una fuerza maligna - una que podría incluso volverse contra su creador y el pueblo judío - es un punto que merece ser repetido, y que necesita llamar la atención del mundo. Porque hoy, un Golem muy real está a punto de llevar al mundo al tan esperado Armagedón.

La leyenda del Golem se ha contado en la literatura, en el teatro y en el cine. En 1915, Gustav Meyrink rememoró la historia en una novela en alemán titulada Der Golem, aunque el escritor yiddish del siglo XX y Premio Nobel de la Paz Isaac Bashevis Singer rememoró la leyenda más ampliamente en su propio relato corto, publicado por primera vez en yiddish en 1969 y traducido posteriormente al inglés.

Sin duda, la producción cinematográfica más conocida de esta historia (la que dio a conocer al mundo la imagen visual del Golem) fue realizada en una serie de tres películas mudas (de 1914 a 1920) por el actor y director alemán Paul Wegener, cuyo episodio más conocido es la última película, *The Golem: How He Came into the World*, un drama expresionista en el que el propio Wegener interpreta el papel del Golem. La película se estrenó en Estados Unidos en 1921 con el título *The Golem*. La imagen del Golem que aparece en la portada de este libro está tomada de la película de Wegener. La película está considerada un clásico.

Esta historia, también llamada El Golem, fue escrita por un famoso escritor yiddish, H. Leivick, y representada por primera vez en Moscú en 1924. Se ha representado muchas veces, y en 2002 David Fishelson la produjo en Nueva York a través de su Manhattan Ensemble Theater.

El 7 de abril de 2002, el *New York Times* escribió sobre la obra en un artículo titulado "Un vengador judío, una leyenda oportuna".

Sobre la obra, de temática judaica, The Times señaló: "Su preocupación central son las consecuencias autodestructivas del uso de la violencia por parte de los judíos para defenderse... El Golem lleva a cabo una feroz venganza y los judíos lo proclaman héroe. Pero se deja llevar. Se ensaña, derramando la sangre de aquellos a quienes debía proteger".

En 1984, el muy querido escritor yiddish Isaac Bashevis Singer (que, como hemos visto, ya había adaptado la historia del Golem) escribió sobre la leyenda del Golem y, acertadamente, comparó al Golem con la carrera armamentística nuclear: "Mientras intentamos superar a nuestros enemigos y crear nuevos gólems más destructivos, se cierne sobre nosotros la terrible posibilidad de que desarrollen una voluntad propia, de que se conviertan en gólems resentidos, traicioneros y dementes".

Seymour Hersh, periodista judío estadounidense galardonado con el Premio Pulitzer, causó polémica cuando publicó en 1991 La opción Sansón, su revelador libro sobre las ambiciones nucleares de Israel.

Pero desde entonces, el periodista israelí Avner Cohen, en su libro de 1999 Israel y la bomba, no sólo ha validado el trabajo anterior de Hersh, sino que ha proporcionado un relato aún más detallado de la historia de las armas nucleares de destrucción masiva de Israel.

En este libro, Cohen relata cómo David Ben-Gurion, el gran icono israelí (y judío), uno de los padres fundadores de Israel y más tarde su primer ministro, se centró en el desarrollo de una bomba atómica y cómo Ben-Gurion consideraba que las armas nucleares eran esenciales para la propia supervivencia de Israel.

De hecho, Ben-Gurion estaba obsesionado con la bomba. Al describir la obsesión de Ben-Gurion con la supremacía nuclear israelí -y su insatisfacción con los esfuerzos del presidente John F. Kennedy para detener las ambiciones nucleares de Israel- Cohen escribe: "Impregnado de las lecciones del Holocausto, Ben-Gurion estaba consumido por el miedo a la seguridad de Israel...".

En sus discursos y escritos públicos como Primer Ministro, Ben-Gurion rara vez mencionó el Holocausto. En cambio, en sus conversaciones privadas y comunicaciones con líderes extranjeros, volvía constantemente a las lecciones del Holocausto.

En correspondencia con el Presidente John F. Kennedy en 1963, relacionó la hostilidad árabe hacia Israel con el odio de Hitler hacia los judíos, y escribió

> "Como judío, conozco la historia de mi pueblo y llevo dentro de mí el recuerdo de todo lo que ha soportado durante tres mil años y los esfuerzos que ha costado conseguir lo que se ha logrado en este país en las últimas generaciones... Señor Presidente, mi pueblo tiene derecho a existir, tanto en Israel como dondequiera que viva, y esta existencia está en peligro"...

La ansiedad despertada por el Holocausto fue más allá de Ben-Gurion e impregnó el pensamiento militar israelí. La destrucción de Israel definía el horizonte último de la amenaza contra Israel. Los planificadores militares israelíes siempre previeron un escenario en el que una coalición militar árabe unida lanzaría una guerra contra Israel con el objetivo de liberar Palestina y destruir el Estado judío.

A principios de la década de 1950, esto se conocía como mikre hkol, o el "escenario de todo". Este tipo de planificación era exclusivo de Israel, ya que pocas naciones tienen planes militares de contingencia para prevenir el apocalipsis.

Ben-Gurion no tenía reparos en que Israel necesitara armas de destrucción masiva... Ben-Gurion consideraba que la hostilidad árabe hacia Israel estaba profundamente arraigada y era duradera...

El pesimismo de Ben-Gurion... influyó durante años en la política exterior y de defensa de Israel. La visión del mundo de Ben-Gurion y su estilo de gobierno decisivo determinaron su papel fundamental en el lanzamiento del programa nuclear de Israel...

Ben-Gurion creía que la ciencia y la tecnología tenían dos papeles que desempeñar en la realización del sionismo: hacer avanzar espiritual y materialmente al Estado de Israel y proporcionar una mejor defensa contra sus enemigos exteriores.

La determinación de Ben-Gurion de lanzar un proyecto nuclear fue el resultado de una intuición estratégica y de un miedo obsesivo, no de un plan cuidadosamente pensado. Creía que Israel necesitaba armas nucleares como seguro si ya no podía competir con los árabes en una carrera armamentística, y como arma de último recurso en una emergencia militar extrema. Las armas nucleares también podrían persuadir a los árabes de aceptar la existencia de Israel, lo que llevaría a la paz en la región [pensaba].

El 27 de junio de 1963, once días después de anunciar su dimisión, Ben-Gurion pronunció un discurso de despedida ante los empleados de la Autoridad para el Desarrollo del Armamento en el que, sin referirse a las armas nucleares, justificó el proyecto nuclear: "No conozco ninguna otra nación cuyos vecinos declaren que quieren acabar con ella, y no sólo lo declaren, sino que se preparen para ello con todos los medios a su alcance. No debemos hacernos ilusiones: lo que se dice cada día en El Cairo, Damasco e Irak son sólo palabras. Este es el pensamiento que guía a los dirigentes árabes... Estoy convencido de que la ciencia es capaz de proporcionarnos el arma que garantizará la paz y disuadirá a nuestros enemigos".

En resumen: la "opción nuclear" no sólo estaba en el corazón de la visión personal del mundo de Ben-Gurion, sino que era el fundamento mismo de la política de seguridad nacional de Israel. Los israelíes estaban esencialmente preparados, si era necesario, para "volar el mundo" -incluidos ellos mismos- si tenían que hacerlo para destruir a sus odiados vecinos árabes.

Esta política es más conocida como la "opción Sansón", que el autor judío-estadounidense Seymour Hersh, ganador del Premio Pulitzer, denominó así en su libro del mismo nombre: el Sansón de la Biblia, tras ser capturado por los filisteos, derribó el Templo de Dagón en Gaza y se suicidó junto con sus enemigos. Como dice Hersh: Para los defensores nucleares israelíes, la opción Sansón se ha convertido en otra forma de decir "nunca más" (en referencia a evitar un nuevo Holocausto).

Cuando el difunto Winston Churchill dijo que dos pueblos antiguos -los griegos y los judíos- padecían un fuerte impulso autodestructivo, no estaba muy lejos de la verdad.

La mayoría de los estadounidenses ignoran que la posibilidad de un auténtico "ataque suicida" nuclear perpetrado por el propio Estado de Israel es una piedra angular de la política de seguridad nacional de Israel.

No obstante, resulta aterrador constatar que la actitud de los judíos (y de los israelíes en particular) hacia los no judíos podría desempeñar un papel fundamental en la activación del Golem moderno (y muy real) de Israel: su arsenal nuclear de armas de destrucción masiva.

Para comprender este peligro, debemos recurrir a las fascinantes ideas y revelaciones del fallecido escritor israelí Israel Shahak, que nació en Polonia, pasó parte de su infancia en el campo de concentración nazi de Dachau y emigró a Palestina en 1945. A lo largo de los años, Shahak se ha convertido en un crítico abierto y sin pelos en la lengua de las políticas israelíes, tanto exteriores como nacionales, y en una valiosa fuente de datos sobre Israel que pocos occidentales se atreverían a abordar.

Aunque sus admiradores han descrito a Shahak como un "profeta" y sus detractores como un "judío que se odia a sí mismo", no cabe duda de que Shahak fue un analista y crítico franco, elocuente e intrépido de la política exterior israelí, y sus escritos son un testimonio espectacular de ello.

En su libro *Open Secrets: Israeli Nuclear and Foreign* Policies, Shahak afirma que, contrariamente a la percepción popular, Israel no busca la paz.

Es un mito, dijo, que exista una diferencia real entre las políticas supuestamente "opuestas" de los bloques "opuestos" del Likud y los laboristas, cuyas rivalidades se han manifestado en la escena mundial y se han extendido al proceso político estadounidense, enfrentando a los partidarios estadounidenses del Likud con los del Partido Laborista en Estados Unidos.

Shahak afirmó que el lobby israelí en Estados Unidos -con todas sus facciones- apoya en última instancia la política de expansión de Israel con el objetivo final de consolidar "Eretz Israel", un Estado imperial en control absoluto de prácticamente todo Oriente Próximo.

Shahak se atrevió a señalar que las políticas nucleares de Israel -y la influencia del lobby israelí en el proceso político estadounidense- suponen un peligro muy real en un aspecto que pocos se atreverían a imaginar. Israel no sólo está preparado para autodestruirse, sino que, debido a su subyacente fanatismo religioso y racial hacia los no judíos -los gentiles-, la perspectiva de Israel hacia el mundo en general está guiada por una hostilidad profundamente arraigada basada en las enseñanzas religiosas del propio judaísmo.

Los escritos de Shahak en el ámbito de la política exterior israelí se basaban casi por completo en declaraciones públicas en la prensa en lengua hebrea de Israel y, en este ámbito, Shahak señalaba que lo que el gobierno israelí dice a su propio pueblo sobre sus políticas es totalmente incoherente con la insistencia de Israel ante Occidente y el mundo en general en que Israel "quiere la paz".

Israel, según Shahak, es esencialmente un Estado militarista y antidemocrático, como demuestra el estatus de segunda clase concedido a sus habitantes árabes y a los palestinos cristianos y musulmanes de los territorios ocupados. No podemos entender a Israel hasta que comprendamos este hecho vital.

El fundamento mismo de la nación reside en sus políticas militares y de defensa que, como ha explicado claramente Shahak, derivan en última instancia de las tendencias religiosas fanáticas que dictan el pensamiento de sus jefes militares y de inteligencia, que son los principales impulsores de la maquinaria estatal.

Aunque Israel es muy capaz de forjar alianzas temporales (y a menudo secretas) y acuerdos estratégicos, incluso con Estados árabes -hasta el punto de tratar con el odiado Sadam Husein cuando le convenía a Israel-, la cuestión de fondo es, sencillamente, que -como ha demostrado Shahak con escalofriantes detalles- Israel dirá y hará cualquier cosa para perseguir su decidido objetivo de dominación total a cualquier precio.

En caso de fracaso, Israel está perfectamente dispuesto a elegir la "opción Sansón".

La leyenda del Golem, relatada por primera vez en las historias del Talmud y luego introducida en la conciencia popular (o más bien judía) en la historia del rabino Loew de Praga, es una verdadera advertencia para nuestro mundo moderno.

El Estado de Israel extrajo uranio de la tierra para fabricar su "Golem" atómico, igual que el rabino Loew extrajo arcilla del río Vitava para fabricar el suyo.

E Israel proclama que su Golem es el medio de proteger a Israel de sus enemigos, reales o imaginarios.

Así que hoy, en Israel, el auge del fanatismo religioso, unido a la creciente histeria por las supuestas amenazas a la supervivencia de la nación, plantea la posibilidad muy real de que se ponga en práctica su Golem. Israel está decidido a impedir que otras naciones de Oriente Medio monten sus propias armas nucleares o incluso accedan a los usos pacíficos de la energía nuclear.

Pero al igual que el Golem de Praga, el Golem de Israel podría producir resultados horribles que ni siquiera el pueblo judío podría imaginar. Por eso el "Golem" israelí actual, que es muy real, es un peligro para el mundo, un peligro al que hay que hacer frente.

¿Hay alguna duda de que la misión singular y central del mundo moderno y civilizado debe ser garantizar, de una vez por todas, el desmantelamiento del Golem nuclear de Israel, antes de que sea demasiado tarde

Aunque algunos podrían inclinarse a sugerir que estamos atacando injustamente al "pequeño Israel, la nación que resurgió de las cenizas del Holocausto, una nación que siente con razón la necesidad de defenderse contra otro Holocausto", el hecho es que -como demostraremos en las páginas que siguen- es la propia existencia del Golem de Israel la que podría, de hecho, conducir a otro Holocausto, un Holocausto muy real en la definición del diccionario de la palabra.

La posibilidad de una catástrofe nuclear derivada de los problemas que rodean al Golem podría conducir no sólo a la destrucción absoluta del Estado de Israel, sino también desencadenar una conflagración mundial que podría provocar el fin de la vida en la Tierra.

Como mínimo, la existencia del Golem nuclear de Israel -y los problemas que ha causado en Oriente Próximo y en todo el mundo (sobre todo debido a la inquebrantable "relación especial" entre Estados Unidos e Israel)- podría muy bien desencadenar una ola mundial de fervor antijudío. Ni Israel ni el pueblo judío de la diáspora quieren eso.

En libros como Future Fastforward y Brainwashed for War, Programmed to Kill, el diplomático y abogado malasio Matthias Chang ha demostrado que el programa sionista de guerra global está siendo aplicado por un complejo militar-industrial-mediático en el corazón de la guerra que asola hoy a la humanidad. Y según Chang, Israel y sus intrigas serán el eje de una próxima e inevitable guerra nuclear.

Aunque Chang prevé un "colapso" de las enormes fuerzas financieras que alimentan esta maquinaria bélica, este colapso no llegará sin una lucha - y de hecho, dice, esa lucha ya ha comenzado, pues nos enfrentamos a una larga guerra en el siglo XXI. La perspectiva no es atractiva para quienes buscan la paz.

Esta vorágine de violencia se arremolina en torno a Israel y su Golem, resultado directo de la imposición del Estado de Israel a Palestina en 1948 y de las consecuencias que se derivaron, en particular cuando Israel trató de imponerse -con el apoyo de Estados Unidos- como potencia regional, con Estados Unidos librando guerras (encubiertas o no) para promover los intereses de Israel en toda una serie de ámbitos.

Pero debemos tener en cuenta que la concepción filosófica y religiosa institucional de Israel sobre el resto del planeta está en la raíz del problema al que nos enfrentamos por la existencia del Golem.

Por eso, en el siguiente capítulo, repasaremos algunos de los trabajos anteriores del disidente israelí Israel Shahak sobre el tema del racismo judío y sus actitudes hacia el "otro".

Como veremos, esta perspectiva racial y religiosa judía institucionalizada tiene importantes consecuencias cuando consideramos el hecho de que Israel tiene efectivamente su propio Golem nuclear.

Capítulo I

El racismo institucional de Israel, fuente de preocupación en el contexto de su gólem nuclear

A quienes se esfuerzan por ser justos y abiertos hacia otras religiones, especialmente en el debate sobre el conflicto de Oriente Próximo, se les oye proclamar a menudo que "el sionismo no es judaísmo", en referencia al hecho de que algunas sectas judías rechazan de hecho el sionismo y cuestionan (al menos de momento) la necesidad de la entidad que conocemos como Israel.

El hecho es que Israel, tal y como está constituido actualmente, es un Estado judío que ha impuesto notoriamente un estatus de segunda clase a sus ciudadanos árabes y ha aplicado políticas infernales contra los árabes -cristianos y musulmanes- en los territorios ocupados. Existe abundante documentación al respecto y no es necesario insistir en ella.

De lo que mucha gente no se da cuenta -incluso muchos críticos de Israel, de hecho- es de que las razones de estas políticas contra los árabes tienen mucho más que ver con la religión y el racismo que con la política. Como ha demostrado claramente el Dr. Israel Shahak, citado en la introducción, en su monumental estudio *Historia judía, religión judía*, el arraigado racismo de Israel -y su fanatismo religioso- han desempeñado un papel fundamental en sus políticas hacia los no judíos dentro de Israel y en los territorios ocupados, así como en su visión del mundo en su conjunto.

Y debido a la voluntad de Israel de utilizar su "opción Sampson" nuclear -hacer estallar el mundo en un acto de suicidio nacional-, la existencia del Golem nuclear es motivo de preocupación, precisamente por el racismo institucional subyacente de Israel.

Shahak es un estudio revelador de las enseñanzas de la ortodoxia judía, que examina cómo esta persuasión poco comprendida -muy poderosa, en su forma original, en el Israel de hoy (y no sólo entre los judíos ortodoxos)- influye en la política interior y exterior israelí y en la visión israelí de los pueblos no judíos de todo el mundo.

Aunque los medios de comunicación estadounidenses están llenos de historias de horror sobre la supuesta hostilidad de los musulmanes hacia los cristianos y los judíos, nunca se habla del hecho -documentado por Israel Shahak- de la hostilidad religiosa y racial de los judíos hacia todos los no judíos. Repito: nunca se menciona.

Un libro de lo más incómodo para los cristianos -a quienes les gustaría creer que el judaísmo ortodoxo es una especie de tío abuelo amistoso de la fe cristiana- y para los judíos -a quienes les gustaría que los estadounidenses, en particular, creyeran que Israel es una exótica manifestación bíblica de los tiempos modernos y un modelo del que el mundo civilizado debería aprender-, el libro del Dr. Shahak, Historia judía, religión judía, ha establecido al disidente israelí en la mente de los librepensadores como un expositor directo de las circunstancias históricas -y del estado de la historia de Israel. El libro de Shahak, Historia judía, religión judía, ha establecido al disidente israelí en la mente de los librepensadores como un expositor directo de las circunstancias históricas - y de la mentalidad religiosa y filosófica - que en conjunto guían a Israel y a su élite gobernante en la actualidad. En él, Shahak escribe Un Estado judío, ya se base en su ideología judía actual o, si llega a ser aún más judío de lo que es hoy, en los principios de la ortodoxia judía, nunca podrá contener una sociedad abierta.

La sociedad judeo-israelí tiene dos opciones. Puede convertirse en un gueto totalmente cerrado y belicoso, una Esparta judía, sostenida por mano de obra esclava árabe, mantenida en existencia por su influencia en el establishment político estadounidense y por la amenaza de utilizar sus poderes nucleares, o puede intentar convertirse en una sociedad abierta.

La segunda opción depende de un examen honesto del propio pasado judío, de la admisión de la existencia del chovinismo y el exclusivismo judíos, y de un examen honesto de las actitudes del judaísmo hacia los no judíos.

Shahak describió con franqueza la naturaleza de la hostilidad hacia los no judíos que se encuentra en las enseñanzas religiosas judías

Hay que admitir desde el principio que el Talmud y la literatura talmúdica -independientemente de la tendencia general antigentil que los recorre- contienen declaraciones y preceptos altamente ofensivos dirigidos específicamente contra el cristianismo.

Por ejemplo, además de una serie de escabrosas acusaciones sexuales contra Jesús, el Talmud afirma que su castigo en el infierno es ser sumergido en excrementos hirviendo, una afirmación que no está precisamente calculada para ganarse la simpatía de los cristianos devotos. También existe el precepto que ordena a los judíos quemar, públicamente si es posible, cualquier copia del Nuevo Testamento que encuentren.

(El 23 de marzo de 1980, cientos de ejemplares del Nuevo Testamento fueron quemados pública y ceremoniosamente en Jerusalén bajo los auspicios de Yad Le'akhim, organización religiosa judía subvencionada por el Ministerio de Religiones israelí).

Comentando el hecho de que muchos cristianos de Occidente habían descubierto las virulentas enseñanzas anticristianas del Talmud, Shahak describió cómo los líderes judíos intentaron "revisar" el Talmud para que los futuros cristianos que quisieran estudiar el Talmud se vieran efectivamente engañados por estas revisiones

Los pasajes del Talmud dirigidos contra el cristianismo o los no judíos tuvieron que desaparecer o cambiarse: la presión era demasiado grande.

Así se hizo: algunos de los pasajes más escandalosos se eliminaron de todas las ediciones impresas en Europa después de mediados del siglo XVI.

En todos los demás pasajes, las expresiones "pagano", "no judío", "extranjero" (gay, eino yehudi, nokhri) -que aparecen en todos los manuscritos e impresos antiguos, así como en todas las ediciones publicadas en países islámicos- han sido sustituidas por términos como "idólatra", "pagano" o incluso "cananeo" o "samaritano", términos que podrían explicarse, pero que un lector judío podría reconocer como eufemismos de las expresiones antiguas.

Sin embargo, en la Rusia zarista, señala Shahak, los eufemismos recién insertados para referirse a los no judíos fueron reconocidos inmediatamente precisamente por lo que eran. Por ello, los eruditos talmúdicos hicieron nuevas revisiones: Las autoridades rabínicas sustituyeron entonces los términos "árabe" o "musulmán" (en hebreo, Yishma'eli, que significa ambos) o a veces "egipcio", calculando correctamente que las autoridades zaristas no se opondrían a este tipo de abusos.

Sin embargo, para consumo de los propios judíos, señala Shahak, los eruditos talmúdicos proporcionaron directrices para que los estudiantes talmúdicos (y los judíos en general) pudieran entender las nuevas palabras "en clave": Al mismo tiempo, circularon listas de omisiones talmúdicas en forma de manuscritos, explicando todos los nuevos términos y señalando todas las omisiones. A veces se imprimía un descargo de responsabilidad general antes de la portada de cada volumen de literatura talmúdica, declarando solemnemente, a veces bajo juramento, que todas las expresiones hostiles contenidas en ese volumen estaban dirigidas sólo a los idólatras de la antigüedad, o incluso a los cananeos muertos hace mucho tiempo, y no a "los pueblos en cuya tierra vivimos".

Tras la conquista británica de la India, algunos rabinos encontraron el subterfugio de afirmar que las expresiones despectivas especialmente escandalosas que utilizaban iban dirigidas sólo a los indios. Ocasionalmente, también se ha añadido a los aborígenes australianos como chivos expiatorios.

Huelga decir que todo fue una mentira calculada de principio a fin; y tras la creación del Estado de Israel, una vez que los rabinos se sintieron seguros, todos los pasajes y expresiones ofensivas se reintrodujeron sin reparos en todas las nuevas ediciones.

Shahak habló del gran erudito judío Moisés Maimónides, cuya Guía de los perplejos es, como señaló Shahak, "considerada con razón la obra cumbre de la filosofía religiosa judía y es ampliamente leída y utilizada hasta nuestros días".

De hecho, como reveló Shahak, Maimónides era intensamente racista, en el sentido moderno clásico del término: esta figura emblemática del judaísmo, una autoridad de primer orden en el Talmud, era, como dijo Shahak, "un racista antinegro": "un racista antinegro". escribió Shahak

Hacia el final de la Guía, en un capítulo crucial (Libro III, Capítulo 51), examina cómo los diferentes estratos de la humanidad pueden alcanzar el valor religioso supremo, la verdadera adoración de Dios. Entre los que son incapaces de acercarse a ella se encuentran... Parte de los turcos [es decir, la raza mongola] y los nómadas del norte, los negros y los nómadas del sur, y los que se les parecen en nuestros climas. Y su naturaleza es como la de los animales mudos, y en mi opinión no están al nivel de los seres humanos, y su nivel entre las cosas existentes es inferior al del hombre y superior al del simio, porque tienen la imagen y semejanza del hombre más que la del simio."

Observando esto, Shahak se pregunta: "¿Qué hacemos con un pasaje así en una obra tan importante y necesaria del judaísmo? ¿Afrontar la verdad y sus consecuencias? ¡Dios nos libre! ¿Admitir (como han hecho tantos eruditos cristianos, por ejemplo, en circunstancias similares) que una autoridad judía muy importante también tenía opiniones rabiosamente anti-negras, y con esta admisión hacer un intento de autoeducación en humanidad real?".

Comentando la naturaleza incendiaria de estos escritos de la pluma de un estimado erudito talmúdico, Shahak añadió

Casi puedo imaginar a los eruditos judíos de Estados Unidos consultando entre ellos: "¿Qué hacer?". Pues había que traducir el libro, debido al decreciente conocimiento del hebreo entre los judíos estadounidenses. Ya fuera por consulta o por inspiración individual, se encontró una feliz "solución": en la popular traducción americana de la Guía realizada por un tal Friedlander, publicada por primera vez en 1925 y desde entonces reimpresa en numerosas ediciones, incluidas varias en rústica, la palabra hebrea Kushim, que significa Negros, fue simplemente transliterada y aparece como "Kushites", una palabra que no significa nada para quienes no tienen conocimientos de hebreo, o a quienes un rabino servicial no les dará una explicación oral.

Shahak también señaló la ironía de la situación: "Existe otro concepto erróneo sobre el judaísmo, especialmente extendido entre los cristianos o las personas fuertemente influidas por la tradición y la cultura cristianas.

Es la idea engañosa de que el judaísmo es una "religión bíblica", que el Antiguo Testamento tiene el mismo lugar central y la misma autoridad legal en el judaísmo que la Biblia tiene para el cristianismo protestante o incluso católico".

Nada, dijo, podría estar más lejos de la verdad, y comprendió que esto sorprendería a muchos cristianos que han dado su apoyo a Israel, creyendo que el judaísmo (e Israel) surgió de los mismos principios de la fe cristiana que predominan hoy en América.

Shahak subrayó la naturaleza de las enseñanzas talmúdicas con respecto a los no judíos, señalando que el Talmud declara: "Un judío que asesina a un gentil sólo es culpable de un pecado contra las leyes del Cielo, no punible por un tribunal de justicia: "Un judío que asesina a un gentil sólo es culpable de un pecado contra las leyes del Cielo, no punible por un tribunal de justicia. Causar indirectamente la muerte de un gentil no es pecado en absoluto".

Por si alguien dudaba de que ésta era la filosofía de Israel como Estado, Shahak señaló que el capellán jefe del Mando de la Región Central del ejército israelí había escrito lo siguiente en un folleto religioso destinado a ser distribuido entre los soldados israelíes

Cuando nuestras fuerzas se encuentran con civiles en el curso de una guerra, persecución o incursión, mientras no haya certeza de que estos civiles son incapaces de dañar a nuestras fuerzas, entonces, según la Halajá, pueden e incluso deben ser asesinados... En ningún caso hay que fiarse de un árabe, aunque dé la impresión de ser civilizado.

En tiempos de guerra, cuando nuestras fuerzas toman al enemigo por asalto, la Halajá incluso les permite y les ordena matar a civiles, es decir, a civiles que son ostensiblemente buenos.

(La Halajá -mencionada anteriormente- es el sistema jurídico del judaísmo clásico, basado principalmente en el Talmud de Babilonia, y se mantiene hasta nuestros días en forma de judaísmo ortodoxo, que es una fuerza poderosa en Israel. El código de derecho talmúdico más antiguo es el Mishneh Torah, escrito por Moisés Maimónides a finales del siglo XII). Shahak señaló que la enseñanza judía clásica asocia a Satán con los no judíos y que se advierte a las mujeres judías que desconfíen de cualquier encuentro con estas criaturas satánicas: "Gentil, cerdo, perro o mono".

Si una mujer judía se encuentra con una criatura así después de tomar su baño ritual mensual de purificación, se le dice que debe bañarse de nuevo. Esta advertencia aparece en Shevat Musar -un libro sobre la conducta moral judía- que, como señala Shahak, "todavía se lee mucho en algunos círculos ortodoxos". En cambio, las enseñanzas judías sobre las mujeres no judías son muy diferentes: Toda mujer gentil es considerada N. Sh. G. Z., acrónimo de las palabras hebreas niddah, shifhah, goyab, zonah (no purificada por la menstruación, esclava, pagana, prostituta). Cuando se convertía al judaísmo, dejaba de ser niddah, shifhah o goyah, pero seguía siendo considerada zonah (prostituta) para el resto de su vida, simplemente por haber nacido de una madre pagana.

A la luz de todo esto -y de mucho más-, Shahak reconoció que los grupos judíos organizados y los líderes judíos, especialmente en Estados Unidos y Occidente, comprenden -como debe ser- que los no judíos podrían sentirse ofendidos por tales enseñanzas y que "en las circunstancias actuales, no pueden expresar abiertamente estas actitudes hacia los no judíos en Estados Unidos, donde los no judíos representan más del 97% de la población".

Shahak afirmó que los judíos (y los israelíes) deben reconocer el racismo subyacente de su psique étnica y nacional israelí: "Aunque la lucha contra el antisemitismo (y todas las demás formas de racismo) no debe cesar nunca, la lucha contra el chovinismo y el exclusivismo judíos, que debe incluir una crítica del judaísmo clásico, es hoy de igual o mayor importancia que... Sin miedo ni complacencia, debemos denunciar lo que pertenece a nuestro propio pasado.

Se han escrito muchas críticas instructivas de los giros y manipulaciones de la política exterior de Israel desde diversas perspectivas, incluidas algunas disecciones meritorias de los peligros que plantea para la política estadounidense el apoyo continuado y desequilibrado de Estados Unidos a "Israel Uber Alles", pero la obra de Shahak destacará como un análisis decisivo de los verdaderos objetivos y motivaciones de Israel.

La franca discusión del Sr. Shahak sobre las enseñanzas religiosas judías es realmente escalofriante, especialmente cuando se considera el poder de Israel en la configuración de la política estadounidense actual. Luego, cuando uno reflexiona sobre el impacto de esta ideología religiosa en la estrategia geopolítica de Israel -especialmente porque se basa en el arsenal central de armas nucleares de destrucción masiva de esa nación- el panorama general sugiere un posible futuro para el mundo demasiado horrible para imaginarlo.

Capítulo II

El auge del fanatismo en la arena política israelí y sus implicaciones para el Golem nuclear israelí: ¿será Avigdor Lieberman el arquitecto del Armagedón

A la luz de las advertencias del Dr. Israel Shahak -advertencias que fueron en gran medida desoídas y, cuando lo fueron, desoídas- y del creciente auge de los ideólogos religiosos y políticos de línea dura en Israel (un fenómeno poco comprendido fuera de las filas de quienes hacen del estudio de los asuntos israelíes su responsabilidad), la cuestión del Golem nuclear de Israel se vuelve aún más crítica.

El caso perfecto de estudio del ascenso de la llamada "derecha radical" de Israel es Avigdor Lieberman. La mayoría de los estadounidenses (de hecho, la mayoría de los habitantes del planeta) nunca han oído hablar de Avigdor Lieberman, pero deberían saber exactamente quién es este peligroso e influyente demagogo. En esta coyuntura crítica, es el funcionario israelí que define la política de línea dura de Israel hacia Irán.

Como intermediario israelí de alto nivel, Lieberman bien puede ser la persona con la capacidad real de iniciar la próxima guerra mundial. Es el principal estratega del Estado sionista en el actual esfuerzo de Israel y su grupo de presión estadounidense para obligar a las madres y padres de Estados Unidos a enviar a sus hijos e hijas a la guerra contra el enemigo número uno de Israel: la República Islámica de Irán.

Veterano de la incitación al odio en Israel, conocido por su retórica racista dirigida contra los árabes cristianos y sus hermanos musulmanes, Lieberman ha sido un fijo en la política israelí durante más de 20 años, a pesar de -o quizá debido a- sus presuntos vínculos con elementos de la delincuencia organizada judía con base en Rusia, que conservan la ciudadanía israelí.

La creciente popularidad e influencia política de Lieberman, nuevo Viceprimer Ministro de Israel y su primer "Ministro de Asuntos Estratégicos" a nivel ministerial, no es sólo un reflejo de lo que algunos llaman "el lado oscuro de Israel", sino que representa la realidad de la opinión en gran parte del Israel actual.

Lieberman ha sido calificado de "duro" y "de derechas", de "el Hitler israelí", y de hecho sus opiniones reflejan una forma de "fascismo judío", una imagen sorprendente del llamado "fascismo islámico" del que tanto oímos hablar en los medios de comunicación controlados pro-Israel en Estados Unidos hoy en día.

Lieberman es el contacto clave en Israel con el que se relacionan los acaudalados defensores de Israel en Estados Unidos como parte de la presión cuidadosamente orquestada para que la administración Bush, con el apoyo de sus ostensibles "críticos" en el Congreso, ataque a Irán, incluso utilizando armas nucleares.

Gracias a su influencia, Lieberman coordina grupos de presión y propaganda israelíes con sede en Estados Unidos, como el Comité Estadounidense Israelí de Asuntos Públicos, el Congreso Judío Estadounidense, el Comité Judío Estadounidense y la Liga Antidifamación (ADL) de B'nai B'rith, entre otros, con el fin de empujar a Estados Unidos a emprender nuevas guerras en Oriente Próximo.

Lieberman sigue siendo muy popular no sólo entre sus partidarios israelíes, sino también entre los partidarios estadounidenses de Israel, que no tienen reservas sobre este fanático sin carácter. Su mordaz retórica contra los palestinos cristianos y sus hermanos musulmanes recuerda los venenosos arrebatos de un antiguo ministro israelí, Rehavam Ze-evi, que describió a cristianos y musulmanes como "piojos" y declaró que eran como un "cáncer" que destruía el Estado judío.

Procedente de la tradicional escuela de pensamiento del "Gran Israel", Lieberman sueña con el día en que el Estado judío se extienda "desde el Nilo hasta el Éufrates". En otras palabras, las fronteras de Israel se extenderán hacia el este desde las actuales fronteras de Egipto, tomando el control no sólo de Líbano, Siria y Jordania, sino también de partes sustanciales de Irak y Arabia Saudí.

La actual ocupación estadounidense de Irak, tras la ofensiva estadounidense contra esta república árabe laica -estimulada en gran medida por la presión del lobby israelí en Washington-, es vista ahora por muchos en el mundo árabe (y en el mundo musulmán en general) como un paso parcial hacia la realización del sueño del Gran Israel. La destrucción de Irán, seguida de una ocupación estadounidense, sería simplemente otra apropiación de tierras en nombre de las ambiciones geopolíticas de Israel.

Observadores de todo el espectro político afirman que la alianza de Lieberman con el gobierno del primer ministro israelí Ehud Olmert, líder del partido Kadima, ha fortalecido a Lieberman y a su propio partido, Yisrael Beiteinu. Aunque la traducción inglesa del nombre del partido - "Israel es nuestro hogar"- suena pintoresca y cómoda, el partido de Lieberman pide nada menos que la "limpieza étnica" de los cristianos y musulmanes que viven en Israel.

Un número cada vez mayor de compatriotas de Lieberman le aclaman por sus bulliciosas demandas de "traslado" de los árabes cristianos y musulmanes que viven dentro de Israel o bajo control israelí. En realidad, lo que Lieberman y sus partidarios defienden es un genocidio puro y simple, tal y como lo define la Convención Internacional sobre el Genocidio. Genocidio no es sólo asesinato, en palabras de la convención mundial. También incluye el traslado forzoso de poblaciones étnicas.

Así, mientras Lieberman y sus correligionarios en Israel y en todo el mundo deploran constantemente las pasadas políticas genocidas contra el pueblo judío, ya sean reales o imaginarias, Lieberman se ha convertido en una voz popular entre muchos israelíes que desean que se perpetre un genocidio contra los árabes musulmanes y cristianos en Tierra Santa.

Aunque algunos, tanto en Israel como en Estados Unidos, afirman que Lieberman es una especie de aberración política -que representa a un grupo de opinión ruidoso y fanático pero relativamente pequeño en Israel-, los analistas bien informados no suscriben esta teoría.

En su opinión, Lieberman se limita a repetir en voz alta y sin titubeos lo que piensan muchos en Israel y su satélite, Estados Unidos, a pesar de las protestas en sentido contrario.

El hecho de que personas como Lieberman puedan estar algún día a cargo del Golem nuclear de Israel es razón suficiente para que el mundo examine muy de cerca la necesidad de desmantelar el arsenal israelí de armas de destrucción masiva.

Pero hay más...

Capítulo III

¿Guerra civil en Israel? ¿Podrían los extremistas judíos fanáticos tomar el control del golem nuclear de Israel

Al menos dos respetadas publicaciones estadounidenses, conocidas por ser voces destacadas en apoyo de Israel, han destacado las recientes especulaciones abiertas sobre la inminencia de una guerra civil en Israel.

Sin embargo, esta noticia, de la que se hace eco habitualmente la prensa europea y de la que se habla libremente en Israel y en los periódicos judíos estadounidenses, es un profundo y oscuro secreto para muchos estadounidenses que dependen del monopolio mediático estadounidense para sus noticias e información.

Estas preocupaciones totalmente legítimas podrían llevar a la comunidad internacional a exigir que se tomen medidas rápidas para desmantelar el controvertido -y oficialmente "inexistente"- depósito de armas nucleares de destrucción masiva de Israel, su Golem.

Si una guerra civil desgarrara Israel, los elementos extremistas de Israel -que son muchos, incluso dentro de la élite militar y los servicios de inteligencia- podrían hacerse con el control del arsenal nuclear israelí, lo que podría conducir a un riesgo muy real de guerra nuclear.

El temor a que las armas nucleares -dondequiera que se encuentren- puedan caer en manos de extremistas ha sido siempre la piedra angular de los esfuerzos mundiales por controlar la proliferación nuclear.

Así pues, la preocupación por las divisiones políticas de Israel, expresada incluso por partidarios de Israel, plantea un espectro muy aterrador sobre lo que podría ocurrir y por qué el desmantelamiento del arsenal nuclear israelí es más urgente que nunca.

En el número del 27 de septiembre de 2004 de la revista proisraelí The New Republic (TNR), el muy respetado escritor judío estadounidense Leon Wieseltier -cuya columna "Washington Diarist" en TNR se considera lectura esencial en algunos círculos- agitó el espectro de la guerra civil en Israel. Bajo el titular "Israel's Coming War Within", TNR dio un espaldarazo a la aterradora columna de Wieseltier.

Citando traducciones del número del 10 de septiembre de 2004 de la versión en hebreo del periódico israelí Ha'aretz, Wieseltier describió cómo figuras destacadas del movimiento conservador de línea dura de Israel habían pedido a los miembros del ejército israelí que se opusieran a cualquier orden de participar en la expulsión o desplazamiento de colonos judíos en la Franja de Gaza, un territorio históricamente egipcio del que Israel se apoderó en la guerra de junio de 1967 y que ocupó hasta su reciente "retirada".

Wieseltier señaló que incluso el duro dirigente israelí Ariel Sharon, que había presentado planes para una retirada ordenada de los colonos judíos de Gaza -para gran enfado y conmoción de sus propios partidarios de siempre- era calificado ahora de "dictador" y estaba "amenazado por lo que Wieseltier describió como maldiciones cabalísticas y complots extremistas".

A juicio de Wieseltier -bastante bien considerado entre los partidarios de Israel- la oposición interna a Sharon en Israel era tan intensa, el odio tan profundo, que "uno podría pensar que Ariel Sharon era Adriano, o Fernando, o el Zar", refiriéndose a tres líderes históricos que expulsaron al pueblo judío de sus tierras. Wieseltier citó la retórica de los detractores de Sharon, que declararon que las órdenes de Sharon eran "un crimen contra la nación y un crimen contra la humanidad, una expresión de crueldad, maldad e imperialismo". Todo esto, dijo Wieseltier, es "motivo de espanto".

Haciéndose prácticamente eco de Wieseltier, el rabino Sholom Riskin -crítico de Sharon- escribió una columna publicada en el número del 1 de octubre de 2004 de Forward, uno de los periódicos comunitarios judíos más influyentes de Estados Unidos. Riskin, rabino de uno de los mayores y más controvertidos asentamientos judíos, está considerado en realidad una de las voces más "moderadas" entre los colonos, pero, en sus palabras, "el espectro de la retirada de Gaza y el concomitante desarraigo de sus habitantes amenaza el tejido mismo del Estado judío". Riskin escribió

La derecha hace declaraciones extremistas sobre la traición de los líderes políticos y sugiere negarse a cumplir las órdenes de evacuación, mientras que la izquierda retrata a toda la comunidad de colonos como belicistas civiles y perturbadores de la paz.

Riskin concluyó su evaluación de la precaria situación en Israel diciendo: "Por trágico que parezca, es difícil descartar la posibilidad de una guerra civil inminente".

Como sabrán los lectores habituales de la prensa extranjera, el propio Sharon acusó a menudo a sus críticos de incitar a la guerra civil, incluso cuando se discutía abiertamente la posibilidad de una escisión dentro del propio ejército israelí.

En un momento dado, muchos oficiales y soldados israelíes en servicio activo expresaron su preocupación por seguir las órdenes de Sharon y sugirieron que se rebelarían contra los dirigentes civiles si se les pedía que desarraigaran a los colonos judíos de Gaza.

Cualquier estudio cuidadoso de los detalles de la situación demostraría que muchos de los israelíes en cuestión están bajo la disciplina de líderes tan extremistas como algunos de los infames líderes musulmanes que destacan constantemente los medios de comunicación estadounidenses, que prefieren ignorar la existencia de líderes judíos extremistas en Israel (y en otros lugares).

Y antes de que uno se incline a desestimar las preocupaciones sobre los peligros de que las armas nucleares israelíes caigan en manos de extremistas judíos, cabe señalar que en los círculos de defensa estadounidenses se ha especulado abiertamente sobre los posibles peligros asociados al arsenal nuclear israelí que podrían derivarse de la inestabilidad política en Israel.

Los estadounidenses que aprecian el pensamiento estratégico de sus propios líderes militares harían bien en prestar atención al comentario sobre las armas nucleares de Israel del Teniente Coronel del Ejército de EE.UU. Warner D. Farr, que organizó una sesión informativa especial sobre este "controvertido" tema con el Centro de Contraproliferación de la Fuerza Aérea de EE.UU. en la Escuela de Guerra de la Fuerza Aérea en la Base Maxwell de la Fuerza Aérea, Alabama, en septiembre de 1999.

Dado que el centro se creó, según sus propias palabras, "para proporcionar información y análisis a los responsables de la toma de decisiones de seguridad nacional de Estados Unidos y a los oficiales de la USAF para ayudarles a contrarrestar la amenaza que suponen los adversarios equipados con armas de destrucción masiva", merece la pena señalar que el documento del Sr. Farr es bastante franco sobre Israel.

En su evaluación sin concesiones de la situación en Israel. Titulado

"El Santo de los Santos del Tercer Templo: las armas nucleares de Israel", señala la ponencia del coronel Farr

Otro ámbito de especulación se refiere a la seguridad nuclear israelí y su posible uso indebido. ¿Cuál es la cadena de toma de decisiones y control de las armas israelíes? ¿Hasta qué punto son susceptibles de uso indebido o robo

A falta de un debate público abierto y franco sobre las cuestiones nucleares, no ha habido debate ni información sobre las salvaguardias existentes. Esto ha dado lugar a acusaciones de "opiniones monolíticas e intenciones siniestras".

¿Decidiría un gobierno militar de derechas utilizar armas nucleares de forma indiscriminada

Ariel Sharon, partidario declarado de un "Gran Israel", es citado diciendo: "Los árabes pueden tener el petróleo, pero nosotros tenemos las cerillas". ¿Podría Gush Emunim, una organización religiosa de derechas, u otros, secuestrar un artefacto nuclear para "liberar" el Monte del Templo para la construcción del Tercer Templo? Las posibilidades son escasas, pero podrían aumentar a medida que los radicales denuncien el proceso de paz.

Un artículo de 1997 sobre las Fuerzas de Defensa de Israel subrayaba repetidamente la posibilidad y la necesidad de protegerse contra un golpe militar religioso de derechas, especialmente a medida que aumenta la proporción de [fanatismo] religioso en el ejército.

Así pues, aunque los temores sobre la posibilidad inmediata de una guerra civil israelí parecen haber remitido, al menos de momento, persisten graves conflictos en el seno de la sociedad israelí. Por tanto, debemos tener presentes las advertencias del teniente coronel Farr.

Los verdaderos judíos de Noah Efron. Secular vs. Ultraortodoxos y la lucha por la identidad judía en Israel.

Efron, profesor de la Universidad de Bar-Ilan, cerca de Tel Aviv, ha documentado los asombrosos problemas (poco conocidos fuera de los círculos judíos) que desgarran Israel. El libro describe "un país en guerra consigo mismo... un país en ruinas, enfrentado a la guerra, el terror, la corrupción, la pobreza y la decadencia". No es precisamente la imagen que tienen de Israel los cristianos estadounidenses que lo apoyan. Además, según la obra de Efron, los elementos ortodoxos de línea dura han "inclinado la balanza entre la izquierda y la derecha, dándoles un poder político desproporcionado".

Está claro que las cosas no son tan pacíficas en los círculos judíos de Israel como podría pensar el estadounidense medio. Y como dijo el editor del libro de Efron, "este conflicto ya no puede ser ignorado".

Israel es, en efecto, un polvorín en el que el poder político está en juego y en el que su Golem es el premio final. Y aunque Ariel Sharon ya no está en escena, tras haber sufrido un derrame cerebral, la presencia de Avigdor Lieberman en el propio gobierno israelí -por no mencionar las continuas tensiones entre las diversas facciones dentro de Israel- todavía nos deja con el peligro potencial de una guerra civil en Israel un día en el futuro, un peligro que no se puede descartar a la luz de la existencia del Golem nuclear de Israel.

Una guerra civil en Israel podría -aunque sólo fuera temporalmente- poner el control de las armas nucleares de Israel en manos de extremistas israelíes cuya última preocupación es lo que pensaría Estados Unidos -o el mundo-.

Estos extremistas creen que actúan según la voluntad de Dios. Por tanto, hay que advertir al mundo.

Sin embargo, a pesar de todas las preocupaciones sobre los fanáticos de línea dura que toman el control de las armas nucleares de Israel, la verdad es que, como muestra la historia, Israel estuvo a punto de "volverse nuclear" en un pasado no tan lejano. Los "extremistas" israelíes no son los únicos que suponen un peligro en lo que se refiere al uso del Golem nuclear de Israel.

Capítulo IV

No sólo los "fanáticos"... Los altos dirigentes israelíes y la amenaza del Golem

Hasta ahora, en nuestro estudio del Golem nuclear israelí, nos hemos centrado principalmente en la amenaza del fanatismo religioso en Israel y su posible impacto en la política israelí de armas nucleares.

Sin embargo, nos equivocaríamos si indujéramos al lector a creer que sólo los elementos más fanáticos de Israel estarían inclinados a utilizar el arsenal nuclear israelí.

Como ya hemos subrayado, hay que tener siempre presente que la política de armamento nuclear de Israel está en el centro mismo de la estrategia geopolítica y militar del país. Es fundamental para la existencia de la nación.

La construcción de un arsenal nuclear -logrado hace tiempo- fue uno de los principales objetivos del padre fundador de Israel, David Ben-Gurion, y todos los dirigentes israelíes posteriores han confiado en la política nuclear de Israel como pieza central de su política exterior.

Sea como fuere, la historia demuestra que incluso los líderes israelíes "tradicionales" -incluido el propio David Ben-Gurion- eran muy propensos a un pensamiento imperial de mano dura, no muy distinto del de algunos israelíes modernos de línea dura como Avigdor Lieberman, que examinamos en un capítulo anterior.

Y como hemos señalado, Lieberman, por su parte, se está convirtiendo cada día en una corriente más dominante. En algunos aspectos, Lieberman no hace sino repetir públicamente lo que Ben-Gurion dijo en privado. A pesar de los encendidos desmentidos de los dirigentes israelíes que siguen aferrados al sueño de un "Gran Israel"

El hecho es que este sueño incumplido sigue estando muy presente en el pensamiento sionista dominante.

Además, aunque los defensores de Israel afirman que el Estado judío nunca ha atacado a otras naciones, sus afirmaciones quedan desmentidas por una amplia gama de datos recopilados por diversos autores (con diferentes puntos de vista) que sostienen que Israel, de hecho, podría ser citado con razón como el verdadero instigador de más de una de las guerras árabe-israelíes que han tenido lugar desde la creación de Israel en 1948.

También hay que recordar que Israel -junto con Francia y Gran Bretaña- desempeñó un papel decisivo en la ofensiva contra Egipto durante la crisis de Suez. Así pues, Israel no está libre de culpa en lo que respecta a las guerras de agresión. Los que dicen lo contrario se equivocan.

Y fue durante el asunto de Suez cuando el Primer Ministro de la época, Ben-Gurion, habló con franqueza de las ambiciones imperiales de Israel, de su sueño de ampliar sus fronteras geográficas más allá de las establecidas en 1948.

Para saber más, recurrimos al trabajo del teniente coronel Warner Farr, del ejército estadounidense. En su nota informativa citada anteriormente, "The Third Temple's Holy of Holies: Israel's Nuclear Weapons". Farr escribe: "En un tête-à-tête con [el Primer Ministro francés Guy]

Mollet, Ben-Gurion declaró que era su intención tomar el control de todo el Sinaí y anexionarlo a Israel, con el fin de explotar el petróleo que, según él, yacía allí. En la reunión con la delegación francesa que inauguró la conferencia de Sevres, Ben-Gurion expuso su visión de un acuerdo global en Oriente Próximo, basado en los siguientes principios

Internacionalización del Canal de Suez, disolución del Reino de Jordania y partición entre Irak e Israel, patrocinio británico de Irak y la Península Arábiga, y patrocinio francés de Siria y Líbano (donde la dominación cristiana estaría asegurada).

Los franceses escucharon amablemente el plan y [el general israelí Moshe] Dayan escribió en su diario que el plan "podía considerarse fantástico, incluso ingenuo".

Ben-Gurion a veces se dejaba llevar por sus ideas visionarias durante sus reuniones con los líderes mundiales.

Si el general Dayan, colega de Ben-Gurion, puede calificar de "visionarias" las ambiciones imperiales del padre fundador de Israel, los vecinos árabes de Israel -por no hablar de la mayor parte del resto del mundo- pueden ver esas ambiciones como algo muy distinto: una amenaza.

De hecho, el 6 de noviembre de 1956 -en plena campaña de Suez- Ben-Gurion pronunció un discurso en el que anunciaba la formación del "Tercer Reino de Israel", refiriéndose así al sueño del "Gran Israel" que -en aquel momento- Ben-Gurion percibía claramente como una posibilidad muy real, ya que el pequeño Israel estaba aliado con las potencias europeas de Gran Bretaña y Francia contra Egipto. Sólo la intervención del presidente estadounidense Dwight D. Eisenhower impidió que este sueño se hiciera realidad.

El llamado "tercer reino" era (y sigue siendo) el fundamento filosófico de la visión del mundo de los fanáticos en Israel. Sin embargo, fue Ben-Gurion, que se presentaba públicamente al mundo como una fuerza secular en los asuntos israelíes, quien adoptó esta retórica imperial.

Y aunque los defensores de Ben-Gurion han sugerido desde entonces que las tensiones del conflicto de Suez, combinadas con un ataque de gripe que Ben-Gurion sufría en ese momento, fueron la causa de lo que el teniente coronel Farr ha descrito acertadamente como el "extraño arrebato mesiánico" de Ben-Gurion, el hecho es que el líder israelí habló en esos términos potencialmente apocalípticos. Así que incluso los líderes israelíes "tradicionales", como el famoso Ben-Gurion, han demostrado su capacidad -por las razones que sean- para desviarse en direcciones peligrosas.

Pero Israel no tenía arsenal nuclear en 1956. Sin embargo, según todas las estimaciones, Israel tenía un arsenal nuclear en el momento de la llamada Guerra de los Seis Días en 1967, y Farr señaló en su estudio que Israel realmente entró en alerta nuclear durante esa guerra, listo para usar su Golem para derrotar a sus enemigos árabes. Y eso fue sólo la primera vez.

En octubre de 1973, mientras Israel libraba la guerra del Yom Kippur contra Egipto y Siria, las líneas del frente israelí se derrumbaron y, según Farr, citando a la revista Time, el general israelí Moshe Dayan, entonces ministro de Defensa, dijo a la primera ministra Golda Meir que "éste es el fin del Tercer Templo". En otras palabras, el fin del Estado de Israel, a juicio de Dayan, estaba cerca.

Y no en vano la palabra "templo" -nos recuerda Farr- es también la palabra clave para las armas nucleares.

Así, mientras Israel preparaba ataques nucleares contra objetivos egipcios y sirios, y la noticia de este plan había llegado a EEUU a través del Secretario de Estado Henry Kissinger -quizás el principal defensor de Israel en la administración del Presidente Richard Nixon-, EEUU (presionado por la amenaza israelí de utilizar potencia de fuego nuclear) comenzó a abrir una línea de suministro para las fuerzas israelíes.

Sin embargo, incluso antes de que el apoyo estadounidense hubiera cruzado la línea, los israelíes fueron capaces de contraatacar y someter a sus enemigos árabes. Y como señala Warner Farr: "Así comenzó el uso sutil y opaco de la bomba israelí para garantizar que Estados Unidos cumpliera su promesa de mantener la ventaja armamentística convencional de Israel sobre sus enemigos".

La historia demuestra que, al menos en dos ocasiones, los israelíes (bajo el liderazgo de la llamada "corriente principal") se dirigieron hacia el Armagedón nuclear, poniendo en marcha su Golem, listo para entrar en acción en el primer uso de armas atómicas en tiempo de guerra desde 1945.

El Golem nuclear israelí -en manos de cualquier gobierno israelí- ya ha sido desvelado. No son "sólo los fanáticos" los que podrían verse tentados a utilizar el Golem sionista. Israel es una nación -cuya estrategia de seguridad nacional se basa en el concepto de "suicidio nacional si es necesario" para derrotar a sus enemigos- con un historial probado de provocaciones nucleares. La próxima vez, puede que no haya quien lo pare.

Israel no es amigo de ninguna nación salvo de sí mismo, como veremos en el próximo capítulo.

Capítulo V

Sí, Israel atacará primero... Y también atacará a un "aliado".

El asalto al Liberty y la conexión nuclear israelí.

El Estado de Israel ha demostrado que, para lograr sus fines, no duda en atacar a sus antiguos "amigos", del mismo modo que está dispuesto a atacar a sus enemigos.

De hecho, hay indicios que sugieren que el ataque deliberado y no provocado de Israel contra el buque espía estadounidense U.S.S. Liberty el 8 de junio de 1967 pudo deberse, al menos en parte, al temor de Israel de que el Liberty pudiera haber estado vigilando el programa ultrasecreto de armas nucleares de Israel.

Aunque el debate sobre los motivos del atentado sigue abierto, un breve repaso de las estremecedoras circunstancias que rodearon el asesinato de 34 estadounidenses a manos de las fuerzas armadas de Israel en este atentado terrorista del que pocos estadounidenses son conscientes demuestra precisamente la peligrosa naturaleza del Estado sionista, dotado en la actualidad de un enorme arsenal de armas nucleares.

Mientras los defensores de Israel (especialmente los políticos estadounidenses a sueldo del bien financiado lobby judío de Washington) siguen insistiendo en que el ataque al Liberty fue un grave "error", los supervivientes del Liberty dicen lo contrario, y las circunstancias del ataque dejan meridianamente claro que fue deliberado y que los israelíes sabían perfectamente que lo que querían destruir era un barco estadounidense.

Aunque el presidente George W. Bush ha pedido repetidamente al pueblo estadounidense que "apoye a las tropas", los supervivientes del Liberty siguen siendo las únicas tropas estadounidenses conocidas a las que el presidente Bush y los políticos estadounidenses de los dos principales partidos políticos se niegan a apoyar. Esto dice mucho del estado actual de Estados Unidos.

El ataque al Liberty, que navega pacíficamente por el Mediterráneo, se produjo en plena tarde soleada. La bandera estadounidense a bordo del Liberty ondeaba claramente con la brisa. Tres aviones israelíes sin insignias, acompañados de tres lanchas torpederas, llevaron a cabo el brutal asalto.

El ataque comenzó con cohetes y continuó con napalm, una sustancia química ardiente que se adhiere a la piel humana con resultados espantosos. A continuación, los torpederos bombardearon la cubierta del Liberty con sus ametralladoras, mientras los marineros estadounidenses intentaban apagar los incendios provocados por el napalm. El Liberty fue torpedeado no una, sino tres veces, pero milagrosamente no se hundió. Treinta y cuatro estadounidenses murieron en el incidente y otros 171 resultaron heridos.

Cuando la noticia del ataque llegó a la Casa Blanca, el presidente Lyndon Johnson alertó al comandante de la Sexta Flota para que se preparara para una acción de represalia, asumiendo que los responsables eran los egipcios. Más tarde, cuando supo que los responsables eran los israelíes, canceló la alerta.

La prensa estadounidense ha cubierto muy poco esta tragedia. La poca información disponible indica que fue un "trágico error". Además, los medios de comunicación han subestimado el número de muertos.

A continuación, bajo la dirección del Almirante John S. McCain, Comandante en Jefe de las Fuerzas Navales de EE.UU. en Europa, el Contralmirante I. C. Kidd. McCain y Kidd estaban bien situados para saberlo, pero aun así anunciaron que el ataque fue un "caso de identidad equivocada".

(La cobertura por parte de McCain de la masacre israelí de niños de la marina estadounidense forjó un vínculo único entre la familia McCain e Israel, de modo que hoy el hijo de McCain, John, senador republicano por Arizona, es uno de los republicanos favoritos de Israel).

A los supervivientes de Liberty se les ha dicho que "guarden silencio". A los que hablaron se les amenazó con un consejo de guerra". Si alguien preguntaba", los marineros debían "decir que fue un accidente". Los supervivientes fueron dispersados por todo el mundo para que ningún hombre fuera enviado al mismo lugar.

El incidente se mencionó de pasada en diversos medios de comunicación - quedó enterrado, por ejemplo, en una contraportada de *The New York Times* inmediatamente después del horrible suceso-, pero la primera vez que la espeluznante historia se contó a escala nacional fue en *The Spotlight*, el 26 de abril de 1976.

Sin embargo, en el mes siguiente a la tragedia del 15 de julio de 1967, el boletín *Washington Observer*, publicado por Liberty Lobby, la institución populista con sede en Washington, informó a sus lectores de que el ataque israelí al barco estadounidense había sido, en efecto, deliberado.

No hay duda de que los israelíes pretendían no sólo hundir el Liberty, sino también matar a toda la tripulación para que no aparecieran testigos vivos que señalaran a los israelíes. Los israelíes esperaban echar la culpa del crimen a los árabes, una técnica de "bandera falsa" utilizada desde hace tiempo por Israel en sus numerosos actos de terrorismo.

Los defensores de Israel exigen saber por qué los israelíes querrían que el Liberty fuera totalmente destruido y todos los pasajeros asesinados en masa. ¿Por qué Israel atacaría a un aliado? La respuesta es inquietante, por decirlo suavemente.

Un informe de *Spotlight* del 21 de noviembre de 1977 implicó al jefe de contrainteligencia de la CIA, James J. Angleton, en la orquestación del atentado contra el Liberty con Israel, con la intención de culpar a los árabes.

Angleton, un leal israelí que dirigió el enlace entre la CIA y la agencia de inteligencia israelí, el Mossad, y que también desempeñó un papel clave en ayudar a Israel a desarrollar su arsenal nuclear (desafiando al presidente John F. Kennedy), creía que la destrucción del Liberty podría utilizarse como un incidente "Pearl Harbor" o "Recuerda el Maine" para inflamar las pasiones estadounidenses contra los árabes.

Y eso es lo que ocurrió en el incidente del Liberty. Sólo porque el Liberty no se hundió, a pesar de los más repugnantes esfuerzos de los israelíes por destruir el barco y a todos los que iban a bordo, se desbarató el plan. Los marineros estadounidenses vivieron para contar la verdad: fue Israel quien atacó su barco, no los árabes.

El estremecedor documental del periodista británico Peter Hounam, U.S.S. Liberty: Dead in the Water, confirma el informe de *The Spotlight* de que el ataque al Liberty estuvo a punto de provocar un ataque nuclear a gran escala de Estados Unidos contra la capital egipcia, El Cairo.

Y estos son hechos que Israel y sus defensores quieren ocultar.

En 1983 se publicó por primera vez (sin bombo ni platillo) un informe de alto secreto elaborado en 1967 por el asesor jurídico del Secretario de Estado estadounidense. El informe evaluaba las afirmaciones de Israel de que el ataque había sido un error. El informe demostraba que las afirmaciones de Israel eran mentiras. Por ejemplo

- Los israelíes afirmaron que el Liberty viajaba a una velocidad elevada (y por tanto sospechosa) de 28 a 30 nudos. En realidad, el barco iba a la deriva a sólo cinco nudos.

- Los israelíes alegaron que el Liberty se había negado a identificarse. De hecho, las únicas señales emitidas por los torpederos israelíes se produjeron después de que se hubiera lanzado el ataque, por lo que 25 marineros ya estaban muertos cuando el Liberty fue alcanzado por un torpedo israelí.

- Los israelíes afirmaron que el Liberty no ondeaba una bandera estadounidense ni tenía ninguna insignia identificativa. De hecho, el Liberty no sólo ondeaba una bandera estadounidense al viento, sino que después de que esa bandera fuera derribada, otra mucho más grande fue izada por los marineros estadounidenses cuando se dieron cuenta de que estaban siendo atacados por fuerzas ostensiblemente "amigas" de "nuestro aliado, Israel". Además, el nombre y los números de identificación del Liberty aparecían claramente en el casco, que acababa de ser pintado.

Según los supervivientes del Liberty, los aviones israelíes habían rodeado el barco no menos de 13 veces durante varias horas antes de que comenzara el ataque. Algunos de los marineros del Liberty incluso saludaron a los "amistosos" israelíes desde la cubierta del barco, sin saber que poco después iban a ser aniquilados.

Los siguientes son sólo algunos comentarios de supervivientes estadounidenses del ataque israelí contra el Liberty. Sus opiniones representan las de muchos otros supervivientes. ¿Podrían tantos militares estadounidenses estar "equivocados" o "mintiendo" -como afirman los defensores de Israel- sobre la culpabilidad de Israel en el trágico asunto del Liberty

- Ernie Gallo: "El día anterior, yo estaba arriba cuando pasaron unos aviones israelíes, muy cerca de nosotros, así que pudimos saludar a los pilotos y ellos estaban tan cerca como para que les devolviéramos el saludo.

- Rick Aimetti: "Era un día muy claro, cálido, el sol brillaba, soplaba una agradable brisa y recuerdo claramente la bandera [estadounidense] ondeando al viento".

- Phil Tourney: "Hubo unas trece salidas sobre nuestro barco [por parte de aviones israelíes] desde las seis hasta el mediodía. Hicimos un ejercicio de cuarentena general que duró unos cuarenta y cinco minutos".

- Stan White: "Salí a cubierta, pasó un avión y miré en la cabina. Me saludó. Le devolví el saludo. Así de cerca estaban. Sabían quiénes éramos

- George Golden: "De todos los vuelos de reconocimiento que hicieron aquella mañana, el que sobrevoló nuestro barco duró entre seis y siete horas. Tenían una buena idea de lo que estaban haciendo y nos golpearon duro y rápido con todo lo que tenían.

- James Smith: "Estuve en cubierta luchando contra el fuego y realizando otras tareas de control de daños durante todo el ataque. Al mismo tiempo, pude observar los jets que sobrevolaban y también observé la bandera estadounidense que ondeaba en el mástil. En ningún momento esta bandera estuvo suspendida del mástil".

Joe Meadors: "Mi único trabajo durante el ataque era asegurarme de que la bandera ondeaba. Cada pocos minutos, iba al puente de señales del mástil.

Los supervivientes estadounidenses del brutal ataque terrorista israelí contra el USS Liberty han declarado que la naturaleza del asalto constituyó definitivamente un crimen de guerra.

Por ejemplo, Lloyd Painter, un superviviente, recordaba: "Fui testigo personal del ametrallamiento de las balsas salvavidas que pasaban cerca. La tripulación de los torpederos israelíes disparó ametralladoras contra las balsas salvavidas, asegurándose de que si hubiera habido alguien en ellas, no habría sobrevivido.

Otro superviviente, Don Bocher, señaló que los planes de abandonar el barco se cancelaron porque las balsas salvavidas habían sido destruidas por los disparos. De hecho, disparar contra las balsas salvavidas de un barco en peligro es un crimen de guerra.

Josey Toth Linen, cuyo hermano Stephen murió en el Liberty, también comentó: "Mi hermano fue enviado al puente del barco para averiguar quiénes eran los aviones y de dónde venían. No llevaban ninguna marca. Esto va en contra de las reglas de guerra de Ginebra... Fue acribillado por los aviones".

En consecuencia, Israel cometió crímenes de guerra en su ataque injustificado contra el buque estadounidense amigo.

David Lewis, un superviviente, añadió: "Si [el barco] se hubiera hundido, supongo que cuando los restos llegaron a la costa al día siguiente, se habría culpado a Egipto [...].

Los helicópteros artillados, estoy seguro, habrían aniquilado a los supervivientes si hubiéramos abandonado el barco. Fueron enviados para acabar con nosotros. Los aviones fueron enviados para dejarnos incomunicados para que no pudiéramos enviar un SOS. Los torpederos fueron enviados para hundirnos.

"Y se enviaron helicópteros para recuperar a los supervivientes. Fue una operación militar perfectamente ejecutada. Si miran las fotos del Liberty después del ataque, verán que en el primer ametrallamiento utilizaron misiles guiados que destruyeron la sección de sintonización de todos los transmisores del barco. En menos de dos segundos, acabaron con todas nuestras capacidades de comunicación".

El capitán del barco, W. L. McGonagle, se hizo eco de las preocupaciones de los demás supervivientes, señalando que "la ferocidad del ataque parecía indicar que los atacantes pretendían hundir el barco: "Por la ferocidad del ataque parece que la intención de los atacantes era hundir el barco. Tal vez esperaban que no hubiera supervivientes para no ser considerados responsables del ataque después de que se hubiera producido".

El 20 de septiembre de 2001, tras la tragedia terrorista del 11 de septiembre, el Presidente George W. Bush declaró sin rodeos al mundo: "O estáis con nosotros o estáis con los terroristas".

Lo que ocurrió el 8 de junio de 1967 fue un acto de terrorismo, se defina como se defina. Ese día, Israel demostró al pueblo estadounidense que estaba "con los terroristas". Al contrario, ellos eran los terroristas.

Es un país que controla uno de los mayores arsenales nucleares del planeta.

Sólo por este crimen -el asesinato de 34 estadounidenses y las heridas causadas a otros 174- Israel no sólo perdió el derecho a llamarse "aliado" de Estados Unidos, sino también el derecho a conservar armas nucleares de destrucción masiva.

Si algún día las naciones del mundo decidieran entrar en Israel y desmantelar por la fuerza el arsenal nuclear israelí -cosa que sin duda harán-, sería totalmente apropiado que el grito de guerra fuera simplemente: "Recordad la libertad": "Recordad la libertad".

Capítulo VI

El secreto sagrado de Israel: el golem sionista, principal impulsor de la escalada nuclear en Oriente Próximo

Para evitar cualquier duda de que las armas nucleares de destrucción masiva de Israel son la piedra angular de la política de defensa nacional de Israel, o de que esta política se basa en un fanatismo religioso (incluso racista) profundamente arraigado y subyacente -sobre esta base, puede decirse con razón que esto por sí solo es suficiente para suscitar temores muy reales en el mundo, dado que Israel conserva este peligroso arsenal - también debemos tener en cuenta el hecho esencial de que el padre fundador de Israel, David Ben-Gurion, concedía un ferviente significado religioso, incluso místico, al programa de desarrollo de armas nucleares de su nación.

Según el historiador israelí Michael Karpin, que escribe en su libro The Bomb in the Basement (La bomba en el sótano), Ben-Gurion llamó "makdishim", o consagradores, y "hakdasha", consagración, a los señores del dinero judíos que donaron unos 40 millones de dólares en la década de 1950 (el equivalente a 250 millones de dólares actuales) para poner en marcha el programa armamentístico. Como señaló Karpin, estas dos palabras hebreas derivan de la palabra kadosh, sagrado, que es también la raíz de la palabra Mikdash, o Templo, la institución más sagrada del judaísmo.

Dentro del Templo está el Kodesh Hakodashim, el Santo de los Santos.

Y al igual que el Templo, que se construyó con contribuciones de los hijos de Israel (Éxodo 25:1), el programa nuclear de Israel también se construirá con contribuciones.

A los ojos de Ben-Gurion, el proyecto nuclear era sagrado.

Aunque los propagandistas proisraelíes de los medios de comunicación dominados por los sionistas -especialmente en Estados Unidos- hablan a menudo de los peligros de la "bomba islámica", el verdadero peligro en el mundo actual es la "bomba judía".

Aunque el gobierno israelí niega oficialmente la existencia misma de la bomba infernal judía, el gobierno estadounidense, obedeciendo a Israel y a su grupo de presión en Washington, está escenificando una extraña farsa en la que finge, con fines de relaciones públicas, creer las afirmaciones de Israel sobre su arsenal nuclear.

El difunto disidente israelí Israel Shahak describió acertadamente la bomba israelí como un "secreto a voces" que el mundo debe conocer. Y sin embargo, aunque el ex Primer Ministro israelí Shimon Peres abandonó formalmente la antigua política de Israel de negar su capacidad armamentística nuclear, al reconocer la existencia del Golem nuclear, en un discurso pronunciado el 20 de febrero de 2003 en Jerusalén ante una delegación de la poderosa Conferencia de Presidentes de las Principales Organizaciones Judías Estadounidenses, este hecho ha recibido muy poca mención en la prensa estadounidense.

En cambio, se mencionó -aunque brevemente- en las páginas de los periódicos de la comunidad judía estadounidense, un clásico guiño a la fea verdad que Israel ha negado durante tanto tiempo.

De hecho, sería un error decir que la verdad sobre la capacidad nuclear de Israel nunca se menciona en los medios de comunicación estadounidenses. Sí se menciona. Pero esta mención es escasa y se limita en gran medida a las páginas de los medios de comunicación de élite y a las revistas especializadas en asuntos militares y políticos. El estadounidense medio apenas comprende (o conoce) los peligros del Golem israelí y el impacto que ha tenido en la escalada nuclear en Oriente Próximo.

La mayoría de los estadounidenses, de hecho, están convencidos de que los "malvados musulmanes" están construyendo armas nucleares para "llegar a Israel" y "matar a Estados Unidos, el Gran Satán", pero no entienden que es Israel quien está detrás de todo este caos nuclear en Oriente Medio.

Algunos periodistas estadounidenses han abordado el tema, aunque discretamente. Por ejemplo, en el número del 6 de marzo de 2005 del *Washington Post*, que trataba de la proliferación nuclear en Oriente Próximo, Walter Pincus, uno de los principales corresponsales del Post y estadounidense de confesión judía, admitía francamente

Aunque la política de Estados Unidos ha sido apoyar el concepto de un Oriente Medio libre de armas nucleares, los funcionarios de la administración casi nunca reconocen públicamente que la posesión de tales armas por parte de Israel puede ser un factor en las acciones de otras potencias regionales, como Irán, Siria, Egipto o Arabia Saudí. La CIA no menciona regularmente las armas nucleares de Israel en sus informes semestrales al Congreso sobre armas de destrucción masiva.

El artículo señala que mientras "Israel se niega a confirmar que posee armas nucleares" -aunque, como hemos señalado, funcionarios israelíes han hecho declaraciones públicas reconociendo efectivamente la existencia de tales armas- "la inteligencia estadounidense ha dicho al Congreso que Israel ha tenido un arsenal estimado de entre 200 y 300 bombas y misiles desde la década de 1970".

En vista de todo ello, es importante señalar que Israel siempre se ha negado a firmar el tratado internacional de no proliferación nuclear o a abrir sus programas nucleares a la inspección. Por ello, no es de extrañar que Mohamed El Baradei, director del Organismo Internacional de Energía Atómica (OIEA), haya declarado que la intransigencia de Israel a la hora de revelar información nuclear ha "animado a los países a adquirir una capacidad armamentística igual o similar".

En la misma línea, el ex presidente iraní Ali Akbar Hashemi Ransanjani señaló que su propio país había sido objeto de abusos por parte de Estados Unidos, que acusaba a Irán de pretender fabricar armas nucleares, mientras que "Israel ha almacenado armas nucleares prohibidas sin ninguna protesta ni oposición por parte del OIEA".

Por su parte, el príncipe Saud Faisal, ministro de Asuntos Exteriores de Arabia Saudí, también subrayó que "siempre se menciona a Irán, pero nadie menciona a Israel, que ya tiene armas (nucleares). Queremos que la comunidad internacional refuerce el movimiento para hacer de Oriente Próximo una zona desnuclearizada".

John F. Kennedy no era tonto. Cuando tomó la audaz decisión de hacer frente a las ansias de Israel de conseguir armas nucleares, sabía que sería una tarea difícil. Pero lo cierto es que su oposición a las intenciones nucleares de Israel fue la piedra angular de toda su política exterior, del mismo modo que la determinación de Israel de tener la bomba fue la piedra angular de la política geoestratégica israelí. El historiador israelí Avner Cohen resumió bien la posición de JFK

... El presidente Kennedy estaba decidido a frustrar la búsqueda nuclear de Israel. Y para Kennedy, Israel estaba en el centro de la batalla contra la proliferación nuclear. Israel, creía, era el punto de partida de la nueva norma de no proliferación. Israel era visto como la línea divisoria entre la vieja e irreversible proliferación nuclear del pasado y la nueva no proliferación del futuro.

Sin embargo, JFK fue destituido prematuramente y -como veremos más adelante en estas páginas- existen pruebas fehacientes de la implicación de Israel en el asesinato de JFK y, como consecuencia directa e inmediata, las ambiciones nucleares de Israel quedaron finalmente expeditas.

Sin embargo, la mayoría de los estadounidenses no parecen entender que fue Israel, y no Irak o Irán, quien inició la carrera armamentística en Oriente Próximo.

Esto se debe, por supuesto, a que los medios de comunicación estadounidenses son tan pro-Israel que incluso las verdades más simples pueden ser distorsionadas. El artículo principal del *New York Times* del 15 de abril de 2007 es un ejemplo perfecto. El artículo, titulado "With Eye on Iran, Rivals Also Want Nuclear Power" (Con la vista puesta en Irán, los rivales también quieren energía nuclear), insinuaba por la propia naturaleza de su título que las intenciones nucleares de Irán eran de alguna manera la causa de la creciente escalada de interés en la energía nuclear por parte de otros Estados de la región. El artículo afirmaba que Arabia Saudí, Turquía y Egipto, una docena de Estados de la región de Oriente Próximo, estaban avanzando hacia la energía nuclear.

Pero esta admisión quedaba oculta en el artículo, que es bastante largo: "Oriente Próximo ya ha sido escenario de una carrera armamentística nuclear regional. Después de que Israel obtuviera su primera arma hace cuarenta años, varios países se embarcaron en la vía nuclear", y la confirmación de que "hace décadas, fue el deseo de Israel de adquirir armas nucleares lo que provocó las primeras preocupaciones atómicas en la región".

Sin embargo, el *New York Times* ha vuelto al mantra actual: "Irán tiene la culpa". Sin embargo, los hechos demuestran que Israel ha estado en el centro de la escalada de armas nucleares en Oriente Medio, precisamente porque fue el primer Estado en adquirir armas nucleares y, como consecuencia directa, otros Estados de la región (con razón) decidieron que también ellos necesitaban poder garantizar su propia defensa nacional, precisamente como hicieron los israelíes.

De hecho, no se puede culpar a los estados árabes y musulmanes de Oriente Medio -que reconocen el arraigado fanatismo y la base religiosa de la política de armas nucleares de Israel- por creer que eran objetivos potenciales, en una guerra preventiva, del Golem de Israel, precisamente por lo que ya hemos documentado en estas páginas. A la luz de la historia de la determinación de Israel de construir un arsenal nuclear, unida a la ahora firmemente establecida "relación especial" entre Israel y Estados Unidos, ¿es de extrañar que los estados árabes y musulmanes que Israel percibe como sus enemigos no estén dispuestos a tener los medios para defenderse de tal alianza

Anteriormente destacamos la honestidad del corresponsal del *Washington Post*, Walter Pincus, que se abstuvo de hablar del papel de Israel en la escalada de armas nucleares en Oriente Próximo. No era la primera vez que Pincus abordaba el tema.

El 17 de abril de 2003, en un artículo sobre las furibundas afirmaciones de la administración Bush sobre las supuestas "armas de destrucción masiva" de Siria, el Sr. Pincus reconoció que Siria había acumulado su arsenal para "igualar las condiciones" y que "las armas de Israel han despertado los temores [de Siria]".

Aunque en la época del artículo de Pincus, Siria había pedido una resolución de la ONU que exigiera la inspección de las armas nucleares en todo Oriente Medio, incluido Israel, nadie esperaba que Estados Unidos accediera a la petición de Siria. Y, por supuesto, Estados Unidos lo hizo, a pesar de la postura oficial de Estados Unidos de que, según el entonces Secretario de Estado Colin Powell, le gustaría ver toda la región libre de armas de destrucción masiva. El artículo de Pincus sobre el deseo de Siria de adquirir un arsenal militar para contrarrestar el Golem israelí es realmente instructivo. Pincus escribe

El actual arsenal sirio de cabezas químicas y misiles Scud se creó hace más de 30 años para contrarrestar el desarrollo y la posesión de armas nucleares por parte de Israel, según funcionarios y ex funcionarios de los servicios de inteligencia estadounidenses.

"Desarrollaron armas químicas para igualar su fuerza a la de los israelíes", declaró ayer un antiguo analista de inteligencia de alto nivel. "Hafez al-Assad, el padre del actual presidente, vio en las armas químicas una forma de amenazar a los israelíes y de igualar su programa nuclear.

Assad sabía, según el ex analista, que "la ayuda militar soviética nunca podría igualar lo que Israel había desarrollado en el ámbito nuclear y recibía de Estados Unidos".

La posesión de armas químicas por parte de Siria fue un elemento importante en la reciente ofensiva verbal de una semana de duración de la administración Bush contra Damasco. Pero también llamó brevemente la atención sobre otra cuestión muy delicada: el impacto del arsenal nuclear de Israel sobre sus enemigos en Oriente Medio.

Los expertos en Oriente Medio coinciden en que casi todos los países de la región han puesto en marcha programas de armas de destrucción masiva, y que lo han hecho principalmente a causa del arsenal que ha acumulado Israel", declaró Joseph Cirincione, responsable del programa de no proliferación de la Fundación Carnegie para la Paz Internacional.

"No podemos deshacernos de los programas químicos, biológicos o nucleares de los países árabes a menos que también nos ocupemos de la eliminación de los programas nucleares y químicos de Israel", declaró ayer el Sr. Cirincione.

La Agencia de Inteligencia de Defensa ha indicado que el programa sirio para desarrollar armas químicas ofensivas comenzó a principios de la década de 1970 "debido a la percepción de una amenaza israelí".

Damasco obtuvo sus primeras armas químicas de Egipto justo antes de la guerra de octubre de 1973, según un documento histórico de la CIA.

En 1999, cuando el presidente egipcio Hosni Mubarak estaba sometido a enormes presiones por parte de Estados Unidos para que firmara la Convención sobre Armas Químicas, se negó a hacerlo hasta que Israel firmara el Tratado de No Proliferación Nuclear (TNP).

¿Por qué los israelíes hablan del poder militar de Egipto y no del desarrollo de su defensa [la de Israel]?", se citó a Mubarak en aquel momento.

Ni Egipto ni Siria han firmado el Tratado sobre Armas Químicas; Israel lo firmó en 1993 pero no lo ha ratificado. Israel tampoco ha firmado el TNP.

La primera reacción de Siria ante las quejas sobre sus armas químicas fue centrarse en el arsenal de Israel. La semana pasada, cuando funcionarios israelíes repitieron las afirmaciones del primer ministro Ariel Sharon de que el ex presidente iraquí Sadam Husein había transferido armas biológicas y químicas a Siria, un portavoz sirio dijo que el objetivo de Sharon era "desviar la atención del arsenal nuclear, químico y biológico que posee Israel".

Mientras tanto, los halcones civiles proisraelíes de la administración Bush han seguido haciendo sonar el tambor a favor de una guerra contra Siria, a pesar de que, una vez más, los profesionales militares estadounidenses no consideran a Siria una amenaza para los intereses estadounidenses, como tampoco consideraron en su día a Irak una amenaza para Estados Unidos.

El dossier muestra claramente que Israel -y sólo Israel- es responsable de la escalada de todo tipo de material militar en Oriente Medio, no sólo de las armas nucleares.

El "sagrado" Golem de Israel es una peligrosa causa de inestabilidad en la región (y en todo el mundo). Sin embargo, para consternación de muchos estadounidenses, su propio gobierno "da un pase" al Golem nuclear de Israel, incluso cuando el gobierno de EE.UU. agita contra otras naciones de la región para que se ocupen de sus propias necesidades de defensa.

Y lo que hace que la situación sea aún más aterradora es que el gobierno estadounidense no sólo "mira hacia otro lado", sino que también proporciona otros medios de apoyo que contribuyen a hacer avanzar los objetivos nucleares de Israel. En los capítulos siguientes se examina este fenómeno con más detalle y de forma más inquietante.

Capítulo VII

Grupos estadounidenses sin ánimo de lucro exentos de impuestos financian el gólem nuclear israelí

Los partidarios estadounidenses de Israel pueden estar justificadamente orgullosos Gracias a su considerable influencia política, a través de sus grupos de presión que tienen un impacto considerable en la dirección de la política exterior estadounidense, la masiva ayuda exterior estadounidense a Israel - posibilitada por miembros del Congreso que son abrumadoramente leales a los intereses de Israel- ha convertido a este diminuto Estado de Oriente Medio en una verdadera potencia mundial, como resultado directo de las transferencias masivas de miles de millones de dólares procedentes del Tesoro estadounidense.

Todo ello sin mencionar el hecho de que la ayuda militar estadounidense a Israel -complementada con subvenciones directas de tecnología militar estadounidense (y el robo directo de tecnología estadounidense por parte de espías israelíes que operan en suelo estadounidense)- ha convertido al pequeño Israel en el Estado individual más poderoso de todo Oriente Próximo con diferencia.

De hecho, los contribuyentes estadounidenses subvencionan directa e indirectamente la central nuclear israelí, de la que se dice que es quizá la quinta mayor del mundo.

Unos cuantos datos sobre la situación de Israel fueron revelados al público estadounidense en un inusual anuncio publicado en una edición reciente (2007) del *New York Times*.

Patrocinado por la American Technion Society (ATS), un grupo de apoyo al Technion-Israel Institute of Technology de Israel (descrito como "una de las mejores universidades de ciencia y tecnología del mundo"), el anuncio se jacta, en un titular, de que "el único recurso natural de Israel [es] el poder cerebral de su gente".

El anuncio, que es un llamamiento a las contribuciones financieras para ayudar a los ATS a ayudar a Israel a través del trabajo del Technion-Israel Institute of Technology, dice lo siguiente

Sin petróleo, sin agua suficiente y con una superficie del tamaño de Nueva Jersey, Israel se está concentrando en desarrollar su único recurso natural: la capacidad intelectual de su pueblo. Israel se ha convertido en líder mundial en ciencia, tecnología y medicina.

Tiene más start-ups tecnológicas per cápita que cualquier otro país, más empresas en el Nasdaq que cualquier otro país excepto Estados Unidos y Canadá, y un nivel de vida que lo sitúa firmemente entre las naciones del primer mundo.

La retórica de este anuncio no se corresponde con la realidad.

Quienes estén familiarizados con el masivo apoyo financiero de Estados Unidos a Israel -especialmente tras el asesinato del presidente John F. Kennedy y la llegada al poder de su sucesor, Lyndon Johnson, principal responsable del aumento de la ayuda exterior estadounidense a Israel- no podrán evitar darse cuenta de que el anuncio de ATS no menciona que fue el apoyo de los contribuyentes estadounidenses lo que permitió el florecimiento de Israel.

Cualquier otra nación que haya recibido el apoyo financiero estadounidense sin reservas del que ha disfrutado Israel podría sin duda presumir de los mismos logros atribuidos a la "materia gris de su pueblo".

El director exterior de ATS en Israel es también una importante fuente de recursos financieros para el programa israelí de ensamblaje y mantenimiento de su oficialmente inexistente pero no por ello menos sustancial arsenal de armas nucleares de destrucción masiva, una singular fuente de conflicto en Oriente Próximo en la actualidad, citada a menudo como la razón misma por la que otras naciones de Oriente Próximo -desde Irak a Siria, pasando por Irán y Arabia Saudí- han expresado su interés en construir sus propios arsenales de armas nucleares.

Lo que hace que la recaudación de fondos de la ATS para Israel sea tan notable es que la ATS -que ayuda a una universidad extranjera que es una agencia de una nación extranjera- es, según su propia admisión, una organización sin ánimo de lucro con estatus 501(c)3 concedido por el Servicio de Impuestos Internos. Esto significa que las contribuciones a la ATS pueden deducirse como una organización benéfica pública. Los partidarios estadounidenses de Israel, incluidos muchos multimillonarios y millonarios de alto perfil, pueden así reducir su contribución anual al IRS aportando enormes sumas para ayudar a su nación extranjera favorita y a su arsenal nuclear.

Así, mientras los estadounidenses sufren en casa, las familias de clase media no pueden enviar a sus hijos a la universidad, los ancianos no pueden permitirse medicinas y mucha gente no puede permitirse una atención sanitaria básica, mientras las carreteras y los puentes se desmoronan y jóvenes estadounidenses mueren en Irak (y quizás pronto en Irán) para proteger a Israel -y mientras las enfermedades, Mientras la enfermedad, el hambre y la falta de vivienda siguen siendo puntos candentes en el escenario estadounidense, los estadounidenses que luchan por pagar sus propios impuestos están pagando directamente la factura de los avances militares y domésticos de Israel, y lo están haciendo también indirectamente, ya que los súper ricos que apoyan a Israel obtienen exenciones fiscales a través de sus donaciones a una organización estadounidense exenta de impuestos que subvenciona la vida en Israel hasta el punto de que Israel (de hecho, un beneficiario de la asistencia social) está prosperando.

En eso consiste la democracia estadounidense, se dice a los contribuyentes estadounidenses. "Debemos pagar nuestros impuestos para mantener el mundo seguro".

Y eso incluye la financiación del Golem nuclear de Israel...

Capítulo VIII

¿Se ha fusionado el Golem israelí con el arsenal nuclear estadounidense

Los contribuyentes estadounidenses no sólo están subvencionando al Golem nuclear israelí a través de organizaciones sin ánimo de lucro exentas de impuestos, sino que lo cierto es que se puede argumentar que las instalaciones nucleares estadounidenses se han fusionado con las israelíes. Estos son los hechos: una empresa israelí, Magal Security Systems, propiedad en parte del gobierno israelí, es responsable de la seguridad de las instalaciones nucleares y de almacenamiento de armas más sensibles de Estados Unidos.

Magal, la mayor empresa de seguridad perimetral del mundo, nació como una división de Industrias Aeronáuticas Israelíes (IAI), en parte propiedad del gobierno israelí.

En los últimos años, Magal se ha convertido en una empresa que cotiza en bolsa, aunque el IAI (y, por tanto, el gobierno israelí) sigue teniendo una participación sustancial en esta empresa de gran éxito.

Esto significa que el gobierno israelí controla la seguridad de las armas nucleares estadounidenses.

Los partidarios de Israel creen que se trata de una idea excelente, ya que Israel está considerado el aliado más cercano de Estados Unidos. Sin embargo, algunos críticos cuestionan la sensatez de confiar la seguridad nuclear de Estados Unidos a una nación extranjera, en particular Israel, que se encuentra en el centro del conflicto por la escalada nuclear en Oriente Medio.

Los intereses globales de Magal son muy diversos. Tras haber protegido el 90% de las fronteras de Israel utilizando una amplia gama de tecnologías de la "era espacial", Magal ha centrado ahora su atención en el ámbito internacional. Magal no sólo se encarga de la seguridad de las instalaciones nucleares estadounidenses, sino que también patrulla la mayoría de las principales instalaciones nucleares de Europa Occidental y Asia.

La empresa israelí vigila el aeropuerto O'Hare de Chicago y, desde hace 15 años, el famoso Palacio de Buckingham de la Reina de Inglaterra, en Londres.

Magal protege el 90% de las prisiones estadounidenses que utilizan sistemas electrónicos.

Magal cuenta con otros clientes en todo el mundo, como fronteras, aeropuertos, polígonos industriales, centros de comunicaciones, instalaciones militares, prisiones, organismos gubernamentales, fincas y residencias VIP, edificios comerciales y parques de almacenes. Apenas hay un país o empresa importante cuyas actividades no estén estrechamente vigiladas por los especialistas en seguridad de Magal.

Está claro que Magal no es una empresa pequeña. Aunque el 27% de sus ventas totales proceden del mercado israelí, su mercado más importante es Norteamérica, que actualmente representa el 35% de sus ventas.

Sin embargo, el alcance de Magal en Estados Unidos va a crecer considerablemente, sobre todo ahora que la empresa ha abierto una oficina en Washington,, que promocionará sus productos entre las agencias federales y los miembros del Congreso, que financian proyectos de seguridad supervisados por el gobierno federal en todo el país a todos los niveles: local, estatal y nacional.

El actual Zar de Seguridad Nacional de Estados Unidos, Michael Chertoff, no sólo es un ferviente partidario de Israel, sino que además es hijo de una mujer muy vinculada a ese país, que incluso trabajó para El Al, la aerolínea nacional israelí.

Magal, que pertenece en parte a Israeli Aircraft Industries, será la clara favorita a ojos de los funcionarios de Washington que tienen poder para adjudicar lucrativos contratos de seguridad.

Magal tiene actualmente cuatro filiales en Estados Unidos: dos en California, Stellar Security Products Inc. y Perimeter Products Inc., así como Smart Interactive Systems Inc. con sede en Nueva York y Dominion Wireless Inc. con sede en Virginia.

En total, la empresa israelí tiene una cuota del 40% del mercado mundial de sistemas de detección perimetral de intrusos, y está trabajando para ampliar sus actividades a la protección de oleoductos.

Magal también estaría interesada en vigilar las tuberías de agua de todo el mundo, especialmente en Estados Unidos. De hecho, Magal podría tener la oportunidad de hacerse con el monopolio de la vigilancia del suministro de agua en Estados Unidos.

El 19 de julio de 2006, la Agencia de Protección del Medio Ambiente de la Administración Bush anunció una "asociación" con el Ministerio de

Infraestructuras Nacionales de Israel para mejorar "la seguridad de los sistemas de abastecimiento de agua en Estados Unidos e Israel". Dado que Magal es muy respetado en Israel, es seguro que pronto se le encargará la vigilancia del suministro de agua en Estados Unidos.

La mera idea de que los arsenales de armas nucleares de Estados Unidos estén "custodiados" por una empresa propiedad, aunque sea en parte, del gobierno de una nación extranjera -Israel u otra- debería ser motivo de gran preocupación para todos los estadounidenses. Ni que decir tiene que también preocupa a otras naciones que perciben al Golem israelí como una amenaza para su propia seguridad.

Mientras algunos sostienen que la seguridad de Israel es una cuestión de intereses estadounidenses, hay muchos que piensan lo contrario y sostienen que los intereses de ambas naciones no son los mismos.

Y mientras Estados Unidos siga manteniendo una "relación especial" con Israel, incluso hasta el punto de permitir que Israel tenga una supervisión efectiva del arsenal nuclear estadounidense -lo que constituye el acuerdo especial con la empresa israelí Magal-, Estados Unidos no podrá pretender en modo alguno ser un intermediario honesto en la carrera armamentística nuclear de Oriente Próximo.

El acuerdo especial con Magal es una entrega por parte de Estados Unidos de su propio arsenal nuclear en manos de una nación extranjera, que claramente no tiene en mente los intereses de Estados Unidos, sino los suyos propios.

Para los estadounidenses, se trata de una realidad aterradora.

Capítulo IX

"Israel: renuncia a tu Golem" Analistas de la Escuela de Guerra del Ejército de EE.UU. creen que Irán renunciaría a su programa nuclear si Israel lo hiciera

A raíz de la creciente cacofonía mediática estadounidense sobre los supuestos objetivos de Irán de construir su propio arsenal nuclear - "noticias" que han sido estimuladas en gran medida por la propia retórica belicosa de Israel-, el eminente Instituto de Estudios Estratégicos de la Escuela de Guerra del Ejército de Estados Unidos, un campo de entrenamiento para los "mejores y más brillantes" entre los aspirantes a oficiales militares, ha adoptado un enfoque bastante diferente sobre la cuestión. La Escuela de Guerra del Ejército, un centro de formación para los "mejores y más brillantes" entre los aspirantes a oficiales militares, ha adoptado un enfoque bastante diferente sobre la cuestión Un informe publicado en 2006 por la Escuela de Guerra apuntaba abiertamente al controvertido -pero oficialmente inexistente- arsenal israelí de armas nucleares de destrucción masiva. Aunque el informe -titulado "Getting Ready for a Nuclear-Ready Iran"- se hizo notar en círculos políticos de alto nivel y se mencionó en esferas de influencia académicas y militares, el contexto completo del informe se ignoró en gran medida cuando se mencionó en los principales medios de comunicación...

Al tiempo que afirma que ni las conversaciones sobre un ataque militar a Irán por parte de Israel ni las iniciativas diplomáticas en curso de Estados Unidos tienen probabilidades de impedir que Irán persiga sus objetivos, y que cualquiera de los dos caminos podría conducir al desastre, el informe concluye diciendo que el propio Israel debería tomar la iniciativa de cerrar su reactor nuclear de Dimona, entregar el material nuclear a un tercero y permitir que el Organismo Internacional de Energía Atómica mantenga una inspección periódica de las operaciones nucleares de Israel. El informe pide a Estados Unidos que presione a Israel para que esto sea posible.

Los pensadores militares estadounidenses creen que si Israel frenara su ofensiva nuclear, Estados Unidos estaría en mejores condiciones de persuadir a los demás Estados nucleares de Oriente Medio para que hicieran lo mismo. De hecho, es una verdad histórica que fue la determinación de Israel de adquirir armas nucleares -la base documentada de su política geopolítica de defensa- lo que llevó a las naciones árabes, Pakistán e Irán a buscar armas nucleares en respuesta a esta ofensiva.

Lo que resulta especialmente llamativo de este informe en el que se insta a Israel a "desnuclearizarse" es que su coautor es Patrick Clawson, director adjunto del Washington Institute for Near East Policy (WINEP), un grupo de presión proisraelí bien establecido en Washington.

Sin embargo, el WINEP se identifica generalmente con el llamado movimiento "pacifista" israelí, que está en desacuerdo con los elementos israelíes asociados con el ex primer ministro del Likud Ariel Sharon y su predecesor, Binyamin Netanyahu, que se dispone a hacer otro intento por alcanzar el poder en Israel. Y, por supuesto, Netanyahu es uno de los fanáticos elementos "neoconservadores" proisraelíes que dirigieron la política estadounidense en Oriente Medio en la administración Bush y que están a la vanguardia de la presión para que Estados Unidos emprenda una acción militar contra Irán para impedir que esa nación avance en sus objetivos nucleares.

Todo esto sugiere que, una vez más, los conflictos políticos internos de Israel están salpicando el proceso político estadounidense con, en este caso, altos oficiales de la Escuela de Guerra del Ejército aliándose con algunas fuerzas sensatas de la "izquierda" israelí que reconocen los peligros de la proliferación nuclear.

Así pues, los hombres encargados de librar las guerras de Estados Unidos están adoptando una postura pública que podría -si se siguen sus consejos- contribuir a desactivar el problema de la proliferación nuclear en Oriente Medio, siempre que Israel acceda a acatarla y la administración Bush comprenda la lógica de lo que proponen al menos algunos de los jefes militares estadounidenses.

Según lo que ha aparecido en diversos medios de comunicación -aunque no se ha hecho público todo lo que debiera-, las fuerzas clave del ejército estadounidense se oponen a la guerra contra Irán precisamente como se oponían -al menos entre bastidores, antes de la invasión- a la guerra contra Irak.

Resulta especialmente interesante observar lo siguiente: Las escasas referencias de los medios de comunicación al informe del Instituto de Estudios Estratégicos de la Escuela de Guerra del Ejército de EE.UU. en el que se pide a EE.UU. que presione a Israel sobre la cuestión de su arsenal nuclear han omitido en gran medida mencionar esta faceta clave del informe.

En su lugar -y esto es muy revelador- los medios de comunicación se centraron en el hecho de que el informe afirmaba que el deseo de Irán de adquirir armas nucleares era un hecho consumado. Prácticamente todos los comentarios y artículos de noticias que mencionaban el informe (y eran pocos) dejaban a los lectores con la impresión de que los militares estadounidenses creen que la única solución es la acción militar, cuando en realidad nada podría estar más lejos de la realidad.

Estos informes de los medios de comunicación han oscurecido clara y deliberadamente la conclusión esencial del informe, a saber, que Estados Unidos tiene la responsabilidad de utilizar su influencia sobre Israel para que detenga su propia producción de armas nucleares y abra su Golem a la inspección internacional.

Una vez más, los medios de comunicación estadounidenses tergiversan descaradamente la posición de los militares en relación con la precaria posición de Estados Unidos en Oriente Próximo (y en el mundo) como consecuencia del eje Estados Unidos-Israel, que gira en torno a la existencia del Golem nuclear israelí.

No sólo es un ataque a la verdad, sino también a los esfuerzos serios por llevar la paz a Tierra Santa y poner fin al peligro muy real que se cierne sobre un mundo tomado como rehén, un planeta que bien podría estar camino del Armagedón.

Capítulo X

La relación "envenenada": un intelectual judío pide un giro de 180 grados en la política exterior estadounidense hacia el Golem israelí

Un conocido y apreciado académico canadiense, hijo de judíos alemanes, ha causado conmoción en los círculos proisraelíes de Occidente.

Michael Neumann, profesor de Filosofía de la Universidad Trent de Ontario (Canadá), ha pedido a Estados Unidos que rompa su "relación especial" con Israel y se ponga abierta y audazmente del lado de los palestinos y de los Estados árabes y musulmanes de todo el mundo. Instó a Estados Unidos a liderar una coalición internacional para obligar a Israel a aceptar un acuerdo de paz negociado con los palestinos y, sobre todo, a renunciar a su enorme arsenal de armas nucleares.

En su libro The Case Against Israel, Neumann afirma con franqueza, basándose en su propio estudio del problema, que aunque se considera "proisraelí y projudío", son "definitivamente los palestinos, y no Israel, quienes merecen el apoyo del mundo".

Neumann consideraba que "el proyecto sionista" -el desplazamiento de palestinos y el establecimiento de asentamientos judíos en Palestina, que condujo a la creación de Israel- estaba, en su opinión, "totalmente injustificado" y que era de esperar "cierta forma de resistencia violenta" por parte de los cristianos y musulmanes autóctonos del país. Al final, Neumann declaró: "La ilegitimidad del proyecto sionista fue la causa principal de todo el terror y la guerra que provocó".

El Sr. Neumann rechazó la afirmación habitual de que Israel es una especie de amigo "especial" de Estados Unidos, y descartó la idea de que el tan cacareado "vínculo" entre ambos países sea beneficioso para los intereses estadounidenses. Esta relación, dijo en términos inequívocos, "se ha convertido en un veneno para la seguridad y el futuro de Estados Unidos". Neumann afirmó que había llegado el momento de actuar.

escribió el profesor canadiense

A Estados Unidos le iría mucho mejor al otro lado del conflicto palestino-israelí. Se ganaría al instante la cálida amistad de los productores árabes de petróleo y obtendría aliados mucho más valiosos en la guerra contra el terrorismo: ¡no sólo los gobiernos de todo el mundo musulmán, sino también buena parte del movimiento fundamentalista musulmán

La guerra contra el terrorismo, que parece tan imposible de ganar, bien podría ganarse de forma barata y rápida. Lo más probable sería simplemente imponer un embargo a Israel, bajo la égida de Estados Unidos y en cooperación con las Naciones Unidas.

En este caso, Israel podría ser objeto de una coalición del mismo tipo que la formada contra Irak en la primera Guerra del Golfo. Por supuesto, la coalición contra Israel sería mucho más amplia y fuerte, e incluiría a todos los países de la antigua Unión Soviética, Irán, Libia, Pakistán y muchos otros. Y aunque Israel es lo suficientemente fuerte como para persistir en su política sin el apoyo de Estados Unidos, no podría resistir una coalición así. Israel se vería obligado a seguir sus propios intereses.

El Sr. Neumann también cree que si EE.UU. se enfrentara a Israel y adoptara una postura dura frente a una nación que muchas personas en todo el mundo consideran un Estado canalla, ello contribuiría en gran medida a reducir el riesgo de un holocausto nuclear.

Según Neumann, hay dos razones principales por las que algunos países se resisten a renunciar a sus propios arsenales nucleares: "el temor a un ataque estadounidense" y lo que Neumann denomina "la escandalosa exención de Israel de las iniciativas de no proliferación". Neumann escribe: "Es sencillamente absurdo suponer que pueda emprenderse cualquier esfuerzo serio para frenar el desarrollo de armas nucleares en ausencia de cualquier intento de desarmar a Israel, que se calcula que posee entre 200 y 500 cabezas nucleares. Al haber lanzado sus propios satélites, tiene claramente la capacidad de alcanzar objetivos en cualquier parte del mundo, y dispone de misiles de crucero que han alcanzado objetivos a 950 millas de distancia. Mientras no se le obligue a desarmarse o a establecer buenas relaciones con sus vecinos, el ritmo de la proliferación no hará sino aumentar. Por otra parte, los esfuerzos de Estados Unidos por neutralizar la amenaza nuclear israelí permitirían a Pakistán e Irán apoyar los esfuerzos de no proliferación.

En última instancia, dice el Sr. Neumann, esta firmeza por parte de Estados Unidos beneficiaría al propio Israel y garantizaría la supervivencia de este pequeño pero rico y poderoso país en el muy hostil mundo actual.

Aunque hace unos años la canción más popular en Israel era el himno cargado de contenido político "El mundo entero está contra nosotros", la triste verdad es que el título de la canción es esencialmente correcto.

Pero el libro de Neumann propone una solución al problema de Israel que podría ser factible y permitir a Israel y a sus partidarios de todo el mundo entrar en la comunidad de la humanidad.

Capítulo XI

El eje Estados Unidos-Israel-India y sus implicaciones para la proliferación nuclear

Los recientes acercamientos de Estados Unidos a India -un guiño amistoso a las ambiciones de armamento nuclear de India- contradicen las afirmaciones de Estados Unidos de que está trabajando para evitar la proliferación nuclear. Y, como muestra el dossier, estas políticas estadounidenses están directamente relacionadas con las intrigas del poderoso y bien financiado lobby israelí dentro del Washington oficial.

La verdad es que, a pesar de todo lo que pueda haber oído en los principales medios de comunicación, el lobby israelí fue la principal fuerza que impulsó la tan anunciada nueva política de la administración Bush para promover mejores relaciones entre Estados Unidos e India.

Cuando el presidente George W. Bush recibió con entusiasmo al primer ministro indio Manmohan Singh en su visita de alto nivel a Washington, todos los "iniciados" avezados de la capital estadounidense sabían la verdadera razón de la tan publicitada nueva amistad entre Estados Unidos e India: la alianza se había producido gracias a la aprobación del lobby proisraelí de Washington.

Para quienes no hayan entendido lo que realmente estaba ocurriendo, una camarilla de "neoconservadores" estadounidenses afincados en Washington y conocidos por su devoción a los intereses de Israel se han unido para formar la "Liga India de Estados Unidos", que está fomentando el apoyo del Congreso y de la opinión pública a la iniciativa de la administración Bush de consolidar las relaciones estratégicas entre Estados Unidos e India.

Los componentes de esta relación estratégica -definida por la administración y respaldada por los partidarios de Israel- incluyen el apoyo estadounidense a la expansión del desarrollo nuclear de India, así como la ampliación de las relaciones económicas de Estados Unidos con este país, que en los últimos años se ha revelado como uno de los principales lugares de "externalización" de puestos de trabajo estadounidenses, especialmente en el sector servicios.

Los nombres de los asociados a la Liga India de Estados Unidos constituyen una lista virtual de algunos de los más fervientes partidarios de Israel en Washington: entre ellos figuran

- Don Feder, "director ejecutivo" de la liga, columnista sindicado y autor del libro "A Jewish Conservative Looks at Pagan America" ("Un judío conservador mira a la América pagana

- Alan Keyes, ex embajador adjunto de Estados Unidos ante las Naciones Unidas, cuyo camino al poder se debe a que fue compañero de habitación de William Kristol en Harvard. Este último, editor de la revista neoconservadora Weekly Standard, es hijo del ex trotskista y "padrino" neoconservador Irving Kristol, quien, junto con su hijo, es ahora uno de los principales estrategas de Israel en Washington

- Thomas Donnelly, ex director ejecutivo adjunto del Proyecto para el Nuevo Siglo Americano, fundado por el ya mencionado William Kristol, quien dijo en una ocasión que Estados Unidos necesitaba un "nuevo Pearl Harbor" para empezar a expandir sus intereses imperiales en el extranjero

- Kenneth R. Timmerman, un avezado polemista político cuyo trabajo ha sido aclamado por personalidades como Simon Wiesenthal, cuyo epónimo "Centro", con sede en Los Ángeles, se ha convertido en una importante fuente de propaganda proisraelí. Timmerman promueve ahora la teoría de que Irán estuvo implicado en los atentados terroristas del 11 de septiembre contra Estados Unidos.

- Clifford D. May, ex corresponsal del *New York Times* y ex jefe del Comité Nacional Republicano, ahora presidente del comité político del Comité sobre el Peligro Actual, uno de los principales grupos de presión pro-Israel en Washington; El hecho de que estos tácticos pro-Israel estén ahora presionando para la expansión de las relaciones entre Estados Unidos e India no es ninguna sorpresa para aquellos que han observado la creciente alianza entre Israel e India que se ha estado desarrollando durante algo más de una década.

La historia demuestra que el lobby israelí, actuando en tándem con un grupo de grupos de presión muy bien pagados del gobierno indio, intereses financieros privados indios y estafadores estadounidenses atrincherados que quieren beneficiarse de los negocios estadounidenses en India, desempeñaron el papel principal en "arreglar" la nueva relación entre Estados Unidos e India.

De hecho, en los últimos años, elementos del lobby israelí y la cada vez más rica e influyente comunidad india en Estados Unidos han colaborado estrechamente en Washington en cuestiones de interés táctico mutuo. Mientras Estados Unidos proporciona miles de millones de dólares de los contribuyentes a Israel, apoyando la industria nacional de ese país, Israel, a su vez, ha utilizado la generosidad estadounidense para apoyar su enorme industria armamentística, que cuenta con India entre sus principales clientes.

Además, los financieros israelíes están empezando a invertir fuertemente en la India, donde -como hemos visto antes y como muchos trabajadores estadounidenses desplazados saben ahora- las industrias de servicios con sede en EE.UU. (como algunos de los gigantes de las tarjetas de crédito, entre muchos otros) están "subcontratando" puestos de trabajo con salarios significativamente reducidos a trabajadores indios. Así pues, los beneficios para Israel no se limitan al ámbito geopolítico.

Como parte de su argumentación a favor de la nueva relación estratégica entre Estados Unidos e India, la administración Bush y sus aliados de la red neoconservadora de Washington afirman que la alianza entre Estados Unidos e India es algo "bueno", necesario para contrarrestar el creciente poder económico, político y militar de China en Asia.

Este argumento puede parecer sensato a quienes temen las intenciones de China. Sin embargo, teniendo en cuenta que China dispone ahora de un arsenal militar tan grande porque, en los últimos 25 años, la industria armamentística israelí (subvencionada con el dinero de los contribuyentes estadounidenses) ha sido uno de los principales proveedores de armas convencionales y tecnología armamentística de China -gran parte de la cual procedía de Estados Unidos-, este argumento resulta falaz, incluso hipócrita, para quienes adoptan una visión más global de la situación.

Y es precisamente este panorama general el que Israel y su grupo de presión en Washington preferirían que los estadounidenses ignorasen. El lobby israelí quiere desarrollar India no tanto para contrarrestar a China como para contrarrestar a la república de Pakistán, dominada por los musulmanes y enemiga de India desde hace mucho tiempo.

Además, Israel sabe que la India, que durante mucho tiempo ha estado aliada con el mundo árabe como parte de su política exterior tradicional e independiente, ha sido un firme partidario de un Estado palestino. Por lo tanto, Israel espera utilizar su nueva influencia con la India -forjando el apoyo de Estados Unidos a las ambiciones nucleares de la India- para disolver efectivamente el anterior apoyo de la India a la creación de un Estado palestino.

Sin embargo, todos estos factores pasan por alto un punto esencial: en India existe un recelo y una preocupación generalizados -no sólo entre la gran minoría musulmana, sino también dentro del Partido del Congreso del Primer Ministro Singh, dominado por los hindúes- por el desarrollo del "eje Estados Unidos-Israel-India", que muchos indios consideran una amenaza para la soberanía y la independencia de India.

Así pues, aunque el dirigente indio haya sido la comidilla de la ciudad en Washington, las cosas pueden no ser tan cómodas para él en la India a medida que evolucione la situación.

También cabe señalar que muchos indios creen que el Mossad, el servicio de inteligencia israelí, desempeñó un papel secreto en el asesinato del ex primer ministro indio Rajiv Gandhi, un asesinato que precedió -y quizá incluso hizo posible- la nueva "apertura" entre Israel e India.

Aquí en Estados Unidos, la figura clave de la alianza entre el lobby israelí y el lobby indio en Washington fue el ex congresista Stephen Solarz (demócrata de Nueva York), quien, durante sus años en el Congreso, fue un defensor tan audaz de India que a menudo se apodaba a sí mismo el "congresista de Bombay".

Sin embargo, el interés de Solarz por la India se debía principalmente a que, como uno de los principales legisladores israelíes en el Capitolio, veía una alianza táctica entre el lobby israelí y la cada vez más rica y poderosa comunidad india de Estados Unidos como un medio de promover los intereses de Israel. Por ello, no era raro oír referirse a Solarz como "el congresista de Tel Aviv", y el propio Solarz habría sido el último en discutir la sólida verdad que se esconde tras este apelativo.

Tras abandonar el Congreso, después de haber sido derrotado en su intento de ser reelegido, Solarz se convirtió en lobista a sueldo del gobierno indio, para el que llegó a ser el principal punto de contacto en Washington. En los últimos años, sin embargo, Solarz se ha visto eclipsado por otros grupos de presión para la India que también entraron en acción cuando se hizo evidente que el lobby para la India estaba respaldado por el lobby israelí.

Otros grandes nombres que firmaron el contrato con India son el ex senador Bob Dole (R-Kan.), candidato del GOP en las elecciones presidenciales de 1996, y tres altas figuras del Partido Demócrata, el ex secretario del Tesoro Lloyd Bentsen y la ex gobernadora de Texas Ann Richards (ambos ya fallecidos), así como el ex líder de la mayoría del Senado George Mitchell (CD-Maine), el ex presidente nacional demócrata Robert Strauss y otro alto cargo demócrata de Washington, Vernon Jordan, que asiste regularmente a las reuniones internacionales de Bilderberg.

Mientras tanto, el lobby indio ha recibido el apoyo de influyentes grupos de presión proisraelíes como el Jewish Institute for National Security Affairs y, por supuesto, el American Israel Public Affairs Committee, un lobby extranjero proisraelí registrado.

Irónicamente, aunque el Presidente Bush ha hecho de la cuestión de la proliferación de armas nucleares una piedra angular de su política exterior, habiéndola utilizado como base de su guerra contra Sadam Husein y como fundamento de sus actuales ofensivas contra Irán y Corea del Norte, el Presidente parece mirar hacia otro lado cuando se trata de India. Aunque India ha prometido que su programa nuclear será estrictamente pacífico, aún no ha firmado el Tratado de No Proliferación Nuclear.

Todo esto tiene que ver con los beneficios en Washington y el poder del lobby israelí a su más alto nivel. Pero el problema más grave es que todas estas maniobras entre bastidores repercuten directamente en la posición estadounidense en un mundo cada vez más preocupado por el poder del lobby israelí, que influye y a menudo dirige la política exterior de Estados Unidos.

El hecho de que Estados Unidos esté echando una mano al "Golem" nuclear indio a cambio de la integración efectiva de India en el eje Estados Unidos-Israel-India es otra fuente de preocupación que refleja aún más los peligros de la búsqueda de Israel por reforzar su papel en la escena mundial, utilizando su propio Golem como medio para alcanzar sus objetivos imperiales.

Capítulo XII

La guerra secreta de JFK contra Israel: La historia no contada de cómo la controversia sobre el Golem de Israel fue fundamental en la conspiración del asesinato de JFK.

¿Los decididos (y entonces secretos) esfuerzos entre bastidores de John F. Kennedy para impedir que Israel se dotara de un arsenal de armas nucleares desempeñaron un papel decisivo en los acontecimientos que condujeron a su asesinato el 22 de noviembre de 1963

¿Jugó el Mossad, el servicio de inteligencia israelí, un papel destacado en la conspiración del asesinato de JFK, junto con elementos de la CIA y del crimen organizado internacional

¿Por qué el director de Hollywood Oliver Stone no reveló, en su película de 1993 sobre el asesinato de JFK, que el héroe de su epopeya, el ex fiscal de Nueva Orleans Jim Garrison, había llegado en privado a la conclusión de que el Mossad fue en última instancia la fuerza impulsora del asesinato de JFK

En un momento en que la atención del mundo se centra en los problemas de la proliferación nuclear en Oriente Próximo, ¿es válido o apropiado plantear la cuestión de la posible complicidad israelí en el asesinato de un presidente estadounidense

Éstas son sólo algunas de las cuestiones más controvertidas planteadas en mi libro Juicio Final, que se ha convertido en un proverbial "bestseller clandestino" en Estados Unidos, objeto de acalorados debates en Internet y de furiosos intercambios en diversos foros públicos.

Lo que sigue es un resumen de mis hallazgos en Juicio Final, un volumen de 768 páginas documentado con más de 1000 notas de referencia, una extensa sección de preguntas y respuestas, 36 páginas de fotografías y gráficos, y diez apéndices centrados en diferentes aspectos de la conspiración del asesinato de JFK.

En 1992, el ex congresista estadounidense Paul Findley, un republicano liberal, hizo el poco notorio pero intrigante comentario de que "en todos los textos que he escrito sobre el asesinato de John F. Kennedy, la agencia de inteligencia de

Israel, el Mossad, nunca ha sido mencionada, a pesar del hecho obvio de que la complicidad del Mossad es tan plausible como cualquiera de las otras teorías".

¿Cómo pudo Findley -que nunca ha tenido fama de extremista, ni mucho menos, y que desde luego no es aficionado a las teorías conspirativas- llegar a semejante afirmación

De hecho, no es una tesis tan extraordinaria si se tiene en cuenta el registro histórico, que sitúa todas las teorías convencionales sobre el asesinato de JFK en una nueva perspectiva, calculando detalles hasta ahora poco conocidos que arrojan una dura luz sobre las circunstancias que rodearon la muerte de JFK y las crisis geopolíticas en las que se vio envuelto el presidente estadounidense en el momento de su impactante asesinato.

En realidad, ni siquiera la exposición más reciente y ampliamente difundida de la teoría del asesinato de JFK -la exitosa película de Oliver Stone JFK, de 1993- presentaba el panorama completo.

Aunque Stone presentó al ex fiscal de Nueva Orleans Jim Garrison como un héroe por señalar a elementos de las redes militares y de inteligencia estadounidenses como la fuerza impulsora del asesinato de JFK, no dijo a su audiencia algo aún más controvertido: en privado, tras varios años de investigación y reflexión, Garrison había llegado a una conclusión aún más sorprendente: el motor del asesinato de JFK no era otro que el temido servicio de inteligencia israelí, el Mossad.

Por sorprendente que pueda parecer, existen de hecho buenas razones para concluir que Garrison podría haber estado mirando en la dirección correcta. Y en un momento en que el debate sobre las "armas de destrucción masiva" ocupa el centro del escenario mundial, esta tesis no es tan extraordinaria como pudiera parecer.

A medida que se acerca el 40 aniversario del asesinato de John F. Kennedy, la fascinación por el asesinato del 35º Presidente de los Estados Unidos no cesa. Los aficionados al magnicidio, no sólo en Estados Unidos sino en todo el mundo, siguen atacando las conclusiones de las dos investigaciones oficiales sobre el asunto llevadas a cabo por el gobierno estadounidense.

Aunque el informe de 1979 de un comité especial del Congreso de Estados Unidos contradecía formalmente la conclusión de 1964 de la Comisión Warren, nombrada por el Presidente, de que el presunto asesino Lee Harvey Oswald había actuado solo, y concluía en cambio que existía realmente una probabilidad de conspiración tras el asesinato del Presidente -insinuando en gran medida la implicación del crimen organizado-, la decisión final del comité del Congreso planteaba de hecho más preguntas, en algunos aspectos, de las que respondía.

En 1993, Oliver Stone entró en liza con su superproducción JFK, en la que Stone interpretaba la investigación sobre el asesinato de JFK llevada a cabo entre 1967 y 1969 por el entonces fiscal del distrito de Nueva Orleans, Jim Garrison.

La película de Stone, protagonizada por Kevin Costner en el papel de Garrison, agita el espectro de la implicación de elementos del "complejo militar-industrial", así como de un puñado de exiliados cubanos anticastristas, activistas de derechas y agentes deshonestos de la Agencia Central de Inteligencia (CIA). La película narra la investigación de Garrison y, en última instancia, su infructuoso procesamiento del empresario de Nueva Orleans Clay Shaw (entonces sospechoso de ser colaborador de la CIA, lo que se demostró más tarde) por su implicación en la conspiración contra JFK.

Sin embargo, como ahora sabemos, ni siquiera Stone fue fiel a su héroe.

A. J. Weberman, investigador independiente del asesinato de JFK desde hace mucho tiempo, ha revelado que en la década de 1970 -mucho después de que Garrison procesara a Shaw- Garrison hizo circular el manuscrito de una novela (nunca publicada) en la que nombraba al Mossad israelí como cerebro de la conspiración del asesinato de JFK.

Garrison nunca dijo nada sobre esta insólita tesis, al menos no públicamente. Pero desde mediados de los años ochenta y hasta la actualidad, han surgido nuevas pruebas que no sólo demuestran que el Mossad tenía buenas razones para actuar contra John F. Kennedy, sino también que no sólo Clay Shaw (el objetivo de Garrison), sino también otras figuras clave a menudo asociadas con el asesinato de JFK en escritos publicados, estaban de hecho estrechamente vinculadas al Mossad y a sus órdenes.

Y lo que es particularmente interesante es que ninguna de las personas en cuestión -incluido Shaw- era judía. Así que la afirmación de que las acusaciones de implicación del Mossad son de alguna manera de naturaleza "antisemita" se cae por su propio peso. Pero la complicidad del Mossad -como indica el dossier- es una posibilidad muy real.

Los detractores de Garrison siguen afirmando que el fiscal de Nueva Orleans no podía decidirse sobre quién creía que había sido el autor intelectual del asesinato del presidente John F. Kennedy. De hecho, ésta era la principal crítica que se le hacía a este fiscal bullicioso, franco y pintoresco: sencillamente, no podía decidirse.

Y ésta es una de las razones por las que incluso muchos de los partidarios de Garrison empezaron a cuestionar su sinceridad, e incluso si la investigación de Garrison merecía la pena.

En realidad, Garrison tendía a disparar directamente. Fue quizá su mayor error -uno de tantos- durante su controvertida investigación sobre el asesinato del 35º Presidente de los Estados Unidos.

En un momento u otro de la investigación, Garrison señaló a uno u otro de los posibles conspiradores, desde "extremistas de derechas" a "barones del petróleo de Texas", "exiliados cubanos anticastristas" y "agentes de la CIA deshonestos". En ocasiones, Garrison llegó a decir que la conspiración incluía una combinación de estos posibles conspiradores.

Cuando Garrison finalmente llevó a un hombre ante la justicia, Clay Shaw, un ejecutivo de negocios muy respetado de Nueva Orleans, Garrison había reducido su enfoque, sugiriendo principalmente que Shaw había sido uno de los actores de fondo de la conspiración.

Según Garrison, Shaw recibía esencialmente órdenes de figuras altamente situadas en lo que se ha descrito como el "complejo militar-industrial", esa combinación de intereses financieros y fabricantes de armas cuyo poder e influencia en el Washington oficial -y en todo el mundo- constituyen una fuerza muy real en los asuntos mundiales.

Garrison sugirió que Shaw y sus co-conspiradores tenían múltiples motivaciones para su decisión de atacar al Presidente Kennedy.

En particular, dijo

- Los conspiradores se opusieron a la decisión de JFK de iniciar la retirada de las fuerzas estadounidenses de Indochina

- Le criticaron por no dar cobertura militar a los exiliados cubanos que intentaban derrocar a Fidel Castro durante la fallida invasión de Bahía de Cochinos

- Estaban enfadados con JFK por haber despedido a Allen Dulles, director de la CIA durante muchos años y veterano de la Guerra Fría contra la Unión Soviética.

- Además, Garrison sugirió que el sucesor de JFK, Lyndon Johnson, podría haber querido la destitución de JFK para hacerse con la corona, pero también porque JFK y su hermano menor, el fiscal general Robert Kennedy, no sólo estaban conspirando para apartar a Johnson de la candidatura nacional demócrata en 1964, sino también porque JFK y su hermano menor, el fiscal general Robert Kennedy, no sólo estaban conspirando para mantener a Johnson fuera de la candidatura nacional demócrata en 1964, sino que también estaban llevando a cabo investigaciones criminales federales sobre muchos de los estrechos colaboradores y financiadores de Johnson, incluso en el crimen organizado, muchos de los cuales, como muestra la historia, tenían estrechos (aunque poco conocidos) vínculos con Israel y su servicio de inteligencia, el Mossad. Sólo más tarde -mucho más tarde- se supo que Shaw había sido efectivamente un informante de la CIA, a pesar de las protestas de Shaw.

Sólo en los últimos años se ha establecido, por ejemplo, que la CIA estadounidense estaba sabotando deliberadamente la investigación de Garrison desde dentro, por no mencionar que ayudó a la defensa de Shaw. Y aunque algunos siguen diciendo que la absolución de Shaw "prueba" que éste no tuvo nada que ver con la conspiración de JFK, el panorama general sugiere todo lo contrario.

Shaw estaba implicado en algo muy turbio, al igual que otros miembros de su círculo de amigos y socios. Y ellos, a su vez, estaban directamente relacionados con las extrañas actividades de Lee Harvey Oswald en Nueva Orleans en el verano anterior al asesinato de John F. Kennedy, antes de la estancia de Oswald en Dallas. Decenas de escritores -muchos con diferentes puntos de vista- han documentado todo esto, una y otra vez.

Así que, aunque la leyenda "oficial" dice que Jim Garrison creía que la CIA y el complejo militar-industrial eran los principales responsables del asesinato de JFK, al final Jim Garrison había llegado en privado a una conclusión totalmente diferente, que sigue siendo en gran parte desconocida incluso para las muchas personas que trabajaron con Garrison a lo largo de su investigación.

De hecho, como hemos visto, Garrison había decidido, basándose en todo lo que había aprendido de una amplia variedad de fuentes, que los autores intelectuales más probables del asesinato de JFK eran agentes del servicio de inteligencia israelí, el Mossad.

Lo cierto es que -aunque aparentemente Garrison no lo sabía en aquel momento, precisamente porque los hechos aún no habían salido a la luz- Garrison puede haber estado en el buen camino, mucho más de lo que se imaginaba.

Los archivos públicos muestran ahora que en 1963, JFK se vio envuelto en una secreta y amarga disputa con el líder israelí David Ben-Gurion sobre el deseo de Israel de construir la bomba atómica; Ben-Gurion dimitió disgustado, declarando que como resultado de las políticas de JFK, "la existencia de Israel [estaba] en peligro".

Tras el asesinato de JFK, la política estadounidense hacia Israel dio un giro de 180 grados.

El nuevo libro del historiador israelí Avner Cohen, Israel y la bomba, confirma el conflicto entre JFK e Israel de forma tan contundente que el periódico israelí Ha'aretz declaró que las revelaciones de Cohen "obligarían a reescribir toda la historia de Israel".

Desde el punto de vista de Israel, escribe Cohen, "las exigencias de Kennedy [a Israel] parecían diplomáticamente inapropiadas [...] incompatibles con la soberanía nacional". En cualquier caso, señala Cohen, "la transición de Kennedy a [Lyndon] Johnson [...] benefició al programa nuclear israelí".

Ethan Bronner, escribiendo en el *New York Times*, calificó el deseo de Israel de construir una bomba nuclear de "tema ferozmente oculto". Esto explica por qué los investigadores de JFK -y Jim Garrison- nunca pensaron en un israelí.

Aunque todo esto constituye un motivo de peso para que Israel atentara contra JFK, incluso el inconformista periodista israelí Barry Chamish reconoce que existe "un caso bastante convincente" de colaboración del Mossad con la CIA en el complot de asesinato.

El hecho es que cuando Jim Garrison procesó a Clay Shaw por conspirar en el asesinato, Garrison había tropezado con el vínculo del Mossad.

Aunque se reveló (tras su absolución) que Shaw era un activo de la CIA, en 1963 también formaba parte del consejo de una empresa con sede en Roma, Permindex, que era (según las pruebas) una tapadera de una operación de compra de armas patrocinada por el Mossad.

Cómo y por qué se involucró Shaw en esta operación sigue siendo un misterio, pero no cabe duda del claro papel del Mossad en las actividades de Permindex, a pesar de las protestas en sentido contrario.

Las pruebas son abundantes. Compruébelo usted mismo

Uno de los principales accionistas de Permindex, el Banque de Crédit Internationale de Genève, no sólo era el bastión de Tibor Rosenbaum, un funcionario de alto nivel y de larga trayectoria del Mossad -de hecho, uno de los padres fundadores de Israel-, sino también el principal blanqueador de dinero de Meyer Lansky, "presidente" del sindicato del crimen y leal a Israel desde hacía mucho tiempo.

Según los biógrafos israelíes que simpatizan con Meyer Lansky: "Después de que Israel se convirtiera en Estado, casi el 90% de sus compras de armas en el extranjero pasaron por el banco de Rosenbaum. Muchas de las operaciones encubiertas más audaces de Israel se financiaron con fondos [del BCI]". El BCI también actuaba como depositario de la cuenta Permindex.

El hecho de que el BCI de Tibor Rosenbaum fuera una fuerza de control de la enigmática entidad Permindex sitúa a Israel y a su Mossad en el centro mismo de la conspiración del asesinato de John F. Kennedy.

También cabe señalar que el director gerente y accionista de Permindex era Louis Bloomfield, de Montreal, figura destacada del lobby israelí en Canadá (y a escala internacional) y agente durante mucho tiempo de la familia de Samuel Bronfman, jefe del Congreso Judío Mundial, íntimo socio comercial de Lansky en el contrabando internacional de whisky durante la Ley Seca y, mucho más tarde, destacado mecenas de Israel.

Permindex era claramente el vínculo israelí con el asesinato de JFK. El vínculo Permindex también explica la "conexión francesa" presentada en el documental Los hombres que mataron a Kennedy, pero que no cuenta toda la historia

- Este Permindex también estuvo implicado en los intentos de asesinato del presidente francés Charles De Gaulle por parte de la Organización del Ejército Secreto Francés (OAS), que a su vez mantenía estrechos vínculos con el Mossad.

- Al igual que la OEA, los israelíes odiaban a De Gaulle no sólo porque había concedido la independencia a Argelia, un importante nuevo Estado árabe, sino también porque De Gaulle, que había ayudado a Israel, le había retirado su apoyo, oponiéndose (como JFK) al deseo de Israel de dotarse de un arsenal atómico.

- En 1993, un oficial de inteligencia francés dijo a este autor que el Mossad había subcontratado al menos a uno de los asesinos de JFK -probablemente un sicario corso- a través de un oficial de inteligencia francés que era desleal a De Gaulle y odiaba a JFK porque apoyaba la independencia de Argelia.

También hay pruebas sólidas, basadas en revelaciones del difunto periodista Stewart Alsop, de que JFK también planeaba un ataque contra el programa de bombas nucleares de China Roja, un plan desbaratado por Lyndon Johnson menos de un mes después del asesinato de JFK.

Durante este mismo periodo, según el reputado historiador de los servicios de inteligencia británicos Donald McCormack (que escribe bajo su seudónimo, Richard Deacon, en su libro The Israeli Secret Service), Israel y China Roja participaron en investigaciones secretas conjuntas sobre bombas nucleares.

Además, ahora sabemos que un actor clave de la red Permindex, el multimillonario industrial israelí Shaul Eisenberg, se convirtió en el enlace del Mossad con China y, en última instancia, desempeñó un papel clave en el desarrollo de las transferencias masivas de armas entre Israel y China que salieron a la luz pública en la década de 1980.

Tampoco es insignificante que James Angleton, el oficial de enlace de la CIA con el Mossad, fuera un ferviente partidario de Israel que no sólo orquestó el escenario que vinculaba al acusado Lee Oswald con el KGB soviético, sino que posteriormente hizo circular información falsa para enturbiar las aguas en las investigaciones del asesinato. Los relatos sobre las intrigas de Angleton con el Mossad durante la Guerra Fría son legión.

En cuanto al tan mencionado vínculo entre la "mafia" y el asesinato de JFK, incluso las fuentes "dominantes" sobre el crimen organizado señalan que las figuras de la "mafia" italoamericana más a menudo acusadas de estar detrás del asesinato -Carlos Marcello de Nueva Orleans y Santo Trafficante de Tampa, Florida- eran en realidad subordinados de Meyer Lansky, asociado con el Mossad. Marcello y Trafficante dependían de Lansky, no al revés.

Además, el sobrino y tocayo del infame jefe de la mafia de Chicago Sam Giancana -también sospechoso a menudo de ser el cerebro del asesinato de JFK- afirmó recientemente que el verdadero jefe de la mafia de Chicago era un judío estadounidense asociado de Meyer Lansky -Hyman "Hal" Larner- que, mientras movía los hilos para Giancana y la mafia de Chicago, colaboraba activamente en intrigas internacionales con el Mossad de Israel.

No es sorprendente que algunos críticos sugieran que Oliver Stone podría no haber mencionado estos detalles en JFK porque la película fue financiada por Arnon Milchan, un traficante de armas israelí convertido en productor de Hollywood al que incluso el programa Sixty Minutes de la CBS relacionó con el contrabando de material para el programa nuclear israelí, que, por supuesto, resultó ser el agrio (y quizá fatal) punto de discordia entre JFK e Israel.

Aunque el diplomático israelí Uri Palti lo declaró todo -como se detalla en el libro de este autor, Judgment Day- "absurdo", el autor vinculado a la CIA Gerald Posner lo calificó de "descabellado" y el columnista conservador acérrimamente proisraelí George Will lo calificó de "vil licencia intelectual", Los Angeles Times admitió a regañadientes en 1997 que la tesis del Juicio Final era "realmente nueva", "Los Angeles Times admitió a regañadientes en 1997 que la tesis del Juicio Final era "realmente nueva", declarando que "teje algunos de los hilos esenciales de un tapiz que muchos dicen que es único"."

Y vale la pena señalar que, mientras que muchas personas están convencidas de que la CIA desempeñó un papel en el asesinato de JFK, muchas de esas mismas personas tienen miedo de mencionar la probabilidad de un papel del Mossad. Sin embargo, como ha señalado el periodista Andrew Cockburn

"Desde los primeros días del Estado de Israel y la CIA, ha existido un vínculo secreto que permite a los servicios de inteligencia israelíes trabajar para la CIA y el resto de los servicios de inteligencia estadounidenses.

No se puede entender lo ocurrido con las operaciones encubiertas estadounidenses e israelíes hasta que no se comprenda este acuerdo secreto".

Existen al menos tres importantes libros, escritos por destacados periodistas, que documentan los vínculos subterráneos entre la CIA y el Mossad, así como aspectos del amargo conflicto secreto entre JFK e Israel, no sólo sobre la política de armas nucleares sino también sobre la política estadounidense en Oriente Próximo en general. Además, estos volúmenes demuestran que la política estadounidense dio efectivamente un giro de 180 grados tras la muerte del presidente Kennedy

1) The Samson Option: Israel's Nuclear Arsenal and American Foreign Policy, del veterano periodista del *New York Times* Seymour Hersh, ganador del Premio Pulitzer.

2) Dangerous Liasion: The Inside Story of the U.S.-Israeli Covert Relationship, de Andrew y Leslie Cockburn, dos respetados periodistas liberales; y

3) Taking Sides: America's Secret Relations With a Militant Israel, de Stephen Green, que ha estado asociado con la "corriente dominante" del Consejo de Relaciones Exteriores y la Fundación Carnegie para la Paz Internacional.

Tanto Hersh como Green son judíos. Los tres libros han sido publicados por respetadas editoriales.

Todos estos volúmenes dejan claro que JFK y el Primer Ministro israelí David Ben-Gurion estaban en profundo desacuerdo, hasta el punto de que Ben-Gurion creía que las políticas de JFK amenazaban la supervivencia misma de Israel - y así lo dijo. Tras el asesinato de JFK, la política estadounidense hacia Oriente Próximo experimentó un asombroso giro de 180 grados, el resultado más inmediato del asesinato del presidente estadounidense. Se trata de un hecho frío, duro e indiscutible que no admite discusión. Las pruebas son demasiado claras.

Hersh señaló que la prensa israelí y mundial "dijo al mundo que la repentina dimisión de Ben-Gurion era el resultado de su insatisfacción con los escándalos y la agitación política interna de Israel". Sin embargo, Hersh continuó diciendo, de forma bastante significativa, que "no había forma de que el público israelí" supiera que había "otro factor más" detrás de la dimisión: en concreto, según Hersh, "el enfrentamiento cada vez más amargo de Ben-Gurion con Kennedy sobre un Israel con armas nucleares".

El enfrentamiento final con JFK sobre la bomba nuclear fue claramente la "razón principal" de la dimisión de Ben-Gurion.

Como hemos visto, el deseo de construir una bomba nuclear no sólo era uno de los principales objetivos de la política de defensa de Israel (su fundamento mismo), sino también un interés particular de Ben-Gurion.

Sea como fuere, las revelaciones de Seymour Hersh sobre JFK y Ben-Gurion se han visto eclipsadas por una obra más reciente sobre el mismo tema de un académico israelí, Avner Cohen. Cuando Cohen publicó su libro Israel and the Bomb (Nueva York: Columbia University Press) en 1999, causó sensación en Israel.

La "opción nuclear" no sólo constituía el núcleo de la visión personal del mundo de Ben-Gurion, sino el fundamento mismo de la política de seguridad nacional de Israel. En esencia, los israelíes estaban preparados, si era necesario, para "volar el mundo" -incluidos ellos mismos- si tenían que hacerlo para derrotar a sus enemigos árabes.

Esto es lo que, según Hersh, los planificadores nucleares israelíes veían como la "opción Sansón": Sansón, en la Biblia, tras ser capturado por los filisteos, derribó el templo de Dagón en Gaza y se suicidó junto con sus enemigos. Como dice Hersh, "para los defensores nucleares israelíes, la opción Sansón se ha convertido en otra forma de decir 'nunca más' (en referencia a evitar un nuevo Holocausto)".

Todas las pruebas, en su conjunto, demuestran claramente que fue la "opción Sansón" la causa principal de la dimisión de Ben-Gurion.

Finalmente, en 1963, el conflicto entre JFK y Ben-Gurion era un secreto tanto para el público israelí como para el estadounidense. Permaneció así durante al menos 20 años y sigue siéndolo, a pesar de la publicación del libro de Hersh, al que siguieron El Juicio Final y el libro de Avner Cohen.

El impactante libro de Avner Cohen confirmaba en esencia todo lo que había escrito Hersh, pero iba aún más lejos.

Cohen describe cómo el conflicto entre JFK y Ben-Gurion llegó a un punto crítico en 1963 y cómo, el 16 de junio de ese año, JFK envió una carta al líder israelí que, según Cohen, fue "el mensaje más duro y explícito" hasta la fecha. Y añade Cohen: "Kennedy ejerció la palanca más útil de que dispone un presidente estadounidense en sus relaciones con Israel: la amenaza de que una solución insatisfactoria comprometería el compromiso y el apoyo del gobierno estadounidense a Israel...".

Ben-Gurion nunca leyó la carta de JFK. En su lugar, Ben-Gourion anunció su dimisión. Según Cohen, Ben-Gourion nunca dio una explicación de su decisión, aparte de una referencia a "razones personales". Ben-Gurion dijo a sus colegas de gabinete que "tenía que" dimitir y que "ningún problema o acontecimiento de Estado era la causa". Cohen añadió que Ben-Gurion había "llegado a la conclusión de que no podía decir la verdad sobre Dimona a los dirigentes estadounidenses, ni siquiera en privado".

Inmediatamente después de la dimisión del Primer Ministro Ben-Gurion, JFK escribió una carta al nuevo Primer Ministro. Levi Eshkol, que era claramente aún más feroz que las anteriores comunicaciones muy duras de JFK con Ben-Gurion. Avner Cohen escribió

Desde el mensaje de Eisenhower a Ben-Gurion en plena crisis de Suez, en noviembre de 1956, ningún presidente estadounidense había sido tan directo con un primer ministro israelí. Kennedy dijo a Eshkol que el compromiso y el apoyo de EEUU a Israel "podrían verse seriamente comprometidos" si Israel no permitía a EEUU obtener "información fiable" sobre sus esfuerzos nucleares.

Las demandas de Kennedy no tenían precedentes. De hecho, eran un ultimátum.

Cohen señaló que: "Desde el punto de vista de Eshkol, las demandas de Kennedy parecían diplomáticamente inapropiadas; eran incompatibles con la soberanía nacional. No había base legal ni precedente político para tales demandas". Cohen añadió que "la carta de Kennedy precipitó una situación de casi crisis en la Oficina del Primer Ministro".

Así que, contrariamente a lo que algunos podrían sugerir hoy, la presión de Kennedy sobre Israel no terminó con la dimisión de Ben-Gurion. Al contrario, la presión de JFK sobre Israel por sus ambiciones nucleares se intensificó considerablemente. Bajo ninguna circunstancia quería JFK un Israel con armas nucleares.

El periódico israelí Ha'aretz publicó una reseña del libro de Cohen el 5 de febrero de 1999, calificándolo de "libro bomba". La reseña de Ha'aretz, escrita por Reuven Pedatzur, es bastante interesante. Dice en parte lo siguiente El asesinato del presidente estadounidense John F. Kennedy puso fin abruptamente a la presión masiva ejercida por la administración estadounidense sobre el gobierno israelí para que pusiera fin al programa nuclear. Cohen demuestra ampliamente la presión ejercida por Kennedy sobre Ben-Gurion.

Recuerda el fascinante intercambio de cartas entre los dos hombres, en el que Kennedy dejó claro [a Ben-Gurion] que bajo ninguna circunstancia aceptaría [JFK] que Israel se convirtiera en un Estado nuclear.

El libro sugiere que si Kennedy hubiera seguido vivo, no es seguro que Israel tuviera hoy una opción nuclear.

Según el historiador Stephen Green: "El 22 de noviembre, en un avión de Dallas a Washington, Lyndon Johnson prestó juramento como 36º Presidente de Estados Unidos, tras el asesinato de John F. Kennedy.

Green elaboró más, en términos inequívocos: "En los primeros años de la administración Johnson, el programa de armas nucleares de Israel fue descrito en Washington como un 'asunto delicado'. La Casa Blanca de Lyndon Johnson no vio Dimona, no oyó Dimona y no habló de Dimona cuando el reactor entró en estado crítico a principios de 1964".

Así que el punto crítico de la disputa entre John F. Kennedy y el gobierno israelí dominado por el Mossad ya no era relevante.

El nuevo presidente estadounidense, partidario de Israel desde hace mucho tiempo, ha permitido que continúe el programa nuclear. Esto era sólo el principio.

¿Cómo encaja la tesis más convencional de que la CIA fue la principal instigadora del asesinato de JFK con la teoría de que el Mossad también desempeñó un papel clave en la conspiración de JFK

En 1963, John F. Kennedy no sólo estaba en guerra con Israel y el sindicato del crimen dominado por el leal israelí Meyer Lansky y sus secuaces de la Mafia, sino también con su estrecho aliado en el mundo de la inteligencia internacional, la CIA.

La CIA, por supuesto, tenía sus propios problemas con JFK. Apenas seis semanas antes del asesinato de John F. Kennedy, el *New York Times* informó de que un alto funcionario de la administración Kennedy había advertido de que un golpe orquestado por la CIA en Estados Unidos era una posibilidad formidable. La CIA -al igual que sus aliados en Israel- tenía buenas razones (según su propia percepción) para querer que JFK fuera expulsado de la Casa Blanca y sustituido por Lyndon B. Johnson.

La batalla de JFK con la CIA por la debacle de Bahía de Cochinos fue sólo el principio. En los últimos días de su presidencia, JFK no sólo luchaba contra los esfuerzos de la CIA por implicar más a Estados Unidos en el sudeste asiático, sino que también se preparaba para desmantelar la CIA por completo. La propia existencia de la CIA estaba en peligro.

Esto, por supuesto, puso de relieve el hecho de que la CIA era un probable sospechoso en el asesinato de JFK, y esta es una línea de investigación seguida por Jim Garrison.

Sin embargo, otros vínculos entre la CIA y el asesinato, a menudo mencionados, también apuntan al Mossad.

Por ejemplo, la antigua amante de Fidel Castro, Marita Lorenz, agente de la CIA, declaró ante el Congreso estadounidense que Frank Sturgis, un antiguo agente de la CIA famoso por su activismo anticastrista, le había dicho después del asesinato que había estado implicado en el asesinato de JFK.

Basándose en su propio estudio en profundidad del asesinato de JFK, el antiguo jefe de la contrainteligencia cubana, el general Fabián Escalante Escalante, declaró a la periodista Claudia Furiati que la inteligencia cubana había determinado que, de hecho, "Sturgis estaba a cargo de las comunicaciones, recibiendo y transmitiendo información sobre los movimientos en Dealey Plaza y la caravana a los tiradores y a otros".

Si Sturgis estuvo involucrado en la mecánica del asesinato, la evidencia histórica sugiere que Sturgis pudo haber funcionado como una herramienta del Mossad en la conspiración.

Lo cierto es que unos quince años antes del asesinato de JFK, Sturgis había trabajado para el Mossad.

Según el investigador del asesinato de JFK F Peter Model, Sturgis fue un "mercenario de Hagannah durante la primera guerra árabe-israelí (1948)", y Sturgis también tuvo una novia en Europa en los años 50 que trabajaba para la inteligencia israelí y con la que colaboró. El propio Sturgis ha declarado que ayudó a su novia como correo en Europa en varias de sus actividades para el Mossad.

Sturgis, antiguo corresponsal de Time-Life que pasó mucho tiempo en Cuba durante y después de la revolución castrista, también era bien conocido por los exiliados cubanos anticastristas que Sturgis también había trabajado para el Mossad durante mucho tiempo.

Además, en el momento álgido de las operaciones anticastristas de la CIA en Miami, en las que Sturgis era una figura clave, entre 12 y 16 agentes del Mossad trabajaban desde Miami bajo el mando del subdirector del Mossad Yehuda S. Sipper, y su influencia se extendía por toda América Latina y el Caribe.

Citando un memorando de la CIA de 1976, el profesor John Newman, que ha investigado el conocimiento que tenía la CIA de las actividades de Lee Harvey

Oswald, afirma que Sturgis fundó la Brigada Anticomunista Internacional y que "nunca se ha establecido del todo quiénes respaldaban al grupo de Sturgis".

La información procedente de diversas fuentes sugiere que el grupo de Sturgis podría haber sido una rama de las operaciones del Mossad con base en Miami, entrelazadas con las intrigas del propio Sturgis respaldadas por la CIA en la misma esfera de influencia.

De hecho, una unidad de la brigada de Sturgis era el "Interpen" del agente contratado por la CIA Gerry Patrick Hemming, que operaba desde Nueva Orleans, y Sturgis estaba vinculado a estas operaciones del Interpen.

Se sabe que en estas actividades en torno a Nueva Orleans participaron dos de los actores clave que rodeaban a Lee Harvey Oswald antes del asesinato de JFK: los agentes contratados por la CIA Guy Banister y David Ferrie (ambos fueron investigados por Jim Garrison y ambos fueron vinculados por Garrison a Clay Shaw en actividades relacionadas con tramas de inteligencia).

De hecho, existe una conexión israelí con Interpen. Según el propio Hemming, el "contacto más importante de Interpen en Estados Unidos" era el financiero neoyorquino Theodore Racoosin, a quien Hemming describe como "uno de los principales fundadores del Estado de Israel".

Hemming afirma francamente que, aunque personalmente no ha visto ninguna prueba que le convenza de que el Mossad estuvo directamente implicado en el asesinato de JFK, ha dicho: "Sé desde finales de los años 60 que el Mossad sabía del asesinato de JFK incluso antes de que ocurriera, que luego llevaron a cabo una investigación completa sobre el asunto y que han conservado todos esos archivos desde entonces." (énfasis añadido).

En cualquier caso, no sólo Clay Shaw, agente de la CIA en Nueva Orleans, está vinculado al Mossad a través de su asociación con la Operación Permindex (al igual que Banister y Ferrie), sino que también encontramos que otros dos actores vinculados a la CIA en las operaciones anticastristas de Nueva Orleans (Sturgis y Hemming) estaban dentro de la esfera de influencia del Mossad. Y Lee Harvey Oswald está vinculado a todos los actores clave implicados.

Sea como fuere, ahora sabemos que al menos una persona que supuestamente ha confesado su implicación en el asesinato de JFK -Frank Sturgis- había tenido durante mucho tiempo múltiples vínculos con el Mossad durante muchos años antes (y después) de la época del asesinato de JFK. Y así sucesivamente.

La historia no termina ahí. Pero terminemos con esto: Hace unos años, un estadounidense se encontró con el famoso presentador de la CBS Walter Cronkite en Martha's Vineyard. Le informó de la teoría de la implicación del

Mossad en el asesinato de JFK y Cronkite le escuchó atentamente. La respuesta de Cronkite fue, cuando menos, intrigante.

Mirando hacia el mar, Cronkite comentó sucintamente: "No puedo pensar en ningún grupo -con la excepción de la inteligencia israelí- que hubiera sido capaz de mantener oculto el complot del asesinato de JFK durante tanto tiempo".

Las pruebas demuestran que la tesis descansa sobre bases muy sólidas. Es una hipótesis que tiene sentido, para disgusto de muchos críticos. Se acerca más que nada a lo que se ha escrito hasta ahora para resumir toda la conspiración del asesinato de JFK.

Esta reconstrucción, ciertamente "inusual" y controvertida, de la conspiración del asesinato de JFK arroja nueva luz sobre un gran rompecabezas que presenta una imagen extraordinariamente compleja y algo oscura. La imagen extremadamente confusa de la parte frontal del puzzle muestra todos los grupos e individuos implicados en la conspiración del asesinato de JFK. Sin embargo, cuando se da la vuelta al puzzle, se encuentra una imagen grande y muy clara de la bandera israelí.

Capítulo XIII

El "problema judío" de Jimmy Carter La larga y no tan secreta guerra emprendida contra Jimmy Carter por Israel y su poderoso lobby en Washington.

John F. Kennedy no fue el único presidente estadounidense que sufrió la ira del lobby israelí en Estados Unidos. Como presidente, y en los años siguientes a sus cuatro años en la Casa Blanca (especialmente en los últimos tiempos), el compañero demócrata de JFK, Jimmy Carter, también fue objetivo de Israel y de sus poderosos partidarios en suelo estadounidense. Ahora el lobby israelí persigue de nuevo a Jimmy Carter. El ex presidente -ganador del Premio Nobel de la Paz- está en el punto de mira del lobby israelí por los comentarios que hizo en un nuevo libro dedicado al problema de Palestina.

Sólo el título del libro de Carter ha enardecido a los amigos de Israel. El uso que hace Carter del término "apartheid" en el título Palestina: Paz, no apartheid compara efectivamente el trato actual de Israel a los árabes palestinos cristianos y musulmanes con la antigua política de separación racial (conocida como "apartheid") de Sudáfrica, desmantelada hace mucho tiempo.

Y como sabe muy bien cualquiera que haya seguido los medios de comunicación en cualquier momento de los últimos 50 años, el concepto de "apartheid" nunca ha sido bien recibido. Por tanto, el uso que hace Carter del término para describir la política de Israel es muy acertado y ha desatado un auténtico frenesí en los círculos proisraelíes.

En su libro, el ex presidente también señalaba con el dedo la influencia del lobby israelí, diciendo: "Debido a las poderosas fuerzas políticas, económicas y religiosas de Estados Unidos, las decisiones del gobierno israelí rara vez son cuestionadas o condenadas". Este único comentario fue condenado airadamente por voces sionistas, que lo calificaron de anticuada "teoría de la conspiración antisemita".

El Sr. Carter también enfureció a los partidarios de Israel al sugerir que "el control y la colonización continuos por parte de Israel de las tierras palestinas han sido los principales obstáculos para un acuerdo de paz global en Tierra Santa".

Hablando en nombre de una camarilla de alto nivel de recaudadores de fondos demócratas que trabajan para generar contribuciones de campaña judías que alimenten las arcas del partido, el congresista estadounidense Steven J. Israel, un neoyorquino simplón con aspiraciones presidenciales, denunció a Carter, atacó a los palestinos y añadió que las preocupaciones del Premio Nobel de la Paz no reflejaban la dirección del partido demócrata. "Refleja la opinión de un hombre", dijo el Sr. Israel.

No es la primera vez que el ex presidente es criticado por sus críticas a Israel. Tras el último asalto israelí a Líbano, Carter disgustó a los partidarios de Israel al declarar: "No creo que Israel tenga ninguna justificación legal o moral para su bombardeo masivo de toda la nación de Líbano".

Pero lo cierto es que los problemas de Carter con Israel y su lobby estadounidense se remontan casi a los primeros días de su presidencia, algo que muchos estadounidenses nunca han llegado a comprender. De hecho, ya el 2 de marzo de 1978, poco más de un año después de la toma de posesión de Carter, el Wall Street Journal señalaba que, a pesar de que Carter acababa de ganar el 75% del voto judío en las elecciones presidenciales, "diversos acontecimientos y hechos" de la administración Carter habían "molestado a los judíos".

El Journal señalaba que muchos líderes de la comunidad judía estadounidense se estaban "replanteando su compromiso con Jimmy Carter" y que algunos "incluso hablaban en privado de una 'traición' [de Carter a Israel]".

El artículo del Journal se titulaba directamente "El problema judío de Jimmy Carter".

A los sionistas estadounidenses les molestaba que Carter hubiera presionado a Israel para que dejara de colonizar los territorios árabes ocupados y hubiera tomado la decisión de vender aviones de guerra avanzados a Egipto y Arabia Saudí. Carter también se atrevió a utilizar el término "patria" para referirse a las aspiraciones palestinas, lo que se consideró en su momento (y sigue considerándose hoy) una gran ofensa a las exigencias geopolíticas de Israel en el mundo.

Citando las duras palabras pronunciadas por varios destacados demócratas judíos contra Carter, el Journal afirmaba que las críticas "podrían significar mucho", señalando que el promotor inmobiliario de San Francisco Walter Shorenstein, uno de los principales recaudadores de fondos del Partido Demócrata -y conocido partidario de Israel- había llegado a preguntar: "¿Está Israel vendido por la administración [Carter]?".

Estas cuestiones se plantearon ya en 1978, como hemos visto, y en la primavera de 1980, cuando Carter aspiraba a ser reelegido, la guerra emprendida por Israel y sus partidarios contra Carter estaba muy avanzada.

Las cosas iban tan mal, desde el punto de vista de Carter, que -según los veteranos periodistas Andrew y Leslie Cockburn- se oyó a Carter decir a sus principales asesores políticos en una reunión privada en los aposentos familiares de la Casa Blanca que "si vuelvo, voy a joder a los judíos".

Según los Cockburns, en un pasaje poco conocido de su libro de 1991, Dangerous Liaison: The Inside Story of the U.S.-Israeli Relationship, el enfado de Carter hacia Israel y sus partidarios estadounidenses no sólo provenía de los crecientes ataques contra Carter desde ese lado, sino sobre todo del descubrimiento por parte de Carter -a través de las intercepciones que la Agencia de Seguridad Nacional puso a su disposición- de que el primer ministro israelí Menachem Begin estaba interfiriendo en los asuntos políticos internos de Estados Unidos. Begin había sido escuchado aconsejando al alcalde de Nueva York, Ed Koch, sobre cómo socavar las esperanzas de reelección de Carter.

De hecho, Koch llegó a apoyar al oponente republicano de Carter, el ex gobernador de California Ronald Reagan, cuyo temprano ascenso en la industria del entretenimiento (y más tarde en la arena política) fue consecuencia de sus estrechos vínculos con las fuerzas financieras y los intereses del crimen organizado que han sido los principales impulsores del lobby israelí en Estados Unidos. Para saber más sobre los poco conocidos vínculos criminales sionistas de Reagan -de los que los medios de comunicación no hablan- lea el nuevo e impactante libro, Supermob, del periodista de investigación Gus Russo.

Además, el ex secretario de Estado Henry Kissinger -que se convirtió en un asesor clave de la campaña de Reagan (y más tarde de la Casa Blanca de Reagan, al igual que hoy asesora a George W. Bush)- habló con el embajador israelí en EEUU, instando a Israel a "organizar fuerzas en EEUU e Israel" contra Carter.

Al final, con las fuerzas del lobby israelí y los contribuyentes financieros agrupándose en torno a Reagan al más alto nivel, Carter fue expulsado de la Casa Blanca. Desde entonces, Carter ha sido ampliamente elogiado por su franqueza en Oriente Medio, desafiando a los medios de comunicación y al lobby israelí en el proceso.

Debido a sus mordaces críticas a Israel, Carter ha sido tachado incluso de "negacionista del Holocausto". Sí, esa es la palabra oficial de una profesora de religión presentada por los medios de comunicación como la principal autoridad mundial sobre "quién niega el Holocausto y quién no". Fue nada menos que Deborah Lipstadt -una agitadora de mirada dura y lengua afilada con sede en la Universidad Emory de Georgia- quien anunció en un comentario publicado en el número del 20 de enero de 2007 de The *Washington Post* que el ex presidente era culpable de negar el Holocausto.

Cabe señalar, sin embargo, que Lipstadt no dijo directamente que "Jimmy Carter es un negacionista del Holocausto", pero sí le acusó, según sus propias palabras, de "casi ignorar el Holocausto" y señaló que se trataba de una "minimización del Holocausto" que, según ella, "consuela involuntariamente a quienes niegan su importancia o incluso su realidad histórica, en parte porque les ayuda a negar el derecho de Israel a existir".

De hecho, el más somero examen del libro de Lipstadt, Denying the Holocaust -en el que define la "negación del Holocausto"- indica que, según la definición de Lipstadt, la "minimización del Holocausto" es de hecho una faceta clave de la negación del Holocausto. Por lo tanto, Lipstadt estaba diciendo que Carter era efectivamente un "negacionista del Holocausto".

Los hechos demuestran que Lipstadt no sólo considera que cuestionar el número de judíos que murieron en la Segunda Guerra Mundial es una forma de "negación del Holocausto", sino que incluso considera que cuestionar la culpabilidad primaria de Alemania en el estallido de la Primera Guerra Mundial -es decir, la Primera Guerra Mundial, no la Segunda- es una forma de negación del Holocausto. En la actualidad, Carter se ha visto envuelto en un revuelo por cometer la indiscreción literaria de no otorgar al Holocausto el reconocimiento que Lipstadt afirma que merece.

Lipstadt, al igual que muchos líderes de grupos judíos organizados de Estados Unidos, estaba enfadada por el mencionado libro de Carter, Palestina: paz, no apartheid, y en su comentario publicado en el *Washington Post*, Lipstadt despotricó contra Carter.

Entre otras cosas, Lipstadt alegó que Carter "se basó en estereotipos antisemitas para defender" su libro y en sus respuestas a sus críticos y que Carter "recurrió repetidamente a bulos antisemitas tradicionales". Lipstadt señaló que Carter "recurrió por reflejo a este tipo de insinuaciones sobre el control judío de los medios de comunicación y el gobierno", aunque, añadió Lipstadt gratuitamente, como para parecer "objetiva", esto puede haber sido un "descuido" por parte del ex Presidente.

Antes de que Lipstadt añadiera su granito de arena, Carter ya había sido tachado repetidamente (como hemos visto) de "antisemita" que promovía "teorías conspirativas antijudías", pero fue Lipstadt quien introdujo la palabra "H" en el frenesí de ira por el libro de Carter, que, a pesar de la oposición, o quizá precisamente a causa de ella, se encontró durante semanas en la lista de los más vendidos del *New York Times*.

Lipstadt no fue la única personalidad que atacó a Carter. Abe Foxman, jefe de la Liga Antidifamación (ADL) de B'nai B'rith -el poderoso grupo de presión de Israel y una rama de facto del servicio de inteligencia israelí, el Mossad- denunció lo que calificó de "parcialidad antiisraelí" de Carter.

La ADL publicó anuncios a toda página acusando a Carter de "propagar mitos sobre el poder judío". Foxman dijo que era "particularmente inquietante y peligroso que alguien como Jimmy Carter" contribuyera a una atmósfera en la que, según Foxman, proliferaban las "teorías conspirativas antijudías". Las declaraciones de Jimmy Carter, defendiendo su libro contra los ataques de organizaciones judías, eran, según Foxman, "jugar con fuego".

Sorprendentemente, a pesar de los esfuerzos de Carter por asegurar a la comunidad judía que no odiaba a los judíos, incluido un discurso público en la Universidad de Brandeis en el que dijo que se había equivocado al utilizar en su libro un lenguaje que sugería que pensaba que los palestinos estaban justificados para utilizar el terrorismo como represalia contra Israel por sus fechorías, La Agencia Telegráfica Judía informó a los lectores judíos de Estados Unidos y de todo el mundo de que Carter "ha hecho poco por apaciguar a los numerosos críticos".

Para colmo de males, la consultora política internacional Jennifer Laszlo Mizrahi -fundadora del Proyecto Israel y antigua figura de la Organización Sionista de Estados Unidos- publicó un mordaz ataque contra Carter, afirmando que practicaba la "discriminación inversa" porque favorecía a los palestinos cristianos y musulmanes de piel más oscura en detrimento de los judíos "de piel clara" de Israel. Mizrahi incluso se quejó de que Carter hubiera apoyado -como ella lo describió- "al presidente de piel oscura Hugo Chávez" para la presidencia de Venezuela en lugar de a un "candidato de piel clara mejor cualificado y con más experiencia".

Según esta portavoz sionista -que fue aclamada por Forward, uno de los principales periódicos judíos, como una de las 50 personalidades judías estadounidenses más poderosas- Carter practicó esta "discriminación inversa" para "purgarse ante su Dios de los pecados racistas de su juventud".

La mera idea de que un líder sionista acuse a Carter de racismo antiblanco demuestra lo histéricos que se han vuelto los críticos de Carter. Y lo cierto es que las filas de destacados judíos estadounidenses que han añadido a Carter a su lista de enemigos crecen día a día.

Lo irónico es que el libro de Carter no es en absoluto la calumnia antisemita que sugieren los críticos. De hecho, Carter simplemente dice lo que dice -y lo que millones y millones de personas bienintencionadas han estado diciendo durante años: que Israel debe dejar de oprimir y discriminar a los palestinos musulmanes y cristianos y que Israel debe volver a sus fronteras oficiales anteriores a 1967. Y esto no es pedir que Israel sea borrado del mapa, como muchos de los detractores de Carter sugieren implícitamente que está defendiendo.

Es realmente positivo que un ex Presidente de Estados Unidos -que sigue gozando de gran estima internacional y es admirado por muchos estadounidenses por su franqueza- hable ahora con tanta contundencia de las fechorías de Israel (y de su perjudicial influencia, a través de su lobby estadounidense, en la dirección de la política exterior de Estados Unidos).

Sin embargo, al igual que JFK antes que él, Jimmy Carter se enfrentó a una fuerte oposición. También merece la pena señalar, para que conste, que otro presidente demócrata (nada menos que Bill Clinton) alienó claramente a Israel durante su presidencia. En el siguiente capítulo examinaremos la "guerra secreta" de Bill Clinton contra Israel.

Capítulo XIV

¿Ha "dado la espalda" Bill Clinton a Israel? Las intrigas sionistas detrás del "Monica-Gate"

Incluso el ex presidente Bill Clinton, que goza de una gran popularidad entre la comunidad judía estadounidense, se las arregló para provocar la ira de grupos judíos organizados de Estados Unidos por la cuestión del programa de armas nucleares de Israel.

No llegó a los titulares nacionales, pero los roces de Clinton con la comunidad judía fueron objeto de mucho debate en los círculos más altos de la clase dirigente judía en la primavera de 1999. Esto ocurrió poco después de que Clinton fuera absuelto por el Senado de los cargos de perjurio y obstrucción a la justicia derivados del ahora infame escándalo de las relaciones amorosas de Clinton con la tristemente célebre "princesa judía americana" Monica Lewinsky.

Y, como veremos, un examen minucioso de las circunstancias que rodearon el asunto Lewinsky sugiere claramente que el escándalo fue orquestado por elementos proisraelíes de línea dura en Estados Unidos, que trabajaban directamente en conjunción con sus aliados israelíes afines.

El escándalo Lewinsky ha tenido repercusiones mucho mayores de lo que la mayoría de la gente cree, y en este capítulo analizaremos el asunto como nunca antes se había hecho.

Pero antes, veamos brevemente los roces de Bill Clinton con Israel por su programa de armas nucleares.

El 14 de mayo de 1999, el influyente semanario judío Forward, con sede en Nueva York, publicó un artículo en el que expresaba su indignación y preocupación por el hecho de que "el Presidente Clinton plantee por primera vez en público su preocupación por el programa nuclear de Israel".

El artículo señalaba que unos 35 miembros del Congreso estadounidense habían escrito una carta a la Sra. Clinton expresando su preocupación por el ingeniero nuclear israelí encarcelado Mordechai Vanunu, que fue el primero en exponer públicamente y de primera mano el programa de producción de bombas nucleares de Israel.

En una carta fechada el 22 de abril de 1999 dirigida a la congresista Lynn Rivers (CD-Mich.), el Presidente Clinton hizo algo más que expresar su propia preocupación por el destino del Sr. Vanunu. Y esto es lo que conmocionó especialmente a Israel y a sus partidarios: el Sr. Clinton también dijo: "Comparto su preocupación por el programa nuclear de Israel. Hemos instado repetidamente a Israel y a otros no signatarios del Tratado de No Proliferación a que se adhieran al tratado y acepten todas las salvaguardias del Organismo Internacional de la Energía Atómica".

El periódico Forward informó: "Los líderes judíos se sorprendieron al enterarse de que Clinton se había pronunciado sobre Vanunu y el programa nuclear israelí", y citaba la reacción del director de la Liga Antidifamación, Abe Foxman, que atacó a Clinton diciendo: "No puedo creer que el Presidente envíe una carta así. Son temas muy delicados. Se trata de un juicio de valor". Sin embargo, la aversión de Foxman por el Presidente Clinton no es única.

Malcolm Hoenlein, vicepresidente ejecutivo de la Conferencia de Presidentes de las Principales Organizaciones Judías Estadounidenses, declaró: "La referencia del Presidente al programa nuclear de Israel es sorprendente e inquietante: "La referencia del Presidente al programa nuclear de Israel es sorprendente e inquietante; por lo que sabemos, no tiene precedentes.

El hecho de que Clinton se atreviera a seguir los pasos de su héroe de toda la vida, John F. Kennedy, y desafiar a Israel en la cuestión de su Golem nuclear -e incluso ir más allá que JFK y hablar públicamente sobre el arsenal atómico de Israel- es realmente notable. Pero como Clinton ya había sobrevivido al intento de destitución, el Presidente tenía claramente el proverbial "margen de maniobra" para adoptar su postura.

A pesar de la extendida (y totalmente inexacta) noción -sobre todo entre los muchos detractores "conservadores" de Clinton- de que los "medios liberales" le hicieron la competencia a Clinton durante su presidencia, nada más lejos de la realidad. De hecho, la verdad es que durante toda su presidencia, Clinton fue muy criticado por los medios de comunicación estadounidenses.

Los hechos demuestran que fueron esos mismos medios de comunicación -que todas las personas honestas reconocen que están controlados por familias judías y redes financieras que simpatizan con los intereses de Israel, a pesar de las afirmaciones en sentido contrario- los que desempeñaron un papel tan importante en el conocimiento público y el debate sobre el escándalo Lewinsky en particular.

El número del 4 de enero de 1999 de The Nation contenía un revelador artículo de Michael Tomasky que examinaba este fenómeno en detalle. Tomasky señalaba que, de hecho, fue el *New York Times* -el principal periódico "liberal" -que es también, no sin razón, el principal periódico pro-israelí de Estados Unidos- el que desempeñó un papel fundamental en la filtración de muchas de las vergonzosas y perjudiciales revelaciones de la larga investigación del fiscal especial Ken Starr sobre el presidente Clinton y la primera dama Hillary Clinton. Tomasky escribió: "En cada giro y pivote crucial, la página editorial del Times marchó al paso del fiscal y su sección de partidarios".

"¿Por qué es esto digno de mención?", preguntó Tomasky. Porque, señaló, "en cuestiones nacionales, la página [editorial del Times] sirve más como un Baedeker ideológico, diciendo a la élite del país lo que constituye una opinión liberal responsable".

En otras palabras, el *New York Times* -la voz de la élite pro israelí- decía a sus lectores que era "normal" apoyar las maniobras de Ken Starr contra el presidente Clinton. La cuestión, entonces, era por qué uno de los presidentes más liberales de Estados Unidos era el blanco de la ira editorial del muy liberal *New York Times*.

Claramente, esto se debió a que Bill Clinton fue percibido como no suficientemente solidario con las demandas de Israel.

Cuando, durante el frenesí por los tejemanejes de su marido, Hillary Clinton esgrimió la teoría de una "conspiración de la derecha" para destruir a su marido, la señora Clinton tenía razón.

Sin embargo, la Sra. Clinton no mencionó qué "derecha" estaba detrás de esta conspiración ni cómo se utilizó el escándalo "Monica-gate" para manipular la política estadounidense en Oriente Medio.

El argumento de Hillary Clinton de que una "conspiración de derechas" en Estados Unidos estaba detrás del perjurio y el escándalo sexual que amenazaron con derribar a su marido tenía un fallo importante, que ya habíamos señalado: al fin y al cabo, fueron los principales medios de comunicación estadounidenses -encabezados por el *Washington Post* y Newsweek, a los que se unieron el *New York Times* y la revista Time- y las principales cadenas, los que exageraron el escándalo y sugirieron que podría ser la perdición de Bill Clinton.

El propio Newsweek recurrió a George Stephanapolous, confidente de Clinton desde hace mucho tiempo, para que escribiera sobre la "traición" de Clinton, y el joven Stephanapolous, ahora comentarista en ABC, llegó incluso a plantear en antena la posibilidad de que Clinton dimitiera y/o fuera sometido a un juicio político.

Y nadie había acusado nunca a ninguno de estos grandes medios de ser el portavoz de la "derecha" -o de la "derecha" estadounidense, al menos-.

Sin embargo, la Primera Dama puso claramente el dedo en la llaga cuando afirmó que una "conspiración de la derecha" estaba alimentando el escándalo Monica-gate. De hecho, si se indaga un poco más, se descubrirá que la conspiración de la que habla la señora Clinton se remonta hasta la "derecha" de línea dura de Israel.

No es casualidad que, al mismo tiempo que los partidarios estadounidenses de la derecha israelí (el bloque Likud) lanzaban una vasta (y amarga) campaña de relaciones públicas contra el presidente Clinton, los medios de comunicación estadounidenses proisraelíes recogieran el testigo y comenzaran de repente a pregonar las acusaciones de una nueva "aventura sexual" de Clinton.

Veamos algunos hechos básicos (recogidos por los propios medios de comunicación) que han quedado enterrados en medio de todo el frenesí del asunto Lewinsky.

En primer lugar, aunque los medios de comunicación se centraron en la ex ayudante de la Casa Blanca Linda Tripp y su novia Lucianne Goldberg como principales instigadoras del "Monica-gate", el *Washington Post* señaló de forma bastante tortuosa, en un artículo enterrado al final del periódico el 28 de enero de 1998, que los abogados de Paula Jones "recibieron por primera vez varios informes anónimos de que Lewinsky podría haber mantenido una relación sexual con el presidente".

(Miss Jones fue la joven que demandó al Presidente Clinton por acoso sexual cuando éste era Gobernador de Arkansas y ella era empleada del Estado. Fue durante una deposición en este caso cuando el Presidente Clinton mintió bajo juramento y negó haber mantenido una relación sexual con Monica Lewinsky). Al parecer, fue después de esto cuando los abogados de Paula Jones se pusieron en contacto con la Srta. Lewinsky, informando al Presidente de que se había revelado su relación (entonces desconocida para el público) con Lewinsky.

A estas alturas, parece claro que ni Tripp ni Goldberg eran las fuentes, ya que tenían otros intereses que explotar en el asunto Clinton-Lewinsky. De hecho, Tripp habló directamente con el fiscal especial Kenneth Starr.

Así que la gran pregunta era: ¿quién informó a los abogados de Paula Jones de que podría haber una "pistola humeante" en la relación del Presidente con Monica Lewinsky

Monica Lewinsky era una leal a Clinton y desde luego no fue ella quien filtró la historia a los abogados. Por lo tanto, alguien cercano -o que espiaba- al círculo íntimo del Presidente debió filtrar la relación del Presidente con la Sra. Lewinsky (fuera inocente o no) a los abogados de Jones.

Pero vayamos más lejos. Aunque Michael Isikoff, de Newsweek (publicado por el imperio Meyer-Graham, propietario también del *Washington Post*) fue el primer periodista en "indagar" oficialmente en la historia, ahora resulta que, según el Post, informaba de pasada el 28 de enero de 1998 de que un tal William Kristol -descrito habitualmente como "editor del conservador Weekly Standard"- había sido uno de los primeros en "mencionar públicamente" las acusaciones.

El papel de Kristol, que fue uno de los "primeros" en publicar la historia, es esencial para comprender la situación en su conjunto.

Kristol no sólo es el testaferro del magnate multimillonario de los medios de comunicación Rupert Murdoch, uno de los principales aliados del Likud israelí, sino que el propio Kristol es hijo del periodista Irving Kristol y de la historiadora Gertrude Himmelfarb, dos autoproclamados "antiguos marxistas" que se han establecido como figuras "neoconservadoras" con estrechos vínculos desde hace mucho tiempo con la "derecha anticomunista" israelí.

El joven Kristol, un "Likudnik" como sus padres, criticó duramente lo que se denominó la decisión de Clinton de "dar la espalda" a Israel. De hecho, el tema de que Clinton había "dado la espalda a Israel" fue precisamente el enfoque retórico específico de una enorme y contundente campaña publicitaria llevada a cabo por los partidarios del Likud en Estados Unidos en las semanas previas al escándalo Lewinsky.

El dossier demuestra que al menos seis días antes de que las primeras noticias del escándalo Lewinsky empezaran a aparecer en los medios de comunicación, en la medianoche del martes 20 de enero de 1998, apareció un anuncio en la edición del 15 de enero del respetado periódico Washington Jewish Week, en el que se acusaba al Presidente Clinton de haber "dado la espalda a Israel".

Lo que hizo que este anuncio fuera tan llamativo fue que utilizaba una vista trasera del Presidente Clinton (captada por primera vez en vídeo en 1996) que nunca se había publicado pero que, a raíz del escándalo Lewinsky, se ha hecho muy familiar. Se trata de una vista del Presidente, de espaldas a la cámara, claramente tomada del vídeo en el que se le ve abrazando a la que pronto se convertiría en tristemente célebre señorita Lewinsky mientras hacía cola en la Casa Blanca unos dos años antes. La señorita Lewinsky conocía la existencia de este vídeo y había alardeado de ello ante sus socios antes de que estallara el escándalo.

Por lo tanto, está claro que los detractores de Clinton entre las fuerzas pro-Netanyahu en EE.UU. -que patrocinaron el anuncio- ya estaban al tanto del asunto Lewinsky-Clinton y, lo que es más importante, del hecho de que pronto se desataría contra el Presidente.

El hecho de que fuera uno de los principales partidarios estadounidenses de Netanyahu, el ya mencionado William Kristol, el primero en anunciar la inminencia del escándalo no es, obviamente, una coincidencia.

En aquel momento, este autor (Michael Collins Piper) publicó la historia de las pruebas del papel de los Likudniks en el escándalo Lewinsky en el número del 2 de febrero de 1998 de *The Spotlight*, reproduciendo la "imagen trasera" de la cinta de vídeo de Clinton (tal como se publicó en los periódicos de todo EEUU) lado a lado con la misma imagen trasera utilizada en la campaña de propaganda de los Likudniks contra el Presidente.

Este artículo de Spotlight es la continuación de un artículo anterior del autor en el número del 9 de febrero de 1998 del mismo periódico, en el que se describían otros indicios anteriores de una orquestación del escándalo por parte de los israelíes y los Likudniks.

Poco después de la publicación de los artículos, que los críticos acusaron de "conspiración", un amigo del autor -que resulta ser un viejo amigo del Presidente Clinton en Arkansas- reenvió los artículos de Spotlight a personas que describió como "mis amigos" y luego le dijo al autor: "Tú crees que tienes razón: yo creo que tienes razón. Y mis amigos piensan que tienes razón. Pero nunca hemos tenido esta conversación".

Así que, en muchos sentidos, puede decirse que el asunto Lewinsky fue "fabricado en Israel", probablemente en el despacho del entonces Primer Ministro, el mismísimo Binyamin Netanyahu.

Así que no fue una coincidencia que el 26 de enero de 1998, justo cuando el asunto Lewinsky empezaba a hincharse y envolver a Clinton, el Likudnik estadounidense William Kristol publicara una carta a Clinton instando al Presidente a lanzar un ataque militar contra el odiado enemigo de Israel, Irak.

Junto a Kristol, entre los firmantes de la carta figuran otros conocidos partidarios estadounidenses de la "derecha" israelí, entre ellos el ex congresista Vin Weber, durante mucho tiempo estrecho aliado del entonces presidente de la Cámara de Representantes, Newt Gingrich, y Richard Perle, ex vicesecretario de Defensa, luego consultor muy bien pagado de los intereses armamentísticos israelíes (y, bajo la administración de George W. Bush, jefe del Consejo de Política de Defensa, desde el que promovió la guerra de EE.UU. contra Iraq). administración Bush, jefe del Consejo de Política de Defensa, desde cuyo cargo promovió la guerra de EEUU contra Irak).

En segundo lugar, a la luz del vínculo de Kristol con Murdoch, es esencial señalar que el canal de televisión Fox de Murdoch encabezó la honda mediática del establishment contra Clinton, obligando a los demás canales a competir en la carrera por las últimas "noticias" sobre el asunto Lewinsky.

Fox News emitió la historia casi sin parar, 24 horas al día, incluso cuando se estaban emitiendo otros programas. Incluso cuando se emitían otras noticias, éstas eran interrumpidas por los últimos acontecimientos del escándalo, por triviales que fueran. La Fox incluso llamó a un especialista en "lenguaje corporal" para que viera el vídeo de Clinton y Lewinsky en la línea de recepción, tras lo cual el "especialista" declaró que Clinton trataba a la joven como si fuera "la primera dama".

Además, no es de extrañar que algunas de las historias más sórdidas publicadas como parte de este floreciente escándalo aparecieran en el New York Post, así como en otras publicaciones de noticias propiedad de Murdoch.

En una reunión pública en Charlotte, Carolina del Norte, el Presidente de la Cámara de Representantes, Newt Gingrich (R-Ga.), ferviente partidario del régimen israelí del Sr. Netanyahu, recibió una respuesta entusiasta de un público predominantemente republicano cuando declaró que el trato del Presidente al Primer Ministro israelí estaba "por debajo de la dignidad de Estados Unidos".

El Sr. Gingrich se refería a los esfuerzos del Sr. Clinton por persuadir al dirigente israelí de que adopte una actitud más conciliadora con vistas a alcanzar un acuerdo de paz en Oriente Medio.

Mientras tanto, en un esfuerzo por apuntalar a su hombre una vez más, la Primera Dama citó al predicador Jerry Falwell y a su amigo, el senador Jesse Helms (R-N.C.), como parte de la "conspiración de la derecha" para "atrapar" a su presidente.

Lo que Hillary no mencionó fue que Falwell y Helms eran particularmente cercanos -una vez más- a la "derecha" dura del Likud en Israel y que ambos se oponían firmemente al apoyo que el presidente Clinton parecía estar dando a los rivales del Likud en el Partido Laborista israelí, que había sido mucho más partidario del proceso de paz.

Tras haber apoyado más o menos abiertamente al rival de Netanyahu, Shimon Peres, en las recientes elecciones israelíes, Clinton se sintió políticamente avergonzada por la victoria de Netanyahu. A cambio, los partidarios estadounidenses de Netanyahu hicieron todo lo posible por dañar la presidencia de Clinton. El asunto Lewinsky se convirtió en una herramienta política esencial en sus esfuerzos.

Cabe señalar que incluso antes de su reunión oficial con el Presidente Clinton, el Primer Ministro israelí ya se había reunido (y participado en un mitin pro-Likud en compañía de) Jerry Falwell, uno de los críticos más virulentos de Clinton.

Incluso el *Washington Post* reveló el 22 de enero de 1998 que "un alto funcionario de Netanyahu dijo que el líder israelí estaba preparado para responder a la oposición de la Casa Blanca mostrando su 'propia munición' en los círculos políticos estadounidenses" - a saber, Falwell y la bulliciosa "derecha cristiana" pro sionista.

En el propio Israel, según el *Post* del 24 de enero de 1998, la prensa había "absorbido las acusaciones de Clinton". El *Post* añadía que "el interés parece especialmente vivo porque Monica Lewinsky es judía".

En la edición del 22 de enero de 1998 del diario israelí *Yedioth Aharonoth*, Nahum Barnea hacía un comentario irónico: "Pensábamos inocentemente que el destino del proceso de paz estaba en manos de una mujer judía, nacida en Praga, llamada Madeleine Albright: "Pensábamos inocentemente que el destino del proceso de paz estaba en manos de una mujer judía, nacida en Praga, llamada Madeleine Albright [refiriéndose a la Secretaria de Estado estadounidense de origen judío]. Al parecer, el destino del proceso de paz está, en no menor medida, en manos de otra judía, Monica Lewinsky, de 24 años, de Beverly Hills, que pasó un divertido verano hace tres años como becaria en la Casa Blanca".

Lo interesante es que para cuando los comentarios de Barnea se repitieron en el número del 2 de febrero de 1998 de *Newsweek*, que dedicó un número especial al escándalo, *Newsweek* había editado cuidadosamente las palabras de Barnea para que ahora dijeran: "It turns out that the fate of the peace process depends on a different woman": "Resulta que el destino del proceso de paz depende de una mujer diferente". El aspecto judío del asunto Lewinsky había quedado así completamente borrado.

De hecho, el escándalo Lewinsky obligó al Presidente a retirarse de la promoción de Israel, para regocijo del partido israelí Likud.

El 27 de enero de 1998, el *Washington Post* volvía a dar la campanada al declarar que "la semana pasada, Clinton demostró que no podía obligar a los israelíes a asumir sus responsabilidades con respecto a la retirada militar. Esta semana [tras el escándalo], es aún menos capaz, aunque sólo sea porque los miembros de su propio partido, por no mencionar a los republicanos, no apoyarán una política de mayor presión sobre Israel".

Si quedaba alguna duda de que Bill y Hillary Clinton eran ciertamente conscientes de que el asunto Lewinsky estaba siendo alentado por los

Likudniks israelíes y sus aliados estadounidenses como parte de la conspiración "derechista" a la que Hillary había aludido, no hay que olvidar que en el punto álgido del frenesí Lewinsky, la Primera Dama pidió públicamente la creación de un Estado palestino. Esto fue un claro golpe a la proa de Israel. Como resultado, los partidarios de Israel golpearon implacablemente a la Primera Dama, pero no cabe duda de que se trataba de una provocación obvia y calculada de Hillary (y sin duda de su marido) diseñada para demostrar a los enemigos de su marido que los Clinton podían jugar duro con Israel y sus amigos estadounidenses si era necesario.

Finalmente, unos siete años después, en diciembre de 2005, se reveló la verdad sobre el papel muy real de Israel en la utilización del asunto Lewinsky para presionar al Presidente Clinton.

El evangelista Jerry Falwell no pudo evitar presumir y admitir finalmente la verdad: él y el ex primer ministro israelí Benjamin "Bibi"...

Netanyahu conspiró -en un momento crítico- para inculpar al Presidente Clinton y, en particular, para utilizar la presión del escándalo sexual de Monica Lewinsky para obligar a Clinton a dejar de presionar a Israel para que se retirara de la Cisjordania ocupada.

La confesión de Falwell no llegó a los titulares nacionales, como debería haber ocurrido. En su lugar, la confesión del predicador quedó enterrada en un largo artículo del número de diciembre de 2005 de Vanity Fair. Titulado "American Rapture", el artículo (de Craig Unger) describía la antigua y todavía floreciente relación amorosa entre los evangélicos dispensacionalistas estadounidenses como Falwell y las fuerzas extremistas judías de línea dura de Israel, dirigidas entonces por Binyamin "Bibi" Netanyahu.

La confesión de Falwell confirma precisamente lo que este autor reveló por primera vez en *The Spotlight* en 1998 y luego relató en una conferencia ante el centro de estudios oficial de la Liga Árabe, el Zayed Centre de Abu Dhabi, en marzo de 2003.

Aunque, tras mi conferencia en el Centro Zayed, la Liga Antidifamación (ADL) de B'nai B'rith, un grupo de presión a favor de Israel, denunció mi acusación de que el "Monica-gate" tenía efectivamente orígenes israelíes como una "extraña teoría de la conspiración", la afirmación de Falwell de que la revelación pública del asunto Lewinsky obligó a Clinton a renunciar a presionar a Israel confirmó exactamente lo que yo había argumentado.

En cuanto al relato de Falwell sobre cómo trabajó con Netanyahu para socavar la presión de Clinton sobre Israel, Vanity Fair informó de lo siguiente: Durante una visita a Washington en 1998, Netanyahu se reunió con Jerry Falwell en el Hotel Mayflower la noche antes de que Netanyahu tuviera previsto reunirse con Clinton. "Reuní a mil personas para conocer a Bibi [Netanyahu] y él nos habló esa noche", recuerda Falwell. "Todo había sido planeado por Netanyahu como una afrenta al Sr. Clinton"...

Al día siguiente, Netanyahu se reunió con Clinton en la Casa Blanca. "Bibi me contó más tarde", recuerda Falwell, "que a la mañana siguiente Bill Clinton le dijo: 'Sé dónde estuviste anoche'. La presión era realmente sobre Netanyahu para que entregara la granja de Israel.

Fue durante el escándalo de Monica Lewinsky cuando Clinton tuvo que salvarse, y por eso puso fin a las exigencias [de cesión de territorio en Cisjordania] que se habrían planteado en esa reunión, y que habrían sido muy perjudiciales para Israel".

Lo que Falwell no mencionó -al menos tal y como recoge Vanity Fair- fue que su encuentro con el líder israelí tuvo lugar la misma noche antes de que estallara el escándalo de Monica Lewinsky en los medios de comunicación estadounidenses.

Falwell tampoco mencionó -como señaló este autor en su momento y como hemos vuelto a señalar en estas páginas- que uno de los principales publicistas estadounidenses de Netanyahu, el poderoso neoconservador William Kristol, fue la primera personalidad de los medios de comunicación estadounidenses que sugirió públicamente (en los días previos a la revelación oficial del escándalo) que estaban a punto de hacerse revelaciones sobre un escándalo sexual en la Casa Blanca que estaba a punto de salir a la luz en detrimento de William Jefferson Clinton.

La historia del embrollo entre Bill Clinton e Israel es probablemente algo que Bill y Hillary Clinton preferirían olvidar, pero la lección del éxito de Israel al utilizar un escándalo como el asunto Lewinsky para golpear al Presidente Clinton no es algo que Israel y su lobby estadounidense vayan a olvidar. Si Hillary Clinton se convierte de algún modo en Presidenta, debe estar preparada para afrontar las consecuencias.

Capítulo XV

La revuelta de los generales: la élite militar estadounidense se posiciona en contra de los partidarios estadounidenses de Israel

La buena noticia para quienes están preocupados por los peligros de la relación especial de Estados Unidos con el Estado nuclear de guarnición conocido como Israel es que muchas figuras militares estadounidenses destacadas -tanto en público como en privado- están adoptando una postura firme contra la relación especial entre Estados Unidos e Israel. Aunque ningún militar ha dicho todavía "No más guerras para Israel", su retórica en declaraciones escritas y públicas dice esencialmente eso.

Y a raíz del informe de la Escuela de Guerra del Ejército de Estados Unidos en el que se pide una inspección internacional del Golem nuclear israelí (mencionado en el capítulo anterior), se trata de un acontecimiento positivo que podría convertirse en una fuerza política seria en los próximos días. Se trata de un avance positivo que podría convertirse en una fuerza política seria en los próximos días. Irónicamente, aunque durante generaciones los republicanos han sido firmes defensores del ejército estadounidense, los altos mandos militares se están rebelando abiertamente contra los halcones de guerra civiles de sillón, los ideólogos pro-Israel de línea dura que ordenaron al presidente George Bush poner en marcha un programa de ayuda militar y de defensa, Ahora que los altos mandos militares se rebelan abiertamente contra los halcones de guerra civiles de sillón -los ideólogos pro-Israel de línea dura que hicieron que el presidente George Bush ordenara la invasión de Irak y ahora quieren hacer la guerra a Irán- las voces más airadas que condenan a los militares proceden de los círculos del Partido Republicano.

Al igual que los neoconservadores, considerados fanáticos pero que siguen dominando la administración Bush y los principales think tanks y grupos políticos del Partido Republicano, así como los consejos asesores de todos los principales candidatos presidenciales republicanos en 2008, muchos leales republicanos han empezado a declarar la guerra a los generales, almirantes y otros héroes militares de probada valía que dicen "basta ya".

Los conservadores han denunciado al ex general de los marines Anthony Zinni como "antisemita" por señalar que los neoconservadores proisraelíes eran la fuerza motriz de la guerra de Iraq y que todo el mundo en Washington lo sabía. Zinni sabía de lo que hablaba: en su día estuvo al mando de todas las fuerzas estadounidenses en Iraq que protegen a Israel en Oriente Medio.

Otro marine retirado, el teniente general Greg Newbold, ex director de operaciones del Estado Mayor Conjunto, escribió en Time que la guerra de Irak era "innecesaria" y que la justificación de la guerra por parte de los que él llama "los fanáticos" no tenía sentido. La elección de Newbold de la palabra "fanáticos" está cargada de significado. El término procede de la leyenda de los zelotes, una antigua secta de fanáticos judíos.

El Sr. Newbold dejó el servicio cuatro meses antes de la invasión de Irak, en parte, dice, porque se oponía a quienes explotaron la tragedia del 11 de septiembre "para secuestrar nuestra política de seguridad", refiriéndose a los fanáticos neoconservadores. Y añade: "Hasta ahora, me he resistido a la idea de hablar en público". Pero, añadió, "ya he callado bastante".

Lo que molestó especialmente a los críticos de Newbold fue que dijera que hablaba "con el aliento de algunas personas que siguen en puestos de liderazgo militar".

También denunció lo que denominó "la distorsión de la inteligencia en el periodo previo a la guerra", un ataque a los neoconservadores y sus aliados israelíes que vertieron basura, disfrazada de "inteligencia", y la utilizaron para justificar la guerra.

Newbold blandió su ira contra los halcones civiles de la guerra, la mayoría de los cuales nunca han servido en el ejército (y la mayoría de los cuales son judíos, aunque Newbold no mencionó ese punto), diciendo que "el compromiso de nuestras fuerzas en esta lucha se hizo con una despreocupación y arrogancia que es característica de aquellos que nunca han tenido que ejecutar estas misiones - o enterrar los resultados."

Las declaraciones de Newbold tuvieron amplia repercusión en los medios de comunicación y los fanáticos neoconservadores contraatacaron.

Tal vez el ataque más elocuente contra los generales vino de Stephen Herbits, antiguo alto ejecutivo del imperio licorero Seagram, feudo del presidente del Congreso Judío Mundial, Edgar Bronfman, y gran mecenas de Israel.

El antiguo secuaz de Bronfman fue nombrado por el Secretario de Defensa Donald Rumsfeld para "hacer rodar cabezas" en el ejército, revisando todos los ascensos y nombramientos del Pentágono, con el fin de aplicar el programa de control sionista escalonado de la maquinaria bélica estadounidense.

En la edición del 2 de abril de 2006 del Washington Times, obviamente proisraelí, Herbits instó a los medios de comunicación a empezar a investigar a los líderes militares que se han atrevido a atacar a la administración. Herbits dijo que sería "un servicio a este país si los medios de comunicación escarbaran un poco debajo de estos ataques para examinar a los generales".

Herbits hacía un claro llamamiento a agencias de espionaje como la Liga Antidifamación (ADL), una rama del Mossad israelí, para que encontraran "datos" sobre los militares y los facilitaran a los medios de comunicación con el fin de meter en cintura a los disidentes.

Además, como Herbits es abiertamente gay y ha defendido durante mucho tiempo la causa de los derechos de los homosexuales, algunos creen que la razón misma por la que Herbits fue reclutado por la administración Bush para instituir la llamada "reforma" en el Pentágono fue que el personal militar que se opusiera a las intrigas de Herbits en el Pentágono en nombre del aparato sionista estaría menos inclinado a criticar al secuaz de la familia Bronfman por miedo a ser acusado de parcialidad antigay si se atrevían a desafiar la agenda principal de Herbits: la eliminación de los enemigos percibidos de Israel dentro de la élite militar estadounidense.

Cabe señalar que, tras abandonar la administración Bush, Herbits volvió al redil de Bronfman al ocupar el cargo de Secretario General del Congreso Judío Mundial, lo que demuestra claramente dónde residen las principales simpatías políticas de Herhits.

Pero agrietar a todo el ejército será difícil. El 18 de abril de 2006, el comentarista principal del *Washington Post*, David Broder, reveló que unos meses antes, tras escribir sobre cómo el representante Jack Murtha (demócrata de Pensilvania) -un ex coronel de los marines que sirvió en Vietnam- había pedido la retirada de Estados Unidos de Irak, Broder había sido contactado por un oficial del Pentágono que le dio su nombre y rango y le dijo

"Esta es una llamada privada. No hablo oficialmente. Pero he leído tu artículo y creo que es importante que sepas que Jack Murtha nos conoce muy bien y habla en nombre de muchos de nosotros."

Esto no era ningún secreto para los conocedores del Washington oficial, ya que Murtha ha sido durante años uno de los principales portavoces del ejército en el Capitolio. Esto es lo que hace que los ataques republicanos pro-Israel contra Murtha sean tan poco sinceros: presentan a Murtha como un "pacifista", un "derrotista", un ideólogo "liberal".

Es cualquier cosa menos eso, a pesar de las vociferantes afirmaciones de los defensores de Israel que han trabajado tan asiduamente para difamar a Murtha.

Por su parte, en un editorial del 18 de abril de 2006 titulado "La rebelión de los generales", el *Washington Post* declaraba que "la rebelión es problemática" y "amenaza el principio democrático esencial de la subordinación del ejército al control civil, sobre todo porque algunos oficiales pretenden hablar en nombre de los que siguen en servicio activo".

El mismo día, el director del Washington Times, Tony Blankley -partidario de la guerra total contra el mundo musulmán-, afirmó que los generales restantes que podrían plantearse dimitir juntos en protesta contra la política de Bush podrían estar "conspirando ilegalmente".

No contento con acusar a los líderes militares estadounidenses de sedición, Blankley repitió su calumnia al día siguiente, pidiendo un tribunal de investigación para determinar si los líderes militares eran culpables de insubordinación.

Haciéndose eco de Blankley, el agitador proisraelí Charles Krauthammer, psiquiatra de profesión y no militar, perdió los estribos el 21 de abril de 2006 en una columna del *Washington Post* titulada "Los peligrosos susurros del general". Esto no sorprende a quienes conocen la retórica tradicionalmente incendiaria de Krauthammer.

En última instancia, lo más interesante es que antes de la explosión de historias sobre generales descontentos en los principales medios de comunicación -cuatro años después de que la American Free Press, con sede en Washington, publicara por primera vez la historia a nivel nacional, incluso antes de la invasión de Irak-, el número de abril de 2006 de la revista más antigua y respetada de Estados Unidos, Harper's, publicó un provocador artículo de portada: "Golpe americano: pensadores militares discuten lo impensable".

Esto ocurrió un mes después de que Harper's pidiera, en otro artículo de portada, la destitución del presidente Bush. Está claro que algunas personas en las altas esferas no estaban -y siguen estando- contentas con el internacionalismo proisraelí (y las políticas belicistas) del régimen de Bush.

En fecha tan reciente como el 27 de mayo de 2007, en el *Washington Post*, otro antiguo soldado, el coronel retirado Andrew Bacevich, licenciado en West Point que sirvió en Vietnam y es ahora profesor de relaciones internacionales en la Universidad de Boston, reafirmó su oposición de siempre a la guerra de Irak. Lo hizo en un conmovedor comentario sobre el hecho de que su hijo había muerto recientemente en Irak.

Aunque las elecciones de noviembre de 2006 "representaron un repudio inequívoco de las políticas que nos pusieron en nuestra situación actual", Bacevich subrayó que "el pueblo ha hablado... nada sustancial ha cambiado [y] seis meses después, la guerra continúa sin fin".

En lugar de ello, dijo, "al enviar más tropas a Irak (y ampliar las misiones de las que, como mi hijo, ya estaban allí), Bush ha demostrado su absoluto desprecio por lo que antes se llamaba pintorescamente la voluntad del pueblo".

Pero Bacevich también culpó de la guerra en curso a los líderes del Partido Demócrata que, durante mayo de 2007, continuaron apoyando efectivamente la guerra, a pesar de toda su retórica partidista contra la guerra. Bacevich escribió: Para ser justos, la responsabilidad de la continuación de la guerra no recae menos en los demócratas que controlan el Congreso que en el Presidente y su partido.

Tras la muerte de mi hijo, los senadores de mi estado, Edward M. Kennedy y John F. Kerry, llamaron por teléfono para expresar sus condolencias. Stephen F. Lynch, nuestro congresista, asistió al velatorio de mi hijo. Kerry estuvo presente en la misa del funeral.

Mi familia y yo apreciábamos mucho estos gestos. Pero cuando sugerí a cada uno de ellos la necesidad de poner fin a la guerra, me hicieron a un lado. Es más, tras fingir brevemente que me escuchaban, cada uno de ellos me dio una enrevesada explicación que básicamente decía: "No me culpes a mí.

¿A quién escuchan Kennedy, Kerry y Lynch? Sabemos la respuesta: a los mismos que escuchan a George W. Bush y Karl Rove, es decir, a individuos e instituciones adinerados. [énfasis añadido].

Cuando Bacevich se refiere a "individuos e instituciones adinerados", no cabe duda de que se refiere a los individuos e instituciones -todos ellos adinerados- que conforman el poderoso lobby israelí en Estados Unidos. Sus comentarios posteriores reforzaron este punto: el dinero compra el acceso y la influencia. El dinero engrasa las ruedas que conducirán a la elección de un nuevo presidente en 2008. En lo que respecta a Irak, el dinero garantiza que se escuchen las preocupaciones de las grandes empresas, las grandes petroleras, los evangélicos belicosos y los aliados de Oriente Medio. (énfasis añadido).

Cuando Bacevich mencionó claramente a los "evangélicos beligerantes y aliados en Oriente Medio", se refería obviamente de forma directa a los partidarios cristianos fundamentalistas de Israel en Estados Unidos y al propio Israel, ya que el único aliado de Estados Unidos en Oriente Medio que estaba a favor de la intervención estadounidense en Irak era Israel.

Para remachar la cuestión del dominio del sistema político estadounidense por parte de todos estos intereses adinerados, Bacevich añadió.

El dinero mantiene el duopolio republicano/demócrata de la política. Confina el debate sobre la política estadounidense a canales bien establecidos. Preserva los tópicos de 1933-1945 del aislacionismo, el apaciguamiento y el llamamiento de la nación al "liderazgo mundial". Impide cualquier contabilidad seria del coste exacto de nuestra desventura en Irak. Ignora por completo la cuestión de quién paga realmente. Niega la democracia, convirtiendo la libertad de expresión en un mero medio de registrar la disidencia.

Consciente de que podría ser acusado de "teórico de la conspiración" o incluso de "antisemita" por haber hecho tales comentarios, Bacevich concluyó sucintamente: "No se trata de una gran conspiración. Es la forma en que funciona nuestro sistema".

Bacevich no está solo. Sus preocupaciones son compartidas por muchos militares estadounidenses y otras instituciones. Por eso Israel y sus partidarios están muy preocupados. Se dan cuenta de que cada vez hay más oposición a Israel y a su capacidad para chantajear a Estados Unidos amenazando con utilizar su Golem nuclear y apoyándose en el peso de su grupo de presión en Washington.

Por eso, como veremos en el próximo capítulo, Israel intenta ahora acallar estas voces disidentes.

Capítulo XVI

La gran caza de brujas del siglo XXI: los sionistas piden la expulsión de los críticos de Israel del gobierno y el ejército de EE.UU.

Uno de los principales representantes del lobby proisraelí está impulsando una "caza de brujas" a la antigua usanza -con el pretexto de la omnipresente propaganda de "seguridad nacional"- para identificar (y deportar) a los miembros del gobierno y el ejército estadounidenses sospechosos de ser hostiles a Israel.

El llamamiento sionista a la caza de brujas se basa en la descabellada tesis de que los agentes musulmanes "islamofascistas" y "yihadistas" y, quizá más concretamente, sus "simpatizantes" -según la definición poco precisa de los propagadores del miedo- han infestado los organismos de defensa, seguridad nacional y aplicación de la ley federales de Estados Unidos.

La caza de brujas se propuso en el número de otoño de 2006 de la revista Journal of International Security Affairs, de escasa tirada pero muy influyente, publicada por el Jewish Institute for National Security Affairs (JINSA), una de las fuerzas de primera línea en los círculos "neoconservadores" fanáticamente proisraelíes que dirigen la política exterior bajo George W. Bush.

El vicepresidente Dick Cheney, el embajador ante la ONU John Bolton, el ex subsecretario adjunto de Defensa Douglas Feith y Richard Perle, ex presidente del Consejo de Política de Defensa -por citar sólo algunos de los grandes nombres de la administración- han estado asociados a la JINSA.

Un analista, el profesor Edward Herman, de la Universidad de Pensilvania, describió correctamente a la JINSA como "organizada y [dirigida] por individuos con estrechos vínculos con el lobby israelí y puede considerarse una agencia virtual del gobierno israelí".

Lo que al principio parece un comentario en el JINSA Journal a menudo desemboca en políticas muy reales aplicadas por la administración Bush en solitario y a veces de acuerdo con el Capitolio, a las que algunos críticos se refieren cínicamente como "territorio ocupado por Israel".

El llamamiento de JINSA a una caza de brujas forma parte de una serie de comentarios sobre los "aliados... y adversarios del siglo XXI" de Estados Unidos e Israel, dos naciones que JINSA considera, por supuesto, extensiones virtuales la una de la otra.

Las publicaciones sionistas afirman regularmente que los sentimientos "antiisraelíes" deben considerarse automáticamente de naturaleza "antiamericana" e incluso "anticristiana", un tema propagado por primera vez de forma ruidosa por la revista Commentary del Comité Judío Estadounidense.

Como era de esperar, los ensayos de la JINSA señalaban a países como Irán, Siria, Rusia y Venezuela como posibles "adversarios" del eje Estados Unidos-Israel. Sin embargo, fue un ensayo de Walid Phares -asociado a un frente sionista de política pública conocido como Fundación para la Defensa de las Democracias- el que sugirió que hay "adversarios" muy reales en suelo estadounidense, en los niveles superiores de los servicios militares y de inteligencia de Estados Unidos. En su artículo "Future Terrorism - Mutant Jihads", Phares plantea la siguiente pregunta

¿Hasta qué punto se han infiltrado elementos yihadistas en el gobierno estadounidense y en las agencias federales, incluidos la Oficina Federal de Investigación, el Departamento de Seguridad Nacional, el Departamento de Defensa y diversos mandos militares, ya sea a través de simpatizantes o de agentes reales

Aunque se trataba de una pregunta cargada, la implicación de Phares era demasiado clara: él cree en la existencia de tal "amenaza". El autor de la JINSA proclamó a continuación la necesidad de un "consenso nacional" que requiere "enfrentarse a estas fuerzas" sobre la base del "conocimiento de sus ideologías, objetivos y determinación".

Dado que hay pocos estadounidenses musulmanes o incluso estadounidenses árabes en número considerable en el FBI, Seguridad Nacional, Departamento de Defensa, etc., la idea de que elementos "yihadistas" se hayan "infiltrado" en nuestro gobierno puede parecer absurda al estadounidense medio.

Pero en las mentes calenturientas de la JINSA y de los elementos sionistas de línea dura que operan en suelo estadounidense, decididos a imponer las exigencias de Israel a los responsables de la política exterior de Estados Unidos, la verdadera preocupación es que un número creciente de altos cargos del FBI, la CIA y el ejército se están "hartando" del poder sionista en Estados Unidos.

Con altos mandos militares que rechazan abiertamente la necesidad de una guerra contra Irak e Irán, dos guerras que han sido durante mucho tiempo los objetivos del lobby sionista, esto constituye, a ojos de la esfera JINSA, una colaboración efectiva con los temidos "yihadistas" y una simpatía por ellos.

Por ejemplo, el 11 de mayo de 2005, el Forward, periódico de la comunidad judía con sede en Nueva York, informó de que Barry Jacobs, de la oficina del Comité Judío Estadounidense en Washington, afirmaba que creía que había altos cargos de la comunidad de inteligencia estadounidense hostiles a Israel y que estaban librando una guerra contra los grupos de presión proisraelíes y sus aliados neoconservadores en los círculos internos de la administración Bush.

Citando la investigación en curso del FBI sobre el espionaje a funcionarios del Comité Estadounidense Israelí de Asuntos Públicos (AIPAC), el principal grupo de presión pro-Israel, Forward informa de que este alto funcionario de la comunidad judía cree, según el resumen de Forward, que "la idea de que los judíos estadounidenses y los neoconservadores del Pentágono conspiraron para empujar a Estados Unidos a la guerra contra Irak, y posiblemente también contra Irán, está muy extendida en la comunidad de inteligencia de Washington".

Evidentemente, con semejantes pensamientos prevalentes en los círculos pro-Israel, es inevitable que un grupo político pro-Israel de primer orden como JINSA plantee el fantasma de la "infiltración" por parte de los considerados "simpatizantes" y sugiera que se les elimine de los organismos gubernamentales.

La amenaza de una caza de brujas es, por tanto, real. A pesar de las diferencias entre la administración Bush y sus oponentes demócratas, ambos están unidos en un punto: satisfacer al lobby israelí, que financia tanto a demócratas como a republicanos a través de una red de comités de acción política y ejerce su influencia en el Capitolio a través de grupos de presión como APIAC, el Comité Judío Americano, el Congreso Judío Americano y la Liga Antidifamación.

Resulta irónico que JINSA esté detrás de una petición de investigación sobre agentes y simpatizantes extranjeros en el gobierno estadounidense. El fundador de JINSA, Stephen Bryen, antiguo ayudante del senador en el Capitolio, se enfrentaba a acusaciones de espionaje para Israel hasta que la presión sobre el Departamento de Justicia le obligó a dar marcha atrás.

No sólo Bryen, sino varios otros miembros de la esfera JINSA han sido investigados en algún momento por el FBI por cargos similares relativos a su posible uso indebido de información de defensa e inteligencia estadounidense en favor de Israel. Entre ellos figuran

- Richard Perle, investigado en los años setenta cuando era uno de los principales asesores del senador Henry Jackson

- Douglas Feith, que, aunque posteriormente fue ascendido a un alto cargo en la Administración Bush en 2001, fue destituido del Consejo de Seguridad Nacional del Presidente Ronald Reagan; y

- Paul Wolfowitz, recientemente destituido como director del Banco Mundial y ex vicesecretario de Defensa de la administración Bush, fue investigado por el FBI en la década de 1970 como sospechoso de pasar información clasificada a Israel.

El hecho de que se dé carta blanca a traidores tan evidentes, en un momento en que se amenaza a los críticos de Israel con una caza de brujas, dice mucho sobre el curso de los asuntos estadounidenses en la actualidad.

Sin embargo, no son sólo los militares y los servicios de inteligencia estadounidenses los que están preocupados por la indebida influencia de Israel y su grupo de presión en la política estadounidense. Un número cada vez mayor de académicos -algunos de ellos destacados- se atreven ahora a hablar claro, para disgusto de los cazadores de brujas. Estos críticos de Israel no serán silenciados.

En el próximo capítulo examinaremos este fenómeno creciente y la respuesta que ha suscitado entre los partidarios de Israel que operan actualmente en Estados Unidos.

Capítulo XVII

La revuelta académica: destacados académicos plantean la pregunta: "¿Es buena para Estados Unidos la relación especial entre EE.UU. e Israel?"

En la primavera de 2006, dos de los más eminentes especialistas en política exterior de Estados Unidos -John Mearsheimer, de la Universidad de Chicago, y Stephen Walt, de Harvard- publicaron un documento titulado "El lobby israelí y la política exterior estadounidense", muy crítico con la relación privilegiada entre Estados Unidos e Israel.

Aunque se publicó por primera vez en Internet, el 23 de marzo de 2006 se publicó una versión simplificada en *The London Review of Books*. Irónicamente, aunque el informe provocó una considerable controversia, el periódico judío Forward, con sede en Nueva York, señaló con razón: "No hay mucho nuevo" en el informe. De hecho, cualquiera que leyera el American Free Press, con sede en Washington, u otras publicaciones como Liberty Letter o *The Spotlight* en los años sesenta y setenta, ya sabía lo que informaban los dos académicos.

Aunque los principales medios de comunicación estadounidenses siempre han presentado a Israel de la mejor manera posible, los librepensadores de todo el mundo han planteado preguntas incómodas que sugieren que la verdad sobre Israel puede ser diferente. Tales críticas al eje Estados Unidos-Israel han sido calificadas de "antisemitas". Incluso el arzobispo sudafricano Desmond Tutu, que hasta entonces siempre había sido un icono de la prensa estadounidense, escandalizó a muchos en 2002 cuando afirmó que en Estados Unidos "se pone al gobierno israelí en un pedestal" porque, dijo, "el lobby judío es poderoso, muy poderoso".

Con la publicación de su artículo, Meirsheimer y Walt se hacían eco por fin de lo que los críticos de Israel llevaban años diciendo. Lo que tanto preocupaba a las fuerzas pro-Israel era que los académicos, como decía Forward, "no pueden ser descartados como excéntricos fuera de la corriente principal". En palabras del semanario judío, "son la corriente dominante": "Son la corriente dominante. Por eso los sionistas estaban asustados. Walt no sólo había sido profesor en Harvard, sino también decano saliente de la John F. Kennedy

School of Government de la universidad, que el Forward reconoce como "el centro de estudios políticos más prestigioso del país".

Tras la tormenta en los círculos académicos y en algunos medios de comunicación, copias del artículo dieron la vuelta al mundo por correo electrónico. Como resultado, muchas personas que antes pensaban que las críticas a Israel eran obra de "odiadores" se enteraron de que dos de los expertos en asuntos exteriores más respetados de Estados Unidos decían cosas muy duras sobre los peligros derivados de la poderosa influencia del lobby israelí en la política exterior estadounidense.

El 25 de marzo de 2006, la sección "Editorial Board" del Wall Street Journal (WSJ), ferozmente proisraelí, criticó a los profesores, pero señaló acertadamente que: "[Su premisa] es que Israel es un enorme lastre estratégico para Estados Unidos, que arruina nuestra reputación en el mundo árabe, complica nuestra diplomacia en la ONU, inspira el fanatismo y el terror islámicos, nos lleva a librar guerras equivocadas y nos hace cómplices de los abusos israelíes contra los derechos humanos, todo ello mientras nos cuesta unos 3.000 millones de dólares al año." Aunque el WSJ afirmaba que Mearsheimer y Walt no eran necesariamente "antisemitas", su artículo era "antisemita en efecto".

Al mismo tiempo, elementos proisraelíes elogiaron a Alan Dershowitz, publicista de Israel con sede en la Facultad de Derecho de Harvard, quien afirmó que los dos hombres se habían basado en gran medida en sitios web "neonazis" y "antisemitas" como fuentes de información.

Dershowitz mentía. Un rápido vistazo a las citas mostró que todas eran fuentes "estándar", incluidos el *Washington Post*, el *New York Times*, el israelí *Ha'aretz*, el neoyorquino *Jewish Week* y el mencionado Forward.

Mientras tanto, el 26 de marzo de 2006, el *New York Daily News*, propiedad de Mort Zuckerman, ex presidente de la Conferencia de Presidentes de las Principales Organizaciones Judías Estadounidenses -una de las principales fuerzas del lobby israelí- publicó un comentario en el que afirmaba que "no existe un 'lobby' israelí", afirmación refutada en la primera nota a pie de página del informe Mearsheimer-Walt, que dice: "La mera existencia del lobby sugiere que el apoyo incondicional a Israel no redunda en el interés nacional estadounidense. Si lo fuera, no habría necesidad de un grupo de interés organizado para conseguirlo. Pero como Israel es un lastre estratégico y moral, se necesita una presión política implacable para mantener intacto el apoyo estadounidense".

Hasta aquí las críticas a los fundamentos del informe. Mientras tanto, un número cada vez mayor de voces en las altas esferas del mundo académico han empezado a plantear públicamente cuestiones sobre la validez misma de la fundación de Israel, del Estado tal como existe hoy. Para consternación de muchos, una respetada académica judía británica, la profesora Jacqueline Rose, ha publicado un libro, *The Question of Zion* (publicado por la prestigiosa Princeton University Press), en el que sostiene que el sionismo como experimento histórico ha fracasado y que el sionismo está, como ella dice, "en peligro de autodestrucción".

En respuesta a la revuelta académica contra la política estadounidense hacia Israel, los miembros del Congreso, instados por el lobby israelí, empezaron a tomar medidas para recortar la financiación federal a las universidades cuyos profesores y estudiantes criticaban a Israel. El tema general de las críticas del Congreso a estas voces disidentes era que estos académicos eran "antiamericanos" porque se atrevían a criticar a Israel y la política estadounidense proisraelí. En un momento dado, el senador Sam Brownback (republicano de Kansas), aspirante a la presidencia por el Partido Republicano en 2008, llegó a plantearse la creación de un tribunal en el que los académicos que criticaran a Israel pudieran ser juzgados para determinar si eran culpables de promulgar el "antisemitismo" por criticar a Israel (para una descripción del proyecto de Brownback, véase *El enemigo interior - las cabras de Juda*). En otoño de 2007, los controvertidos profesores Meirsheimer y Walt publicaron una versión actualizada de su artículo en forma de libro titulado The Israel Lobby and U.S. Foreign Policy (El lobby israelí y la política exterior estadounidense), respondiendo a las críticas iniciales al artículo y describiendo la reacción histérica del lobby judío a lo que habían escrito por primera vez. También se apresuraron a asegurar a los lectores que eran críticos responsables de Israel y no "antisemitas" irresponsables, aunque voces destacadas del lobby judío siguieron insistiendo en que los comentarios de los académicos eran "antisemitas", a pesar de que los dos profesores no eran "antisemitas".

Ambos profesores dijeron que otros críticos de Israel eran "teóricos de la conspiración" y que ellos no lo eran, aunque de hecho decían las mismas cosas que otros críticos de Israel. Es un juego extraño y algo divertido en el que algunos críticos de Israel intentan demostrar al lobby judío y a los medios de comunicación que no son tan malos como otros críticos de Israel.

Sin embargo, lo más inquietante, si no francamente perturbador del nuevo libro de Meirsheimer y Walt, es que, a pesar de la adecuada cantidad de material que contiene su volumen (que se hace eco de gran parte de lo que ya había aparecido mucho antes en la obra anterior de este autor, *Los sumos sacerdotes de la guerra*), los dos tienen en realidad poco que decir sobre las intrigas de Israel en torno a su Golem nuclear. Apenas han tomado nota de los incesantes esfuerzos de John F. Kennedy por impedir que Israel adquiriera un arsenal nuclear y apenas han tenido en cuenta el posicionamiento nuclear de Israel al examinar el papel del lobby israelí y su impacto en la política exterior estadounidense. Además de los tejemanejes lingüísticos sobre la definición de "quién es antisemita y quién no", se trata de un grave defecto en un libro por lo demás importante.

La guerra contra la libertad de expresión en la política exterior estadounidense se está intensificando, especialmente a medida que más y más personas -académicos, líderes militares, especialistas en inteligencia, teólogos y otros- se atreven a plantear cuestiones sobre la política estadounidense hacia Israel y el mundo musulmán. Es justo decir que en un solo ámbito -el tema de Israel y el poder del sionismo en la configuración de la política exterior estadounidense- la cacareada "libertad de expresión" de Estados Unidos es cada vez más cosa del pasado.

La gran pregunta es si la revuelta de los generales (acompañada de la revuelta de los académicos) ayudará finalmente a poner fin al dominio de Israel sobre la política estadounidense, o si Israel, armado con armas nucleares, emergerá finalmente como la mayor potencia del mundo, utilizando su influencia en Estados Unidos para dictar el curso futuro de los asuntos mundiales. Y ahora mismo, como veremos en el próximo capítulo, Israel está en guerra con el mundo...

Capítulo XVIII

La guerra del sionismo contra las Naciones Unidas: creación de un nuevo mecanismo para establecer un imperio global

La Organización de las Naciones Unidas (ONU) ha sido relegada a un segundo plano, marginada y relegada al cubo de la basura -al menos temporalmente- por los soñadores de un mundo único que en su día vieron en este organismo mundial un medio para establecer una hegemonía global.

Los imperialistas actuales, abanderados de una antigua filosofía hostil a cualquier forma de nacionalismo que no sea el suyo, ven ahora a Estados Unidos como la fuerza motriz de la implantación del nuevo orden mundial con el que llevan soñando desde hace generaciones. Estados Unidos es su "nueva Jerusalén" y pretenden utilizar su poderío militar para alcanzar sus objetivos.

Durante casi 50 años, los principales medios de comunicación estadounidenses dijeron a los estadounidenses -y a la gente de todo el mundo- que la ONU era "la última esperanza de la humanidad". Este tema era un mantra ritual en las escuelas públicas estadounidenses.

Cualquiera que se atreviera a criticar a la ONU era marginado, condenado como "extremista" hostil a la propia humanidad.

Sin embargo, en la década de 1970, las cosas empezaron a cambiar. A medida que las naciones del Tercer Mundo salían de su condición colonial y la opresión de Israel sobre las poblaciones cristianas y musulmanas de origen árabe palestino se convertía en un asunto de preocupación mundial, la ONU adquirió un nuevo rostro, al menos en lo que respecta al monopolio mediático estadounidense. De repente, la ONU ya no se veía como algo tan maravilloso.

Finalmente, en 1975, cuando las Naciones Unidas adoptaron su histórica resolución condenando el sionismo como una forma de racismo, las cosas cerraron el círculo. Por cuestionar directamente el sionismo, base de la creación en 1948 del Estado de Israel, considerado entonces como ahora la capital espiritual de un imperio sionista mundial en ciernes, la ONU fue presentada por los medios de comunicación -la mayoría de los cuales están en manos de familias sionistas e intereses financieros- como un villano indiscutible.

De repente, las críticas a la ONU se volvieron totalmente "respetables". En Estados Unidos, un movimiento "neoconservador" emergente, dirigido por una camarilla muy unida de antiguos comunistas trotskistas judíos bajo la tutela de Irving Kristol y su adlátere, Norman Podhoretz, editor durante mucho tiempo de la influyente revista mensual Commentary del Comité Judío Estadounidense, ha convertido el incipiente ataque a la ONU en una pieza central de su programa.

Sin embargo, no fue hasta la llegada al poder de la administración del presidente George W. Bush, en enero de 2001, cuando el esfuerzo por "sacar a Estados Unidos de la ONU y a la ONU de Estados Unidos" (o sus variantes) pasó a formar parte del marco político real -un "mas ter plan" virtual para la implantación de un imperio sionista global, por así decirlo- en el Washington oficial.

La apropiación del establishment de seguridad nacional estadounidense por parte de una serie de neoconservadores nombrados por Bush -cada uno de los cuales era esencialmente un protegido del ya mencionado Irving Kristol y de su hijo, William Kristol, un poderoso comentarista de los medios de comunicación y responsable político entre bastidores- garantizó que la campaña contra la ONU ocupara un lugar central en la política de la administración Bush.

Además, la retórica contraria a la ONU ha recibido cada vez más apoyo en los medios de comunicación estadounidenses. Por ejemplo, en el New York Post, periódico dirigido por Mortimer Zuckerman, ex presidente de la Conferencia de Presidentes de las Principales Organizaciones Judías Estadounidenses (órgano de gobierno del movimiento sionista estadounidense), una columnista, Andrea Peyser, hablaba de las "ratas antinorteamericanas y antisemitas que infestan las orillas del East River".

Si alguien todavía duda de que la razón de la oposición a la ONU se debe a que el organismo mundial se ha opuesto a las exigencias de Israel, merece la pena destacar el revelador comentario de Cal Thomas, asociado desde hace mucho tiempo del reverendo Jerry Falwel, uno de los defensores más vociferantes de Israel en Estados Unidos en la actualidad.

En un artículo publicado en la edición del 12 de diciembre de 2004 del Washington Times, Thomas se hacía eco de las críticas que desde hace tiempo viene haciendo a la ONU, a la que consideraba -según él mismo admitía- el coto privado de "una franja de la población". Thomas afirmó que "el mundo estaría mejor sin ella". Tras señalar que muchos estadounidenses nunca pensaron que la ONU fuera buena para Estados Unidos, Thomas dijo que siempre había pensado que había que ignorar a quienes decían tales cosas.

Esto es lo que escribió Thomas

Cuando estaba en la universidad, los conocía. Eran los marginales y los de más allá que creían que la fluoración del agua pública era un complot comunista para envenenarnos, que Dwight Eisenhower era un comunista de armario, que la Comisión Trilateral y el Consejo de Relaciones Exteriores formaban parte de la campaña en favor de un "gobierno mundial único", que los banqueros judíos dirigían la economía mundial y que las Naciones Unidas debían dejar de existir.

Según Thomas: "Sin suscribir la paranoia ni las teorías de la conspiración, ahora soy un converso a estas últimas". La declaración de Thomas a este respecto es una franca exposición de la actitud del lobby sionista hacia el YMLR, ahora que el organismo mundial ha caído muy claramente de manos del movimiento sionista y se considera, en su opinión, "ingobernable" o "irrecuperable", por así decirlo.

De hecho, no cabe la menor duda de que los sionistas ven efectivamente a Estados Unidos como el nuevo mecanismo a través del cual pretenden alcanzar sus objetivos, arrinconando a las Naciones Unidas.

El gran proyecto de un nuevo orden mundial -a raíz del nuevo papel "imperial" de Estados Unidos- se presentó de forma bastante directa en un importante documento político en dos partes publicado en los números de verano de 2003 e invierno de 2004 del Journal of International Security Affairs, órgano del influyente Jewish Institute for National Security Policy (JINSA).

JINSA, que en su día fue un think-tank poco conocido en Washington, es ahora reconocido públicamente como la fuerza que guía la actual política exterior de Bush. Un crítico de JINSA, el profesor Edward Herman, ha llegado incluso a describir a JINSA como "una agencia virtual del gobierno israelí".

El autor del artículo de JINSA, Alexander H. Joffe, un académico proisraelí, ha escrito regularmente para la revista JINSA, lo que sin duda refleja la alta estima en que la élite sionista tiene sus opiniones.

Su serie en dos partes se titulaba "L'empire qui n'osse pas dire son nom" (El imperio que no se atreve a decir su nombre) y proponía el siguiente tema: "América es un imperio", sugiriendo que, sí, eso es algo muy bueno. El nuevo régimen mundial que se establecería haría de América "el centro de un nuevo sistema internacional" en "un mundo que se parece a América y que, por tanto, es seguro para todos". Sin embargo, lo que Estados Unidos "parece" es lo que los sionistas quieren que parezca, no necesariamente lo que el pueblo estadounidense percibe que es Estados Unidos.

Joffe afirmó sin rodeos que: "La desaparición de la Asamblea General como órgano creíble puede atribuirse plausiblemente a la infame resolución "El sionismo es racismo" de 1975" (que, por cierto, ha sido derogada desde entonces). El autor de JINSA sostiene que el mundo debería estar "agradecido" de que las Naciones Unidas hayan sido "desacreditadas, reducidas a una farsa y, en última instancia, paralizadas".

Tras el abandono de la ONU como vehículo para el gobierno mundial, escribe Joffe, "ahora tenemos la oportunidad, y la obligación, de empezar de nuevo". Sin embargo, advierte que incluso la emergente Unión Europea (UE) supone una amenaza para el sueño del imperio mundial (al menos, por supuesto, desde el punto de vista del movimiento sionista).

El autor de JINSA afirma que la UE es una "visión alternativa de la comunidad internacional", una visión que, según él, es francamente "el auténtico contrapeso al imperio estadounidense".

Según el Sr. Joffe, el mayor problema al que se enfrentan Europa y la UE es que "la cultura sigue estando en el centro de los problemas de Europa". El nacionalismo es una doctrina nacida en Europa, al igual que sus feroces mutantes: el fascismo y el comunismo. (Ferviente defensor del supernacionalismo israelí, el autor de no ve la lógica de su ataque al nacionalismo de otros pueblos). Joffe se quejaba de que aunque "el nuevo imperio europeo es multicultural en teoría... en realidad está dominado política y culturalmente por Francia y económicamente por Alemania". Hoy, en la Unión Europea, "impulsada por un sentimiento de culpa poscolonial y de aburrimiento de posguerra, se ha abierto la puerta a todas las ideas. En los niveles más siniestros, ha permitido e incluso legitimado una vasta explosión de pensamiento y acción desordenados, a saber, el antiamericanismo, el antisemitismo y una amplia variedad de teorías conspirativas".

En cualquier caso, lo que Joffe describió como "el otro tipo de internacionalismo liberal" es lo que favorece el movimiento sionista, y Joffe lo definió

"Dada nuestra historia y nuestros valores, este futuro pasa por construir sobre el imperio estadounidense para que se convierta en la base de un nuevo sistema internacional democrático.

En la segunda parte de su ensayo, publicado en el número de invierno de 2004 de JINSA, Joffe va más allá, ampliando su llamamiento a lo que describe como "un imperio que se parezca a Estados Unidos".

Sin embargo, a pesar de toda su retórica sobre la "democracia", Joffe habló con franqueza sobre la posibilidad de que Estados Unidos emprendiera conquistas imperiales masivas en las regiones conflictivas de África, presumiblemente después de que Estados Unidos ya hubiera causado estragos en los países árabes de Oriente Medio: No están nada claras las condiciones en las que

Estados Unidos y sus aliados se apoderarían sin más de los países africanos y los restaurarían. ¿Cuáles son los umbrales para la intervención

¿Cuáles son los procedimientos y los resultados? ¿Quién luchará y quién pagará? Restaurar África implicaría compromisos a largo plazo y costes inmensos, que sólo podría pagar la propia África. En otras palabras, probablemente requeriría el control económico estadounidense, así como el control político y cultural.

El colonialismo siempre tiene un precio, y no es agradable de ver. La cuestión es si África puede pagar el precio (o permitirse no hacerlo) y si Estados Unidos tiene estómago para ello.

Por supuesto, África no es el único objetivo de Joffe y los de su calaña. Joffe habló de una vasta agenda global que va mucho más allá del continente africano. En última instancia, sin embargo, Joffe ha desmentido las verdaderas intenciones de quienes utilizan el poderío militar de Estados Unidos como mecanismo para una agenda más amplia.

"Deben surgir nuevos acuerdos bajo la égida de Estados Unidos para ofrecer una alternativa a los Estados dispuestos a aceptar derechos y responsabilidades". Joffe sueña con unas Naciones Unidas refundidas bajo el poder imperial de Estados Unidos. Por último, predice la posibilidad de un gobierno mundial, escribiendo: "Es posible que tras un periodo de caos e ira, que en cualquier caso sólo intensificaría los estados existentes, la institución [las Naciones Unidas] se vea abocada al cambio. [énfasis añadido].

En lugar de un club que admita a todo el mundo, las Naciones Unidas del siglo XXI podrían transformarse -algún día, de un modo u otro- en un grupo exclusivo, al que sólo se pueda acceder por invitación, de Estados libres y democráticos que compartan valores similares. O, en última instancia, ser sustituidas por una sola. Ese día, sin embargo, puede estar a décadas de distancia.

Si hay alguna duda de que está hablando de un gobierno mundial, basta con leer la conclusión de Joffe

La mejor manera de preservar el imperio estadounidense es acabar renunciando a él. La gobernanza mundial sólo puede establecerse con liderazgo estadounidense e instituciones dirigidas por Estados Unidos, del tipo descrito esquemáticamente en este documento.

Se trata de utilizar el poderío militar de Estados Unidos para hacer avanzar una agenda (secreta) completamente diferente. Aquí, en las páginas de un periódico sionista, hemos aprendido precisamente cuál es la "historia detrás de la historia".

El plan maestro sionista no tiene nada que ver ni con una "América fuerte" ni con la propia América. Estados Unidos no es más que un peón -aunque poderoso- en el juego, movido despiadadamente por una élite entre bastidores como parte de un plan de dominación global.

El ex embajador de Israel ante las Naciones Unidas, Dore Gold, es una prueba más de que ésta es efectivamente la opinión del movimiento sionista.

En su libro de 2004, Tower of Babble: How the United Nations Has Fueled Global Chaos, Gold esbozó un escenario para un nuevo régimen mundial -bajo el dictado de Estados Unidos- que dejaría de lado a las Naciones Unidas. El embajador Gold escribió en términos inequívocos lo siguiente

Estados Unidos y sus aliados occidentales ganaron la Guerra Fría, pero está claro que el objetivo común de contener el expansionismo soviético ya no es el pegamento que mantiene unida a una coalición. No obstante, una coalición de aliados podría empezar por neutralizar la mayor amenaza para la paz internacional en la actualidad: el terrorismo global, otra amenaza que la ONU no ha conseguido contrarrestar eficazmente...

La cuestión del terrorismo está vinculada a otra serie de preocupaciones comunes a todas estas naciones: la proliferación de armas de destrucción masiva, la proliferación de tecnología militar sensible, la financiación del terrorismo y el blanqueo de dinero, y la incitación al odio étnico y a la violencia en los medios de comunicación nacionales y en los centros educativos. Su compromiso de reducir estas amenazas llevaría a las democracias de todo el mundo a unirse y tomar medidas...

Una coalición democrática de este tipo sería mucho más representativa de la voluntad nacional de los ciudadanos de cada país que la ONU en la actualidad. Curiosamente, al abandonar la ONU, estos países volverían a comprometerse con los principios sobre los que se fundó originalmente la ONU. Adoptarían los principios establecidos en la Carta de la ONU e insistirían en que los miembros de la coalición se adhirieran plenamente -y no sólo retóricamente- a un código de conducta internacional básico...

En resumen, aunque Gold y sus aliados sionistas creen que merece la pena apoyar un gobierno mundial, no consideran que la ONU sea el medio para conseguirlo. Gold pasó a describir un nuevo mecanismo para lograr un nuevo orden mundial

Ahora que la ONU ha perdido la claridad moral de sus fundadores, Estados Unidos y sus aliados deben tomar la iniciativa. El mundo les seguirá a su debido tiempo.

Si más de cien naciones quieren unirse a la Comunidad de Democracias, el ideal democrático debe ser poderoso...

De hecho, aunque en su momento pasó desapercibida, la "Comunidad de Democracias" fue inaugurada por la Secretaria de Estado de la administración Clinton, Madeleine Albright, en junio de 2000. Así que el mecanismo ya está en marcha.

Gold concluyó que Estados Unidos y sus aliados podrían por fin "revigorizar las Naciones Unidas y convertirlas en un sistema de seguridad colectiva", pero, añadió, "ese día está muy lejos".

Mientras tanto, los medios del lobby israelí han estado promoviendo el concepto de Gold de lo que podría describirse como una ONU "paralela" bajo el dominio de Estados Unidos y sus supuestos aliados.

Por ejemplo, en el Washington Times, Clifford D. May planteó la siguiente pregunta: "¿No ha llegado el momento de considerar alternativas a las Naciones Unidas? ¿No ha llegado el momento de considerar al menos alternativas a las Naciones Unidas, de explorar la posibilidad de desarrollar nuevas organizaciones en las que las sociedades democráticas trabajen juntas contra enemigos comunes y por objetivos comunes?"

Sin embargo, es innegable que no se trata simplemente de una línea de propaganda sionista. Esta filosofía guía el pensamiento de la administración Bush. Cuando el presidente George Bush hizo su llamamiento a una revolución "democrática" global en su segundo discurso de investidura, simplemente se estaba haciendo eco de las opiniones del ministro israelí Natan Sharansky, una figura influyente considerada más dura que el actual primer ministro israelí, Ariel Sharon.

Bush no sólo apoyó pública y calurosamente a Sharansky, sino que los medios de comunicación revelaron que Sharansky había desempeñado un papel importante en la redacción del discurso de investidura de Bush.

Esto es especialmente relevante en el contexto de las duras palabras de Sharansky sobre la ONU y lo que propuso en su propio libro, The Case for Democracy (El caso de la democracia), ampliamente promocionado como la "biblia" de la política exterior de Bush. En las páginas finales de su libro, Sharansky resume la situación: Para proteger y promover la democracia en el mundo, creo que una nueva institución internacional, en la que sólo los gobiernos que den a sus pueblos el derecho a ser escuchados y contados tendrán ellos mismos el derecho a ser escuchados y contados, puede ser una fuerza extremadamente importante para el cambio democrático... Esta comunidad de naciones libres no surgirá por sí sola...

Estoy convencido de que un esfuerzo exitoso para extender la libertad por todo el mundo debe estar inspirado y liderado por Estados Unidos.

Así es una vez más: el concepto de que EEUU es la fuerza del realineamiento global. Y aunque el llamamiento de Bush a una revolución democrática mundial basada en el modelo de Sharansky ha sido criticado en todo el mundo -incluso por las llamadas "democracias"- el periódico judío estadounidense Forward señaló que "un líder mundial ha respaldado sin reservas el planteamiento de Bush": el ex primer ministro israelí (y actual ministro de Finanzas) Benjamin Netanyahu. Citando un discurso pronunciado por el dirigente israelí en Florida, el Forward afirmaba que Netanyahu había proclamado: "El Presidente Bush ha hecho un llamamiento a la democratización. ¿Puede democratizarse el mundo árabe? Sí, lenta y dolorosamente. ¿Y quién puede democratizarlo? Como en cualquier otra parte del mundo, en todas las sociedades, ya sea en América Latina, en la antigua Unión Soviética o en Sudáfrica, la democracia siempre se ha conseguido gracias a la presión exterior. ¿Y quién ha ejercido esta presión

Un país: Estados Unidos.

Decir más sería complicar esta simple conclusión: Aunque durante años los sionistas denunciaron a los patriotas estadounidenses que decían que era hora de "sacar a Estados Unidos de la ONU y a la ONU de Estados Unidos", ahora que los sionistas han perdido el control de la ONU -que originalmente veían como su vehículo para establecer un nuevo orden mundial- los sionistas tienen a la ONU en su punto de mira precisamente porque han determinado que los recursos militares y financieros de Estados Unidos son su mejor oportunidad para establecer ese nuevo orden mundial con el que han soñado durante tanto tiempo. Los sionistas quieren que Estados Unidos sea la fuerza motriz de la construcción de un imperio mundial bajo su control.

Mientras tanto, uno de los puntos clave de la campaña sionista por el imperio global incluye -como lo ha hecho durante muchos años- el deseo de derrocar a la República Islámica de Irán. Al igual que la guerra contra el régimen laico del ex gobernante Saddam Hussein en Irak -una guerra sangrienta que puso de rodillas a esa república antaño floreciente-, la actual campaña de Israel y sus partidarios en Washington -mejor ejemplificada por el propio presidente George W. Bush- tiene como objetivo desalojar al régimen islámico de Irán. Esta guerra se libra en nombre de impedir que Irán construya su propio arsenal nuclear, mientras el Golem israelí -uno de los más avanzados del planeta- sigue en su sitio, elemento central del problema de la proliferación nuclear que Estados Unidos se niega en redondo a abordar.

En los capítulos que siguen, examinaremos el clarísimo papel de Israel y de su lobby estadounidense en la escalada de esfuerzos para enfrentarse a la independencia iraní en la escena mundial. No cabe duda: Israel y el movimiento sionista internacional son los principales instigadores de la guerra contra Irán. Veamos los hechos...

Capítulo XIX

Irak e Irán como objetivos: un elemento clave en la estrategia a largo plazo del sionismo para la dominación de Oriente Próximo y del mundo.

El actual esfuerzo por lanzar una guerra estadounidense contra Irán lleva mucho tiempo en marcha. Forma parte de una política conocida como "hacer retroceder a los Estados delincuentes" -un plan que emana de los niveles más altos del lobby sionista en Estados Unidos- que acaba de ver su primera realización con el ataque contra Irak, el viejo enemigo árabe de Irán. Por increíble que parezca, el objetivo es Irán, a pesar del atolladero estadounidense en Iraq.

La expresión "Estados canallas" es un término incendiario utilizado por Israel y su grupo de presión en Estados Unidos -así como por quienes defienden la línea propagandística imperialista- para describir a países mayoritariamente islámicos como Irán, Irak, Libia, Siria, Sudán y otros que son percibidos (con razón o sin ella) como amenazas para Israel.

La guerra contra los "Estados canallas" forma parte del establecimiento de un "nuevo orden mundial" en el que ninguna nación puede conservar su soberanía nacional frente al poder militar estadounidense, sostenido por una combinación de influencia belicista "centrada en Israel" en los niveles más altos del gobierno estadounidense y apoyada por los principales medios de comunicación.

En realidad, el proyecto de "desmantelamiento de los Estados delincuentes" forma parte de un plan a largo plazo elaborado por las altas esferas de la élite política internacional, en particular los partidarios acérrimos de Israel.

Este plan para "hacer retroceder a los Estados canallas" -concretamente dirigido a Irak e Irán- se esbozó por primera vez el 22 de mayo de 1993, en un discurso entonces secreto de un antiguo propagandista del gobierno israelí, Martin Indyk, ante el Washington Institute on Near East Affairs, un grupo privado de presión proisraelí. En aquel momento, el pequeño e inconformista periódico estadounidense *The Spotlight* fue la única publicación que reveló este plan de agresión.

Lo que hizo que el plan estratégico de guerra de Indyk fuera tan explosivo fue que, en el momento en que Indyk definió esta política, era el "experto" del Consejo de Seguridad Nacional en política de Oriente Próximo, elegido a dedo por el presidente Clinton.

Nacido en Inglaterra y criado en Australia, Indyk fijó su residencia en Israel, pero luego se convirtió "instantáneamente" en ciudadano estadounidense por proclamación especial de Clinton, pocas horas después de que éste jurara su cargo el 20 de enero de 1993, uno de los primeros actos oficiales de Clinton. Más tarde, este antiguo propagandista israelí fue nombrado embajador de Estados Unidos en Israel, a pesar de su evidente conflicto de intereses.

En el plazo de un año, las líneas generales del plan de guerra de Indyk contra Irak e Irán fueron promovidas oficialmente por el poderoso Consejo de Relaciones Exteriores (CFR), con sede en Nueva York, la rama estadounidense del Real Instituto de Asuntos Internacionales, con sede en Londres, el brazo de facto en política exterior de la dinastía bancaria internacional de los Rothschild, principales patrocinadores del Estado de Israel y de la red sionista mundial. Este proyecto también se anunció públicamente al mismo tiempo como política oficial de la administración Clinton, aunque llevaba más de un año preparándose.

Un informe de Associated Press, publicado en la edición del 28 de febrero de 1994 del *Washington Post*, anunciaba que W. Anthony Lake, Consejero de Seguridad Nacional del Presidente Clinton, había elaborado un plan para la "doble contención" de Irak e Irán, ambos descritos por Lake como Estados "delincuentes" y "en retirada".

Los comentarios de Lake, como se ha informado, proceden de un artículo de Lake que acaba de publicarse en el número de marzo/abril de 1994 de Foreign Affairs, la revista trimestral del CFR.

El 30 de octubre de 1993, el Post describió francamente al CFR como "lo más parecido que tiene Estados Unidos a un poder gobernante", afirmando que era "la gente que durante más de medio siglo ha dirigido nuestros asuntos internacionales y nuestro complejo militar-industrial". Veinticuatro altos cargos de la administración Clinton -incluido Clinton- eran miembros del CFR.

Había una pequeña diferencia en la política definida por Lake: la destrucción de Irak era el primer objetivo. Irán vendría después.

Lake afirmó que la administración Clinton había apoyado a los exiliados iraquíes que querían derrocar al líder iraquí Saddam Hussein. A pesar de que Irán es lo que denominó "el principal patrocinador del terrorismo y el asesinato en el mundo", Lake afirmó que la administración Clinton estaba estudiando la posibilidad de mejorar las relaciones con Irán.

A principios de 1995, Newt Gingrich, el recién elegido presidente republicano de la Cámara de Representantes y ferviente partidario de Israel desde hacía mucho tiempo, pronunció un discurso poco difundido en Washington ante una reunión de oficiales militares y de inteligencia, en el que pedía una política para Oriente Medio que, según sus palabras, estuviera "diseñada para forzar la sustitución del actual régimen de Irán... la única solución a largo plazo que tiene sentido".

El hecho de que el líder de facto del partido republicano de la "oposición" aprobara esta política no es realmente sorprendente, ya que en aquella época la esposa de Gingrich cobraba 2.500 dólares al mes de la Israel Export Development Company, una organización que atraía a empresas estadounidenses de fuera de Estados Unidos a un parque empresarial de alta tecnología en Israel.

En el próximo capítulo veremos que, a pesar de las ruidosas afirmaciones de los periódicos judíos de que la comunidad judía estadounidense (al igual que Israel) considera que la guerra de Irak ha sido un grave error por parte de Estados Unidos, la verdad es que el propio Israel fue uno de los principales instigadores (y el principal beneficiario) de la sangrienta aventura de Estados Unidos en Irak y ahora está presionando, del mismo modo, para que se declare la guerra contra Irán.

Capítulo XX

¿Quién es Bono? Israel, único beneficiario de la política estadounidense hacia Irak e Irán

Un respetado medio de comunicación de pequeña tirada con sede en Nueva York ha ofrecido una visión desde dentro de las fuerzas que intervinieron para arrastrar a Estados Unidos a la guerra de Irak, a la que se opuso casi todo el mundo.

Resulta que otro país -no Estados Unidos- se ha "beneficiado singularmente" de la guerra, a pesar de que siguen muriendo jóvenes estadounidenses y de que la ocupación estadounidense de Irak parece evolucionar cada vez más hacia un nuevo atolladero al estilo de Vietnam.

El 16 de abril de 2004, Forward -quizás el semanario de la comunidad judía más prestigioso de Estados Unidos- ofreció a sus lectores una fascinante visión de las circunstancias que condujeron a la guerra de Irak, presentando un recuento notablemente diferente, pero sin duda más exacto, de los acontecimientos casi totalmente oscurecidos por los medios de comunicación impresos y audiovisuales estadounidenses durante el pasado año.

Forward señala que "en vísperas de la guerra, Israel era un partidario silencioso pero entusiasta de los planes de guerra estadounidenses. El poderío militar de Saddam Hussein, según todos los indicios, le convertía en uno de los adversarios más peligrosos del Estado judío... Su derrocamiento se consideraba la eliminación de la amenaza existencial más grave para Israel..."

Esto contrasta fuertemente con la opinión generalizada en Estados Unidos de que Sadam era una amenaza para ese país. Apenas se hizo hincapié en el hecho de que Israel consideraba a Saddam como tal. Tampoco el Presidente Bush se aventuró a citar la supuesta amenaza de Sadam para Israel, al menos ante el público en general. Como mucho, Bush dijo que Sadam era una amenaza para "Estados Unidos y nuestros aliados", sin nombrar nunca al único aliado -Israel- que percibía a Sadam como una amenaza.

Señalando que los portavoces oficiales israelíes "tuvieron cuidado en los meses previos a la invasión del año pasado de mantener un perfil bajo", Forward dijo que temían "que una defensa agresiva alimentara las acusaciones de que Israel o sus aliados judíos estaban empujando a Estados Unidos a la guerra en beneficio de Israel".

Con respecto a las tan cacareadas "armas de destrucción masiva" de Sadam, Forward reveló que la inteligencia militar israelí "cooperó con entusiasmo con las agencias estadounidenses y británicas, compartiendo información sobre las capacidades e intenciones de Irak... con la intención de ayudar a la acción estadounidense". Sin embargo, Forward se apresuró a señalar que fuentes israelíes "niegan que Israel proporcionara información sesgada".

Sin embargo, el hecho de que no se hayan encontrado armas de destrucción masiva en Iraq -un hecho que sigue molestando a George W. Bush- plantea obviamente la siguiente pregunta: es: ¿Por qué, si los servicios de inteligencia de Israel son "los mejores del mundo" (como proclaman grandilocuentemente muchos estadounidenses partidarios de Israel), ha insistido la administración Bush en la presencia de armas en Iraq, cuando ni siquiera los servicios de inteligencia de Israel -que se sabe que tienen tentáculos en todo el mundo árabe e incluso dentro del Iraq de Sadam- han sido capaces de encontrarlas

Por otro lado, los críticos podrían sugerir que la negación de Israel de haber proporcionado información sesgada podría, de hecho, ser simplemente falsa.

Sin embargo, Forward calificó la excusa oficial israelí de bastante creativa para explicar la aparente disparidad entre la verdad y la realidad: la Comisión de Asuntos Exteriores y Defensa del Parlamento israelí afirma que el intercambio de inteligencia entre Estados Unidos e Israel "creó un efecto de retroalimentación negativa: la información que Israel transmitía a las agencias occidentales era devuelta a continuación a la comunidad de inteligencia israelí, lo que demostraba ostensiblemente la veracidad del informe inicial".

Finalmente, tras el inicio de la guerra, según Forward, "los dirigentes políticos y militares israelíes mostraron mal disimulados sentimientos de júbilo" y ahora, según Forward, "cualesquiera que sean los análisis que aún puedan surgir de Washington o de otras capitales, Israel se ha beneficiado claramente de la eliminación de Sadam como fuerza militar en el frente oriental".

Con notable franqueza, Forward declaró sin rodeos que Israel "se benefició singularmente" de la guerra, un punto que puede resultar sorprendente para muchas familias estadounidenses que perdieron hijos e hijas en una guerra que creían estrictamente en defensa de Estados Unidos. Según Forward, las crecientes dificultades de Estados Unidos en la región, consecuencia directa de la guerra, significan que los israelíes y sus partidarios que acogieron favorablemente la guerra tienen aún más miedo de dar a conocer sus opiniones que antes de que comenzara la guerra.

Está claro que los israelíes preferirían que los estadounidenses pensaran que la guerra se libró porque Sadam Husein era, según la frase aparentemente infundada de George W Bush, "el tipo que intentó matar a mi padre", o por el azote popular de las "grandes petroleras". Pero nadie debería mencionar la palabra que realmente resume la causa subyacente de la guerra: "Israel".

Para que nadie piense que se trata "sólo" de la opinión de Forwards, merece la pena señalar que Philip Zelikow -posterior director ejecutivo de la comisión que "investigó" los atentados terroristas del 11 de septiembre- había dicho públicamente lo mismo casi dos años antes (aunque sus comentarios no recibieron ninguna atención por parte de los principales medios de comunicación).

En su intervención en la Universidad de Virginia el 10 de septiembre de 2002, en un foro dedicado al impacto de los atentados terroristas del 11 de septiembre, Zelikow -entonces miembro del Consejo Asesor Presidencial sobre Inteligencia Exterior nombrado por Bush- afirmó sin rodeos que la guerra de Irak se había librado principalmente para proteger a Israel y que Irak nunca había sido la amenaza para Estados Unidos que la administración Bush había proclamado. Hablando con franqueza, Zelikow lo expresó con sencillez, comentando

¿Por qué atacaría Irak a Estados Unidos o utilizaría armas nucleares contra nosotros? Te diré cuál creo que es la verdadera amenaza, y lo ha sido desde 1990: es la amenaza contra Israel. Y es la amenaza que no se atreve a pronunciar su nombre, porque a los europeos no les importa mucho esta amenaza, le seré sincero. Y el gobierno estadounidense no quiere apoyarse demasiado en la retórica, porque no es un tema popular.

Aunque los reveladores comentarios de Zelikow no atrajeron la atención de los medios en su momento, Emad Mekay, del independiente Inter Press Service, encontró la declaración de Zelikow en una transcripción de sus declaraciones y desde entonces la ha puesto a disposición de los interesados. Pero los principales medios de comunicación siguen suprimiendo estas observaciones tan pertinentes que, en su conjunto, apuntan a una motivación de la guerra de Iraq diferente de la que conoce el estadounidense medio.

A pesar de todo, las repercusiones de la horrible y devastadora crisis del euro en Estados Unidos siguen entre nosotros.

La invasión de Irak sigue resonando en todo el mundo. A medida que pasa el tiempo, la verdad sobre por qué Estados Unidos emprendió la guerra contra Irak se hace más evidente: se trataba de una cuestión de favoritismo estadounidense hacia Israel.

Un libro del veterano corresponsal internacional John Cooley, titulado An Alliance Against Babylon: The U.S., Israel, and Iraq (Pluto Press, 2005).

Antiguo corresponsal de ABC News y del Christian Science Monitor, el Sr. Cooley señaló que la mayoría de los medios de comunicación que cubren las dos guerras de Estados Unidos contra Irak "ignoran un factor importante", a saber, "el papel desempeñado por Israel y la relación, antagónica o no, del pueblo judío con los pueblos y Estados de la antigua Mesopotamia, actual Irak, desde la época de la Biblia del Antiguo Testamento hasta nuestros días".

Aunque muchos críticos de la guerra proclaman a voz en grito que fue por el "petróleo", el bien argumentado trabajo histórico de Cooley deja claro que la guerra fue precisamente -como dijo el ex senador demócrata Ernest Hollings poco antes de su jubilación- "la política del presidente Bush para proteger a Israel".

En su relato de la guerra de terror de Israel contra las fuerzas de ocupación británicas en Palestina a finales de la década de 1940, Cooley no se anda con rodeos. Señala que cuando las fuerzas clandestinas judías dirigidas por el futuro Primer Ministro israelí Menachem Begin y sus colegas de la "Banda de Stern", las fuerzas de ocupación británicas empezaron a sembrar el terror en el país.

volaron el Hotel Rey David de Jerusalén el 22 de junio de 1946, los terroristas judíos iban "disfrazados de árabes", una táctica que Israel lleva mucho tiempo utilizando con eficacia en sus diversas empresas terroristas.

En la masacre del Hotel Rey David -que era el cuartel general del ejército británico-, el equipo de Begin mató a 90 personas, entre ellas 15 judíos, demostrando así, en contra de lo que creen muchas personas mal informadas, que los israelíes están muy dispuestos a sacrificar a los suyos por lo que podría percibirse (a sus ojos) como "el bien mayor".

En cuanto al propio Irak, Cooley no defendió a Sadam Husein, pero dejó claro que aunque existía una oposición interna a Sadam -principalmente la minoría kurda, el clero musulmán chií y los comunistas- "todos estos grupos se han visto debilitados por la aparición de una clase media cada vez más próspera y políticamente complaciente que Sadam ha intentado crear".

En otras palabras, mientras Sadam mataba a clérigos islámicos intransigentes -las mismas personas que el presidente George Bush ha declarado con orgullo que quiere matar dondequiera que los encuentre-, Sadam construía un país fuerte con una próspera clase media.

No es de extrañar que antes del primer ataque estadounidense contra Irak -en 2001-, seguido de las paralizantes sanciones impuestas al país por insistencia de Estados Unidos, el Banco Mundial y el Fondo Monetario Internacional se dispusieran a declarar a Irak "nación del primer mundo".

Cooley también examinó pruebas que ya habían sido expuestas en American Free Press, a saber, las "acusaciones de implicación israelí" en el infame escándalo de torturas de Abu Ghraib, que, como señala Cooley, fueron "repetidas por la general de brigada Janice Karpinski, la oficial estadounidense a cargo de Abu Ghraib", quien, señala Cooley, "fue suspendida de su mando tras las revelaciones".

Resumiendo las consecuencias de la sangrienta aventura estadounidense en Irak -que no da señales de mejorar, pese a las protestas del presidente Bush y sus dirigentes-, Cooley señaló que la destrucción de las fuerzas armadas iraquíes, un "preciado objetivo" de Israel, se había logrado "en gran medida sin pérdida de sangre ni tesoro israelíes".

Cooley escribió que nunca habría paz en Oriente Medio hasta que, como afirmó por primera vez en la década de 1960 y repite hoy, "haya un acuerdo equitativo entre Israel y los árabes palestinos".

Hoy, con la llegada del libro de John Cooley sobre Estados Unidos e Israel frente a Irak, lo que llama la atención es que la tesis de Cooley refleja -tanto históricamente como desde un punto de vista actual- una tesis relativa a la posición central de Israel en la política estadounidense hacia Irán, expuesta en 1991 en el libro Irán, Israel y Estados Unidos por un destacado académico conservador estadounidense, el Dr. Henry Paolucci.

Es más, ya el 14 de junio de 1994, en un artículo que empezaba en primera página, el *Washington Post* soltó el gato por liebre al declarar, en un titular de la página interior de "salto", que "La CIA considera el programa de armas nucleares de Corea del Norte como una amenaza para Israel", informando de que -sin que lo supiera la mayoría de los estadounidenses- la verdadera preocupación por los objetivos nucleares de Corea del Norte se basaba de hecho en los intereses de seguridad no de Estados Unidos como tal, sino de Israel.

Así que la "teoría" de que Israel es una de las causas de la difícil situación de Estados Unidos en el mundo actual no se limita al problema de Irak. Va mucho más allá.

Así pues, mientras la Administración Bush y sus aliados en Israel siguen planteando la cuestión de si Irán está inmerso en el desarrollo de armas nucleares hostiles y si las intenciones nucleares de Corea del Norte son peligrosas para Estados Unidos, los estadounidenses harían bien en reflexionar sobre la sencilla pregunta: "¿Merece la pena? "¿Merece la pena? ¿Son realmente los intereses de Israel los intereses de Estados Unidos, y viceversa

Capítulo XXI

"Huellas judías imborrables": ¿Quién quiere que Estados Unidos declare la guerra a Irán

"Mientras los líderes de la comunidad judía centran la mayor parte de sus actuales esfuerzos de presión en presionar a Estados Unidos para que adopte una línea dura respecto a Irán y su programa nuclear, algunos expresan en privado su temor a ser acusados de empujar a Estados Unidos a una guerra con el régimen de Teherán".

Con esta sorprendente confesión -presentada aquí sin editar-, uno de los periódicos más distinguidos de la comunidad judía estadounidense, el Forward, con sede en Nueva York, reconoció el 2 de febrero de 2007 que son los dirigentes de las organizaciones judías estadounidenses quienes alientan la política belicosa de Estados Unidos hacia Irán, política que está aplicando la administración Bush.

Forward admite que el llamado "lobby judío" teme una "reacción violenta" de los estadounidenses que no creen que una guerra contra Irán redunde en interés de Estados Unidos, y que muchos estadounidenses creen ahora (o empiezan a creer cada vez más) el argumento -planteado incluso antes de que Estados Unidos invadiera Irak- de que los grupos de defensa proisraelíes son en gran medida responsables de la actual debacle en Irak. Sin embargo, según Forward, los que él describe como "grupos judíos" intentan ahora convencer al público estadounidense de la validez de su propia teoría de la conspiración, según la cual Irán no es sólo una amenaza para Israel -su principal interés- sino también para Occidente e incluso para los "Estados musulmanes suníes proestadounidenses de la región".

En otras palabras, los grupos judíos proisraelíes de Estados Unidos están diciendo efectivamente que los Estados musulmanes como, por ejemplo, Arabia Saudí -desde hace mucho tiempo blanco de la ira israelí- también deben ser protegidos. Evidentemente, dado que Arabia Saudí teme de hecho a un Irán poderoso, con armas nucleares o sin ellas, Israel y sus partidarios creen ahora que pueden hacer parecer que un ataque estadounidense contra Irán es algo más que "otra guerra por Israel", que, por supuesto, es precisamente lo que sería una guerra contra Irán.

Forward citó incluso a Jess Hordes, funcionario de la oficina de Washington de la Liga Antidifamación (ADL), quien afirmó que "es un hecho que Irán es un peligro para el mundo entero". Hordes afirmó que esta retórica no pretendía "ocultar nuestra preocupación por Israel", pero sus protestas suenan huecas puesto que está claro que es la preocupación del lobby pro-Israel por Irán la que ha guiado la actual política estadounidense hacia Irán, al igual que fue la preocupación del mismo lobby por Iraq la que guió la política estadounidense hacia esa república árabe ahora derrotada.

El propio Forward llegó a admitir, en términos francos, que "muchos esfuerzos de defensa, incluso cuando no están vinculados a Israel, llevan huellas judías indelebles" y que "los grupos judíos desempeñan, de hecho, un papel destacado en la presión a favor de una línea dura respecto a Irán".

Citando un reciente discurso pronunciado en Israel por Malcolm Hoenlein, vicepresidente ejecutivo de la Conferencia de Presidentes de las Principales Organizaciones Judías Estadounidenses, Forward señaló que Hoenlein estaba especialmente preocupado por el hecho de que muchas personas de renombre, desde el ex presidente Jimmy Carter hasta el general retirado Wesley Clark (que dijo que "la gente del dinero de Nueva York" estaba detrás de la guerra contra Irán), estuvieran a favor de una guerra contra Irán. Wesley Clark (quien afirmó que "la gente del dinero de Nueva York" estaba detrás de la presión a favor de la guerra contra Irán), el ex inspector de armas de la ONU Scott Ritter y los profesores Stephen Walt (de Harvard) y John Mearsheimer (de la Universidad de Chicago), todos ellos cuestionaron el poder del lobby israelí a la hora de dictar la política estadounidense hacia Irán e Iraq.

Además, se dice que el ex Secretario de Estado Colin Powell afirmó que "la gente de JINSA", refiriéndose al Instituto Judío para Asuntos de Seguridad Nacional, desempeñó un papel importante en la invasión estadounidense de Irak, a la que Powell se opuso vehementemente durante mucho tiempo antes de apoyarla, con el resultado de que perdió su propia credibilidad ante la opinión pública.

Hoenlein y otros dirigentes de la rica y poderosa comunidad judía se hicieron eco de anteriores sugerencias de sus colegas en el sentido de que figuras clave de la élite política estadounidense criticaban ahora abiertamente el poder sionista en Estados Unidos. Según Hoenlein, "se trata de un cáncer que empieza en la cima y se extiende hacia abajo. Envenena las opiniones de las élites, que repercuten en toda la sociedad".

Forward señaló que dos autores israelíes, Michael Oren y Yossi Klein Halevi -asociados del Centro Shalem, un think tank con sede en Jerusalén- han afirmado que Irán, según la valoración que Forward hace de sus afirmaciones, es "la principal amenaza para la supervivencia de Israel, la estabilidad regional y todo el orden mundial". Forward añade que "este tema ha tenido eco en publicaciones y comunicados de prensa emitidos por la mayoría de los principales grupos judíos, incluidos [el Comité Americano-Israelí de Asuntos Públicos] y la Conferencia de Presidentes". Así que una guerra contra Irán está definitivamente en la agenda de los judíos.

Ni los grupos serbio-americanos ni los croato-americanos quieren que Estados Unidos entre en guerra con Irán. Tampoco los grupos italoamericanos, polacos o irlandeses-americanos quieren esa guerra. Ninguna organización asiático-americana ha exigido el desmembramiento de Irán, y ningún grupo que represente a los nativos americanos o a los afroamericanos ha hecho de la cuestión iraní un elemento central de su política pública. Del mismo modo, no hay pruebas de que organizaciones étnicas, culturales o religiosas -salvo las que representan intereses judíos y proisraelíes- hayan pedido un ataque estadounidense contra Irán.

A fin de cuentas: ¿Hay alguna duda de quién quiere la guerra con Irán - o por qué

Capítulo XXII

Han vuelto: Los sumos sacerdotes de la guerra de Irak ahora quieren destruir Irán

A medida que Estados Unidos se hunde cada vez más en el caldero sangriento y explosivo en que se ha convertido Irak, las mismas fuerzas que fueron responsables de la entrada de Estados Unidos en este desastre redoblan ahora sus esfuerzos para lograr otro objetivo de larga data: la destrucción de Irán. Al mismo tiempo, se están alzando voces razonables y moderadas -y quizá incluso inesperadas- que rechazan los llamamientos a la guerra en favor de la diplomacia.

Aunque en el número de enero de 2007 de Vanity Fair, publicado por el multimillonario sionista S.I. Newhouse, uno de los principales patrocinadores de la Liga Antidifamación y otros grupos de presión israelíes, una serie de destacados neoconservadores proisraelíes se esforzaron en negar su culpabilidad en el inicio de la guerra contra Irak, que todo el mundo sabe que hicieron, estos mismos elementos se preparan ahora para promover una acción militar estadounidense contra Irán.

Su retórica de negación sobre su belicosa exigencia de un ataque estadounidense contra Irak se hace eco del mismo tipo de ruidoso engaño que emana de Israel por parte de una serie de académicos israelíes, estrategas militares y otros que ahora atacan a George W. Bush por la guerra de Irak, a pesar de que son Israel y sus aliados neoconservadores en la administración Bush los que han sido más firmes sobre la necesidad no sólo de atacar Irak sino también de derrocar a Sadam Husein. Se trata de un objetivo último que incluso el padre del actual presidente, George H.W. Bush, decidió no perseguir cuando Estados Unidos atacó Irak durante la primera Guerra del Golfo Pérsico en 1991.

Hoy, mientras niegan su responsabilidad en el atolladero de Irak, los neoconservadores preparan abiertamente su campaña de propaganda para incitar al despliegue de sangre y tesoro estadounidenses contra Irán, no sólo para detener el supuesto avance de Irán hacia las armas nucleares, sino también, como en Irak, para destruir al actual gobierno de ese país.

En el número de noviembre/diciembre de 2006 de la revista Foreign Policy, la publicación de poca tirada pero muy influyente de la Fundación Carnegie para la Paz Internacional, uno de los principales "think tanks" del Nuevo Orden Mundial, el célebre publicista neoconservador Joshua Muravchik pide a sus colegas neoconservadores que "admitan sus errores... y empiecen a defender la idea de bombardear Irán".

Muravchik -que opera desde el American Enterprise Institute (que cuenta entre sus principales tácticos al cerebro neoconservador Richard Perle)- dijo: "No se equivoquen, el presidente Bush tendrá que bombardear las instalaciones nucleares iraníes antes de dejar el cargo". Y continuó, dirigiéndose a sus colegas belicistas: "Debemos preparar el terreno intelectual aliado ahora y estar listos para defender la acción cuando llegue."

No cabe duda: los sumos sacerdotes neoconservadores de la guerra (cuyas intrigas se examinaron por primera vez en el libro anterior de este autor, Los sumos sacerdotes de la guerra) están decididos a destruir Irán, igual que destruyeron Irak. Este ha sido durante mucho tiempo uno de sus objetivos geopolíticos, y se niegan a dejar que el descontento público con lo ocurrido en Irak les disuada de lo que pretenden hacer.

Mientras tanto, Bruce Laingen, ex encargado de negocios de la embajada estadounidense en Irán, que estuvo entre los estadounidenses retenidos como rehenes (de 1979 a enero de 1981) tras la revolución islámica en Irán, pide públicamente a la administración Bush que deje a un lado su lenguaje incendiario y busque conversaciones directas con Irán. En una carta al director del *New York Times*, publicada el 13 de enero de 2007, Laingen escribió

Estados Unidos e Irán deben hablar entre sí. No con la retórica pública mutuamente negativa que, en los 27 años transcurridos desde la crisis de los rehenes de 1979, ha erosionado la confianza necesaria para cualquier intercambio diplomático; no indirectamente, como estamos haciendo actualmente en la cuestión nuclear a través de nuestros colegas del Consejo de Seguridad y de la Unión Europea; sino frontal y francamente, como potencias responsables con intereses comunes en una parte del mundo de importancia crucial.

La ausencia de diálogo no ha tenido sentido, ni en términos estratégicos, ni humanos, ni históricos, ni políticos, ni culturales. Ha complicado nuestras relaciones con todos los demás países de la región. Somos la única potencia que ha optado por expresar de este modo sus reservas sobre la conducta de Irán en la escena mundial.

Sólo la geografía obliga a Irán a participar en la gestión de Irak y Afganistán, por no hablar de los acuerdos de seguridad regional a largo plazo en la región del Golfo Pérsico. Hay otras cuestiones que requieren diálogo, como las obligaciones de Irán hacia los antiguos rehenes.

Las conversaciones no serán fáciles. Las relaciones diplomáticas formales están lejos de establecerse. Pero no perdemos nada uniéndonos directamente a nuestros aliados y amigos para sondear directamente las intenciones de Irán.

El hecho de que Laingen -que sin duda sabe bastante sobre Irán y su pueblo y que podría tener un claro rencor contra el gobierno iraní- dijera tales cosas (tan contradictorias con las opiniones de los neoconservadores de línea dura) es algo que los estadounidenses necesitan saber. Pero las sensatas preocupaciones de Laingen han sido dejadas de lado por los medios de comunicación estadounidenses, que prefieren contribuir a avivar los temores de los estadounidenses hacia Irán afirmando que la república islámica es de algún modo una amenaza para Estados Unidos (y, por supuesto, para Israel).

Queda por ver si el pueblo estadounidense volverá a dejarse embaucar hacia otra guerra absurda. Pero las personas pacíficas que quieren preservar su país harían bien en escuchar lo que Laingen -y no los neoconservadores- tiene que decir.

Capítulo XXIII

Los "neoyorquinos de plata": un general estadounidense de origen judío señala con el dedo a los que hicieron la guerra

El dinero neoyorquino no sólo desempeñó un papel importante en la campaña presidencial de 2008, sino que también fue una fuerza impulsora de la presión ejercida por los fanáticos proisraelíes en las más altas esferas de la política estadounidense para forzar a Estados Unidos a una guerra sin sentido contra Irán.

Esta es la única conclusión que puede extraerse de una investigación de múltiples y amplios informes periodísticos, difundidos principalmente en publicaciones de Israel y de la comunidad judía estadounidense, que no han llegado a conocimiento de la mayoría de los estadounidenses bajo la égida de los llamados "medios de comunicación dominantes".

Es casi como si los principales medios de comunicación estadounidenses estuvieran simplemente decididos a impedir que el estadounidense medio sepa que hay gente que cree que Israel y sus bien pagados partidarios en Estados Unidos son los principales defensores de una acción militar estadounidense contra Irán.

Quizá los comentarios más explosivos a este respecto procedan del general Wesley Clark (retirado), que fue candidato a la nominación presidencial demócrata en 2004 y que -hasta entonces, al menos- era considerado un probable candidato a la nominación demócrata en 2008. En una entrevista con la columnista Arianna Huffington, Clark dijo que creía que la administración Bush estaba decidida a declarar la guerra a Irán. Cuando se le preguntó por qué pensaba así, respondió

Sólo hay que leer la prensa israelí. La comunidad judía está dividida, pero hay mucha presión de la gente de dinero de Nueva York sobre la gente que busca trabajo.

En resumen, Clark afirmó que poderosos intereses financieros con sede en Nueva York (a los que denominó "New York money people") están presionando a los candidatos políticos y a los políticos en ejercicio para que apoyen una guerra contra Irán.

De hecho, Clark tenía razón. De hecho, los periódicos de la comunidad judía han señalado repetidamente en los últimos años que muchos en la comunidad judía estadounidense y en Israel abogan por una acción militar estadounidense contra Irán. Y en Israel, por supuesto, la propia retórica belicosa de Israel atacando a Irán se discute rutinaria y públicamente con libre abandono. Todo esto es poco conocido por el público estadounidense.

A pesar de ello, Clark se ha enfrentado a críticas y ha sido acusado de "antisemitismo" o de dar crédito a lo que se consideran "teorías conspirativas antiisraelíes y antijudías", que -según los críticos de Clark- sugieren que Israel y sus partidarios son los principales impulsores de la guerra.

Como Clark es hijo de padre judío (aunque él no lo supo hasta hace varios años, ya que fue criado por una madre cristiana y un padrastro cristiano que nunca le habló de su herencia judía), algunos líderes judíos tiraron de la fibra sensible, reconociendo que llamar a Clark "antijudío" era un poco exagerado. Pero en la comunidad judía se ha corrido la voz: "Clark no es de fiar".

El 12 de enero de 2007, el periódico judío Forward, con sede en Nueva York, publicó un artículo en portada criticando las declaraciones de Clark, señalando que "la expresión 'gente del dinero de Nueva York' ha disgustado a muchos activistas proisraelíes. Lo interpretaron como una referencia a la comunidad judía, conocida por sus cuantiosas donaciones económicas a los candidatos políticos".

El hecho de que líderes y publicaciones judías atacaran a Clark por utilizar la frase "los hombres del dinero de Nueva York" resulta irónico, dado que justo la semana anterior a la protesta por los comentarios de Clark, el mismo Forward, en su edición del 5 de enero de 2007, publicó un artículo en portada en el que anunciaba que el senador estadounidense John McCain (R-Ariz.), ferviente partidario de Israel, había obtenido un importante apoyo financiero para su propia campaña presidencial de 2008 de lo que el Forward denominó, en su propio titular, los "hombres del dinero de Nueva York".

En este revelador artículo, que describe el "comité financiero fuertemente judío" de McCain, el Forward informa de que en las últimas semanas "McCain ha dejado claro que la atención a las cuestiones judías seguirá estando en su agenda a medida que avance su campaña". El periódico judío no especifica si McCain se centrará en cuestiones cristianas, musulmanas, budistas o hindúes, o en cualquier otro asunto de interés para otros grupos religiosos.

El artículo de Forward deja claro que el apoyo de estos "hombres de dinero de Nueva York" es esencial en la próxima campaña presidencial y que podría ser decisivo, tanto si este dinero se queda en el bando de McCain como si finalmente se va a otra parte.

Esta información puede sorprender a los republicanos de base de toda América, que creen (aparentemente de forma equivocada) que ellos eligen al candidato presidencial de su partido.

Además, dado que los grupos judíos han atacado a Clark por sugerir que los "financieros neoyorquinos" estaban presionando a los candidatos políticos para que se pronunciaran a favor de la guerra con Irán, es interesante observar que Forward señaló que uno de los principales "financieros neoyorquinos" que apoyaban a McCain citó la cuestión de Irán como una de las razones por las que apoyaba al senador de Arizona.

Ben Chouake, presidente de NORPAC, un comité de acción política proisraelí, y miembro del comité financiero de McCain, fue citado diciendo que Irán es "una enorme amenaza para Estados Unidos, y una enorme amenaza para Israel", y que "la persona más capaz, experimentada y valiente para defender a nuestro país sería John McCain".

Está claro que los "neoyorquinos plateados" desempeñan un papel fundamental en la escena política estadounidense, ya que influyen en la elección o no de candidatos y en el hecho de que Estados Unidos vaya o no a la guerra.

Esto es algo que el pueblo estadounidense necesita saber, pero no debe confiar en los medios de comunicación para que se lo digan.

Capítulo XXIV

"Made in Israel": el verdadero origen de la polémica nuclear iraní según los principales expertos en armas nucleares

Los estadounidenses deberían tomar nota: tenía razón al afirmar que Irak no poseía armas de destrucción masiva. Ahora Scott Ritter, antiguo inspector de armas de la ONU en Irak, se enfrenta al clamor internacional sobre el floreciente programa nuclear iraní, señalando en un nuevo libro que la controversia es "una crisis made in Israel".

La actual controversia sobre el supuesto desarrollo de armas nucleares por parte de Irán es "una crisis made in Israel". Esta acusación aparece en el último libro de Scott Ritter, que pasó siete años como uno de los principales inspectores de armas de la ONU en Irak.

El franco marine, que fue asesor sobre misiles balísticos del general Norman Schwarzkopf durante la primera guerra del Golfo, afirmó que el mismo patrón de mentiras y desinformación utilizado por la administración Bush y sus aliados en Israel para involucrar a Estados Unidos en la guerra contra Irak se está utilizando ahora para involucrar a Estados Unidos en una guerra contra Irán.

El libro de Ritter, Target Iran, subtitulado "La verdad sobre los planes de la Casa Blanca para el cambio de régimen", ha lanzado una advertencia que los estadounidenses deben tener en cuenta, porque todo lo que Ritter ha dicho anteriormente sobre el deseo de guerra contra Irak ha resultado ser correcto.

Como dijo el célebre periodista de investigación Seymour Hersh: "Lo más importante que hay que saber sobre Scott Ritter, el hombre, es que tenía razón. Nos dijo repetidamente en 2002 y principios de 2003, cuando el Presidente George Bush y el Primer Ministro Tony Blair se preparaban para la guerra en Iraq, que no había armas [de destrucción masiva]".

Si Ritter es capaz de expresarse con tanta contundencia es porque es prácticamente inmune a la acusación de "antiisraelí" o "antisemita". Como señala en su libro, durante su servicio militar y en el campo de la inspección de armamento, arriesgó su vida en defensa de Israel, un punto que sus detractores se resisten a mencionar. Ritter escribió: El actual conflicto entre

Estados Unidos e Irán es ante todo un conflicto nacido en Israel. Se basa en afirmaciones israelíes de que Irán representa una amenaza para Israel, y se define por afirmaciones israelíes de que Irán tiene un programa de armas nucleares. Nada de esto se ha probado y, de hecho, la mayoría de las acusaciones de Israel contra Irán han demostrado claramente ser falsas. Sin embargo, Estados Unidos sigue pregonando las afirmaciones israelíes, y nadie lo hace con más fuerza que el embajador estadounidense ante las Naciones Unidas, John Bolton.

Si Irán atacara a Israel sin provocación alguna, rogaría encarecidamente a Estados Unidos que acudiera en ayuda de su amigo y aliado. Pero no puedo tolerar la idea de que Estados Unidos se vea empujado a una guerra de agresión contra Irán cuando este último no amenaza ni a Israel ni a Estados Unidos. Y eso es lo que está ocurriendo hoy. Israel, por ignorancia, miedo y paranoia, ha elevado a Irán al nivel de una amenaza que considera inaceptable.

Israel ha emprendido políticas que han agravado aún más la situación. Israel es arrogante e inflexible cuando se trata de encontrar una solución diplomática a la cuestión iraní.

Israel está exigiendo que Estados Unidos tome la iniciativa para que Irán rinda cuentas. Israel amenaza a Irán con una acción militar, sabiendo muy bien que hacerlo implicaría también a Estados Unidos en una guerra.

En lo que respecta a Irán, ya no puede decirse que Israel sea amigo de Estados Unidos. Ya es hora de que los estadounidenses tengamos el valor de reconocerlo y tomemos las medidas necesarias.

Ritter subrayó que Estados Unidos e Israel son "dos naciones completamente separadas y nunca deben ser tratadas como una entidad indivisible". Añadió que Estados Unidos debe refrenar a los poderosos grupos de presión israelíes, como el American Israel Public Affairs Committee. Los estadounidenses también deben reconocer que "la lealtad nacional es una calle de sentido único, y en Estados Unidos, para los estadounidenses, esa señal de sentido único apunta sólo a Estados Unidos de América".

Quienes estén interesados en conocer en profundidad las realidades -no la propaganda- sobre Iraq y su programa nuclear (y cómo Israel y sus aliados en la administración Bush han distorsionado la verdad) deberían leer el libro de Ritter.

Capítulo XXV

El Presidente iraní toma la palabra: Desafiando frontalmente al nuevo orden mundial

Este autor tuvo la oportunidad de viajar a Nueva York el 20 de septiembre de 2006, donde participé en una mesa redonda a puerta cerrada con el presidente iraní Mahmud Ahmadineyad y un pequeño grupo de periodistas y académicos invitados. Lo que sigue es un informe sobre los comentarios de Ahmadineyad en ese foro, tal como se publicó en el número del 9 de octubre de 2006 de American Free Press, el semanario nacional con sede en Capitol Hill, en Washington.

Justo cuando el New York Sun, un diario fanáticamente proisraelí, pedía su detención "como testigo material o incluso como sospechoso" de terrorismo, el dirigente iraní Mahmud Ahmadineyad llegó a Nueva York para una visita relámpago la semana pasada.

En su intervención en las Naciones Unidas y en reuniones privadas con diversos grupos, periodistas y académicos estaban deseosos de escuchar lo que el antiguo profesor universitario, ahora alcalde de Teherán y entonces Presidente de Irán, tenía que decir. Todo ello en un momento en que la República Islámica de Irán se encuentra en el centro de la atención mundial y es objeto de una retórica provocadora y belicosa por parte de Israel y su aliado, George W. Bush.

Incluso la invitación de Ahmadineyad a hablar en la sede de Manhattan del Consejo de Relaciones Exteriores (CFR), el lugar de reunión de la élite de la política exterior estadounidense, causó revuelo. Encabezados por Elie Wiesel, figura destacada de la industria del Holocausto, los miembros judíos del CFR amenazaron con dimitir en masa si se permitía hablar al líder iraní, aunque la revuelta nunca llegó a materializarse.

Wiesel -cuya credibilidad es cuestionable- dijo a quien quisiera escucharle que pensaba que Ahmadineyad debía ser declarado persona non grata en Estados Unidos y que el propio Irán debía ser expulsado de la ONU mientras Ahmadineyad fuera presidente.

Al final, la propuesta de celebrar una cena oficial con Ahmadineyad en el CFR fue rechazada, ya que los miembros judíos del CFR declararon que no podían soportar la idea de cenar con el líder iraní.

En su lugar, Ahmadineyad se reunió con un reducido número de miembros del CFR en un encuentro menos formal.

Mientras los grupos proisraelíes organizaban manifestaciones masivas y ruidosas contra Ahmadineyad frente a las Naciones Unidas y el hotel donde se encontraba el cuartel general de Ahmadineyad, algunas personas cuerdas accedieron a hablar con el presidente iraní y escuchar lo que tenía que decir, sin que nadie les interrumpiera. Esto contrastaba con el trato que suelen dar a Ahmadineyad las personalidades sesgadas de los medios de comunicación estadounidenses y el Presidente de Estados Unidos, que se niega a hablar con el líder iraní.

En su discurso contra la retórica belicosa de Bush y sus aliados israelíes, Ahmadineyad insistió en que los responsables políticos estadounidenses son "demasiado inteligentes" para pensar seriamente en una guerra contra Irán. De hecho, dijo, la Casa Blanca utiliza las amenazas y el discurso duro de Estados Unidos para ejercer lo que denominó "presión psicológica" sobre los países europeos para que apoyen las sanciones contra Irak.

Ahmadineyad predijo que cualquier acción militar contra Irán "no favorecerá al gobierno ni al pueblo estadounidenses". Subrayó que, incluso hoy, "todos los pueblos de nuestra región empiezan a odiar a Estados Unidos debido a las políticas de la administración Bush". Cabe señalar que 118 países se unieron recientemente en apoyo del deseo de Irán de obtener energía nuclear con fines pacíficos -y en contra del eje Israel-EEUU- en la reciente cumbre de naciones no alineadas celebrada en Cuba.

El Presidente iraní expresó su consternación por el hecho de que su reciente carta al Presidente Bush llamando al diálogo, seguida de una oferta de un debate público con el líder estadounidense en las Naciones Unidas, hubiera quedado sin respuesta. "Esperaba que el Presidente Bush respondiera a la carta que le envié.

Mi carta era un acto humano, no político. Todos los días me reúno y hablo con mucha gente".

No hay mejor manera que organizar un diálogo. Puede abarcar todo el espectro. Cualquier forma de diálogo es útil para eliminar tensiones.

Hemos anunciado en numerosas ocasiones que estamos abiertos al diálogo, pero en términos de respeto mutuo. Las relaciones pueden ser amistosas, equilibradas y justas.

Expresando su interés personal y el de su nación en que, como mínimo, se abran los intercambios de científicos y académicos entre Estados Unidos e Irán, Ahmadineyad declaró: "Estoy muy contento de que Estados Unidos e Irán hayan decidido abrir sus puertas a la competencia

Llevamos mucho tiempo reclamando un vuelo directo entre Teherán y Nueva York. Proporcionaremos las facilidades necesarias para tales intercambios". El Presidente iraní añadió: "Lamentamos mucho que Estados Unidos rechazara nuestra oferta de ayuda humanitaria a las víctimas del huracán Katrina.

Reflexionando sobre la posibilidad de que la administración Bush e Israel no sólo pretendan impedir que Irán desarrolle su actual programa nuclear -que ha sido la razón expresada públicamente para la campaña contra Irán-, sino que también pretendan derrocar al gobierno de Ahmadineyad y forzar un cambio completo en el sistema de gobierno iraní, el dirigente iraní señaló: "Por supuesto que nos oponemos a este tipo de razonamiento por parte de la administración estadounidense, pero no tenemos intención de hacerlo: "Por supuesto, nos oponemos a este tipo de razonamiento por parte de la administración estadounidense. Pero nunca podrán imponer un cambio de régimen en Irán. Irán no necesita un guardián. Ese tipo de pensamiento es cosa del pasado.

¿Por qué cree el Sr. Bush que puede pensar mejor que el pueblo iraní y elegir a sus dirigentes? Imaginemos que yo soy el Presidente de Irán y le digo al pueblo estadounidense: "Quiero salvar al pueblo estadounidense".

Piense en la reacción del pueblo iraní ante este tipo de retórica del Presidente Bush. ¿Qué quiere darle Bush a Irán

Irán siempre ha sido Irán, pero ahora somos independientes de Occidente. Irán es más fuerte que nunca. Irán es una nación de familias, amigos y vecinos que viven como una sola familia, y el pueblo iraní responderá a cualquier injerencia en sus asuntos.

En cuanto al supuesto deseo de Irán de fabricar armas nucleares, Ahmadineyad recordó que el programa nuclear iraní está supervisado por el Organismo Internacional de la Energía Atómica. "Está las 24 horas del día, con cámaras", subrayó. Además, añadió, Irán ha firmado el Tratado de No Proliferación Nuclear.

Ahmadineyad no lo mencionó, pero lo cierto es que Israel, que posee uno de los mayores arsenales de armas nucleares del mundo, nunca ha firmado este tratado y no admite oficialmente poseer capacidad nuclear.

Es más, aunque los medios de comunicación estadounidenses no le dan mucha importancia -describen a Irán como un país que trabaja febrilmente para construir la "bomba islámica"-, lo cierto es que, como señaló Ahmadineyad, el líder religioso musulmán supremo de Irán ha emitido un decreto, conocido como "fatwa", que prohíbe a Irán construir un arma nuclear.

A la luz de estos elementos", afirmó Ahmadineyad, "puede decirse que, desde un punto de vista religioso, estamos en contra de las armas nucleares. Estamos fundamentalmente en contra de las armas nucleares. Se utilizan para matar".

También subrayó que "el pueblo iraní no necesita un arma nuclear": "El pueblo iraní no necesita un arma nuclear. Durante ocho años, en la guerra entre Irán e Irak, tuvimos un ejército de voluntarios, incluidos cristianos, que se movilizaron en defensa de la nación. Los iraníes aman a su país".

Sin embargo, Ahmadineyad planteó la siguiente pregunta: "¿Cómo pueden las naciones que poseen arsenales nucleares oponerse a las que intentan producir combustible nuclear con fines pacíficos? El ámbito nuclear no debe estar monopolizado por un pequeño grupo de países".

En respuesta a las acusaciones de que su país reprime a los medios de comunicación, Ahmadineyad...

Si se observa el volumen de críticas al gobierno iraní y a mi administración en los medios de comunicación y las universidades iraníes, es considerable. De hecho, uno de nuestros propios periódicos gubernamentales fue clausurado recientemente porque insultaba a una tribu de nuestro país, lo que constituía una violación de la ley. Así que nuestro propio periódico gubernamental fue castigado por infringir la ley.

El gobierno estadounidense ha denegado el visado a los periodistas iraníes que me acompañan a Estados Unidos. A estos periodistas no se les permite viajar más allá de los confines del edificio de las Naciones Unidas.

Pero después de que me eligieran Presidente de Irán, unos 200 periodistas de todo el mundo fueron a un pequeño pueblo en el que había vivido muy poco tiempo de niño y entrevistaron a todos los que encontraron: el panadero, el hombre que llevaba el puesto de fruta, todos los vecinos.

En cuanto a la libertad política en Irán, Ahmadineyad señaló que en la carrera presidencial en la que fue elegido "había ocho candidatos diferentes, de orígenes muy distintos y que representaban programas muy diferentes".

Subrayó que "nuestra asamblea consultiva de 290 miembros está ampliamente abierta a una variedad de ideas y opiniones. No está dirigida por partidos, como ocurre en Estados Unidos, por ejemplo". Y añadió: "Cualquiera puede venir a Irán y ver que los jóvenes, los mayores, todo el mundo, está muy politizado y tiene un amplio abanico de opiniones. Son conscientes de lo que ocurre en el mundo actual y se interesan mucho por lo que pasa.

A los estadounidenses no se les toman las huellas dactilares cuando vienen a Irán, pero a los ciudadanos de otros países sí cuando vienen a Estados Unidos.

En cuanto a los esfuerzos de los pueblos cristiano y musulmán de Palestina por obtener una patria, Ahmadineyad reiteró sus preocupaciones de siempre, que reflejan el pensamiento de millones de personas en todo el mundo: "El destino de la humanidad está ligado a lo que ocurre en Palestina. El tiempo de la ocupación en Palestina hace mucho que pasó. Durante mil años o más, Palestina fue Palestina y nada más.

Sin embargo, en los últimos 60 años no hemos visto más que hostilidad, derramamiento de sangre y tragedia. Bebés asesinados. Hogares destruidos.

¿Por qué razón? ¿Cuál es la causa principal? El pueblo palestino debe poder regresar a su patria y elegir a sus propios dirigentes.

En respuesta a las histéricas acusaciones de que es un "negacionista del Holocausto", como se ha dicho de él en varias ocasiones en los medios de comunicación estadounidenses, Ahmadineyad declaró: "No soy un negacionista del Holocausto"

Los medios de comunicación me han criticado por pedir pruebas científicas de sucesos que supuestamente tuvieron lugar durante la Segunda Guerra Mundial. Durante esa guerra murieron unos 60 millones de personas. Y, sin embargo, un pequeño grupo se erigió en víctima, como si las demás vidas no importaran.

En la sociedad actual, Dios y la democracia pueden investigarse y cuestionarse libremente. Se publican muchos libros, artículos y comentarios sobre estos temas, pero no se puede discutir la cuestión de los acontecimientos de la Segunda Guerra Mundial.

En aras de la comprensión, creo que debemos seguir investigando en este campo, porque cuanto más sepamos sobre lo que ocurrió realmente, más podremos hacer para paliar los problemas de nuestra sociedad.

Al final, si estas cosas sucedieron, sucedieron en Europa. No ocurrieron en Palestina. Entonces, ¿por qué tuvieron que pagar el precio los palestinos

Actualmente hay cinco millones de palestinos desplazados en el mundo.

Reflexionando en general sobre la situación mundial, el Presidente iraní concluyó: "En nuestro mundo actual hay pequeños grupos que buscan el poder y la riqueza:. Pero la mayoría de las sociedades buscan la libertad, la paz y la justicia. Hemos dicho que nos oponemos a imponer al mundo una posición unilateral.

Las Naciones Unidas deben ser independientes de cualquier potencia".

No en vano Ahmadineyad, a nivel personal, impresiona incluso a los periodistas hostiles que se reúnen con él. Es ingenioso, inteligente, profundamente espiritual e intelectual y, como admitió Fareed Zakaria, director de Newsweek International, al *Washington Post*, "me sorprendió lo poco que encajaba en la imagen de un loco... siempre tranquilo e inteligente".

El Presidente iraní no se deja engañar: Ahmadineyad se ha erigido en una voz firme contra las fuerzas que exigen sumisión a un nuevo orden mundial.

Queda por ver si su nación acabará consumiéndose en un holocausto a manos del poderío militar estadounidense (incluso de carácter nuclear) o si Israel - operando en solitario (pero con un apoyo estadounidense muy claro)- desata el fuego nuclear sobre Irán con su monstruoso Golem.

Pero el hecho es que, en esencia, el Presidente Ahmadineyad es un estadista audaz en la escena mundial, que se ha atrevido a hablar -y a hablar con contundencia- sobre el peligro al que se enfrenta nuestro mundo a la horrible sombra del Golem.

Nota personal: En diciembre de 2006, tuve el privilegio de visitar Irán como participante en su ahora infame conferencia sobre el examen de la cuestión del "Holocausto". A mi regreso de esa conferencia, preparé un informe detallado sobre "lo que realmente ocurrió en Irán", que contradecía la interminable corriente de mentiras deliberadas y desinformación temeraria que se había promulgado en los medios de comunicación de todo el mundo, especialmente en Estados Unidos. Este informe todavía está disponible en American Free Press y puede consultarse en muchos lugares de Internet.

Sin embargo, una parte en particular de ese informe merece ser repetida aquí, particularmente en el contexto de nuestra discusión sobre la actual campaña de Israel (en concierto con su aliado comprado y pagado, George W Bush) para involucrar a Estados Unidos en una guerra innecesaria y potencialmente devastadora para todo el mundo contra Irán. Escribí lo siguiente -y, por favor, léanlo con atención: lo más importante que puedo transmitir sobre Irán en general -mi reacción más memorable en retrospectiva- es este simple concepto: los estadounidenses deberían ignorar todo lo que oigan sobre Irán hoy, su líder, su cultura y su pueblo en los medios de comunicación estadounidenses.

No fue hasta que llegué a Teherán y pasé allí uno o dos días que me di cuenta de que incluso yo, que me consideraba razonablemente bien informado sobre el país, había llegado a Irán con muchas ideas equivocadas (prejuicios, de hecho) que me habían endilgado (y sí, es una especie de lavado de cerebro) los principales medios de comunicación estadounidenses: Todo, desde los noticiarios nocturnos hasta los artículos de fondo y otras informaciones (muchas de ellas propaganda, sutil y no tan sutil) en las principales revistas de noticias.

Cuando nuestro avión estaba a punto de aterrizar en Teherán, nos sorprendió escuchar un mensaje por megafonía. Decía que "por decreto gubernamental", todas las mujeres debían cubrirse la cabeza al llegar a Irán. Sabía que era así, pero oírlo por la megafonía del avión fue, incluso para mí, algo inquietante.

Inmediatamente me vino a la mente la imagen de las mujeres oprimidas que transmiten los medios de comunicación: golpeadas, maltratadas y obligadas a cubrirse de pies a cabeza con una prenda oscura y misteriosa.

Pero miré alrededor del avión, al abanico de mujeres -iraníes y no iraníes, de piel oscura y clara, rubias y morenas, orientales y occidentales- y no vi a ninguna inmutarse. Ni siquiera las mujeres más ricas a bordo, iraníes elegantemente vestidas y adornadas con joyas caras, parecían inmutarse lo más mínimo.

Fue en ese momento, mientras observaba a las personas a bordo del avión con destino a Teherán (desde Fráncfort, Alemania, mi punto de conexión con Washington), cuando me di cuenta por primera vez de que se trataba de personas que pronto podrían morir: víctimas inocentes del fuego pesado de los cielos (un holocausto muy real), bien por bombarderos estadounidenses, bien por bombarderos israelíes, o por ambos. Estos iraníes, que viven su vida y viajan libremente de un país a otro, están en el punto de mira de George Bush y sus aliados sionistas de Washington y Tel Aviv.

Estos iraníes se encuentran entre las personas a las que 1.000 rabinos judíos estadounidenses -que representan, por su número, una proporción abrumadora de la comunidad judía estadounidense que asiste a las sinagogas- han pedido al parecer al presidente Bush que ataque, utilizando para ello recursos militares estadounidenses (y arriesgando las preciosas vidas de hombres y mujeres estadounidenses). "Si estos rabinos, supuestos hombres de Dios, quieren hacer la guerra a los iraníes", me dije, "que la hagan. Pero será mejor que dejen de acosar a los estadounidenses para que libren otra guerra innecesaria por Israel".

Me di cuenta de que estos seres humanos vivos, de toda condición -estos iraníes- eran el blanco de la ira de estos rabinos locos por la guerra, y eso me pesó mucho como estadounidense, sabiendo que el Presidente de Estados Unidos está más cerca del pensamiento de estos 1.000 líderes "religiosos" belicistas que del de muchos estadounidenses amantes de la paz.

Y así, la República de Irán y su pueblo se enfrentan hoy a la muerte y la destrucción a manos de un pequeño pero poderoso grupo de intrigantes sionistas que sólo pueden describirse como criminales beligerantes cuya agenda es contraria a todas las normas del comportamiento humano. Después de todo, no representan a la mayoría de los estadounidenses, y quizá ni siquiera a la mayoría de los israelíes.

Y tengan en cuenta este importante punto: Los hechos demuestran que Irak e Irán no son los únicos objetivos de larga data de la maquinaria bélica sionista. Comentaristas israelíes y estadounidenses han mencionado también a Siria y Arabia Saudí como otros objetivos potenciales. Incluso la república del sudeste asiático de Malasia, un país pacífico desde cualquier punto de vista, ha sido citada como fuente potencial de "problemas" en la llamada "guerra contra el terror" que se está librando como parte de la agenda global sionista.

Ningún individuo, institución o nación que se considere una fuente potencial de peligro para el sueño del imperio global de Israel -reforzado por su propio Golem o apoyado por la maquinaria militar de Estados Unidos (mientras América siga bajo el control efectivo del bloque de poder sionista)- puede considerarse exento de ser objetivo de los fanáticos que ahora ejercen un poder tan increíble sobre la faz del planeta.

George W. Bush dijo: "Estás con nosotros o con los terroristas", pero lo que realmente quería decir era esto: "Si te niegas a apoyar la agenda sionista, te mataremos". Así de simple.

Afortunadamente, hoy en día hay personas en nuestro mundo que se han levantado abiertamente para desafiar a estos belicistas. En los capítulos que siguen, tendremos la oportunidad de conocer a algunos de ellos y escuchar lo que tienen que decir.

Son verdaderos estadistas que tienen en mente los intereses de la humanidad.

Capítulo XXVI

Es hora de librar una guerra contra la guerra: habla el Dr. Mahathir Mohamad

En junio de 2006 (tras una primera visita en 2004), el autor realizó un segundo viaje a Malasia, durante el cual participé, como invitado del Dr. Mahathir Mohamad, ex Primer Ministro durante muchos años de esta república del sudeste asiático, en la segunda sesión oficial de la Perdana Global Peace Organisation (PGPO), fundada por el Dr. Mahathir en 2005.

La PGPO ha lanzado una campaña mundial para garantizar que la conducta bélica se tipifique formalmente como delito en el derecho internacional y que los dirigentes que perpetran guerras, así como las organizaciones y empresas que las apoyan, sean reconocidos como criminales en virtud del derecho internacional.

La sesión especial de 2006 del Foro de la Paz se centró en el tema

"La agenda de Oriente Medio: Petróleo, hegemonía del dólar e islam" y reunió a un variado grupo de destacados diplomáticos, académicos y otras personalidades de todo el mundo que abordaron no sólo el papel actual de Estados Unidos, Gran Bretaña e Israel en los problemas de Oriente Próximo - en particular la campaña bélica contra Irán-, sino también los peligros de la proliferación nuclear.

En su discurso de apertura del foro, Mahathir Mohamad señaló que la mayoría de la gente piensa que la guerra es "algo que ocurre en otro lugar a otras personas", cuando en realidad "la guerra consiste en matar personas, una prueba de la capacidad de las naciones para matar".

Mahathir señaló que hoy en día las naciones buscan "nuevas formas de matar", lo que demuestra que "seguimos siendo tan brutales como siempre. No nos hemos civilizado".

Sin embargo, afirmó: "La guerra no es una solución a un conflicto entre naciones. La guerra es un crimen. Debemos trabajar a largo plazo para que la guerra se considere un crimen. Las personas que hacen la guerra deben ser tratadas como criminales".

Aunque el Dr. Mahathir cree que es vital que una nación tenga un sistema de defensa nacional, la posesión de armas no significa que una nación se esté preparando para la guerra. Insiste en que las naciones deben resolver sus diferencias por medios distintos de la guerra.

En la guerra", dijo, "el vencedor tiene razón. El perdedor, aunque defienda a su país, está equivocado y puede ser ahorcado".

Y ante la actual afirmación de Estados Unidos de que libró la guerra contra Irak para llevar la democracia a ese país, el Dr. Mahathir preguntó: "¿Qué es esta 'democracia' que promueven los neoconservadores?", señalando que incluso los nuevos gobernantes de Irak son incapaces de aventurarse fuera de sus zonas protegidas. "¿Es libre hoy el pueblo iraquí

"Es antidemocrático matar a la gente para que acepte la democracia", afirmó. Y ahora Estados Unidos planea ir a la guerra contra Irán, un país cuyo presidente fue elegido democráticamente.

Comentando el actual dominio estadounidense del Consejo de Seguridad de la ONU, Mahathir dijo que era "una forma muy poco democrática de promover la democracia".

Mahathir dijo que había llegado el momento de que los votantes de todo el mundo insistieran en que los candidatos a altos cargos se comprometieran a estar en contra de la guerra.

La IV Guerra Mundial ya está aquí", afirmó Mahathir, subrayando que no fue él quien acuñó el término. Fueron más bien destacadas voces neoconservadoras como Norman Podhoretz, editor durante muchos años de la revista Commentary del Comité Judío Americano, y Earl Filford, de la Fundación para la Defensa de las Democracias, quienes declararon que la IV Guerra Mundial estaba sobre nosotros, con el eco de Efraim Halevy, antiguo jefe del Mossad israelí, y otros.

El Secretario de Defensa, Donald Rumsfeld, hizo público un informe sobre la Revisión Cuatrienal de la Defensa, fechado el 6 de marzo de 2006, en el que declaraba que la guerra será una "guerra larga" que durará "muchos años". Incluso el Dr. Mahathir señaló que había 350.000 soldados estadounidenses desplegados en 130 países. A Rumsfeld se unió el Presidente George Bush, quien declaró que Estados Unidos se encontraba "en los primeros años de una larga lucha" contra lo que denominó "una nueva ideología totalitaria".

Los orígenes de esta guerra, según Mahathir, se encuentran en un documento político escrito por el estratega neoconservador Paul Wolfowitz, que en 1992 abogó por la proyección del poder militar estadounidense con el Islam como objetivo. Y ahora Irán es el último objetivo. En la misma línea que la Ley de

Liberación de Iraq de 1998, el Congreso estadounidense acaba de aprobar la Ley de Apoyo a la Libertad de Irán.

El portaaviones USS Ronald Reagan se está posicionando para un conflicto. Es muy posible que se utilicen armas nucleares.

Mahathir dijo sin rodeos: "El criminal de guerra Bush ha dicho que todas las opciones están sobre la mesa", incluidas las armas nucleares. Y sin embargo, "los esfuerzos de Irán no cuentan", incluido el hecho de que Irán es signatario del Tratado de No Proliferación Nuclear.

La retórica bélica y las amenazas del Presidente Bush, dijo el ex Primer Ministro malasio, "son palabras fuertes del Presidente de la nación más poderosa del mundo. Ya nos ha demostrado de lo que es capaz en la guerra contra Irak. Debemos poner fin a estos planes y detener las masacres".

Expresando su simpatía por los soldados estadounidenses que tienen que luchar en las guerras emprendidas por el régimen de Bush, el Dr. Mahathir subrayó que las vidas estadounidenses también correrán peligro en la guerra contra Irán

"Es el hombre corriente quien pagará el precio de esta locura, pero Bush y el Primer Ministro Tony Blair están protegidos y a salvo de todo daño", dijo el Dr. Kinnock.

Mahathir. Sin embargo, declaró: "Las personas amantes de la paz deben hacer justicia a. La comunidad internacional debe mostrar la voluntad política de llevar ante la justicia a estos criminales de guerra. La comunidad internacional debe mostrar la voluntad política de llevar ante la justicia a estos criminales de guerra.

Mahathir se dirigió directamente a Bush y Blair: "No se les debe tratar con etiquetas honoríficas. No deberíamos llamarles Presidente Bush y Primer Ministro Blair. Deberíamos llamarles 'Bush el criminal de guerra' y 'Blair el criminal de guerra'. Ellos son los criminales de guerra. Mírenlos bien".

Mahathir dijo de Bush: "Es un hombre que dijo mentiras. Toda la nación sabe que mintió. Hoy, Estados Unidos sobrevive gracias a una economía de guerra. Es un país en bancarrota y su moneda no está garantizada. Pero se gastan miles de millones de dólares en armas para guerras que no tienen lugar.

Mientras los medios de comunicación estadounidenses proclaman al ex Primer Ministro israelí Ariel Sharon como un hombre de paz, el Dr. Mahathir comparó esta imagen con la forma en que los medios trataron al Presidente iraní Ahmadinejad y al ex dirigente iraquí Saddam Hussein.

Al final, el Dr. Mahathir preguntó: "¿Llevaremos a Bush, Cheney, Rumsfeld y los demás criminales de guerra ante un tribunal internacional" para que rindan cuentas por los crímenes de guerra cometidos hoy en Irak

La masacre de Haditha de noviembre de 2005 -el asesinato de inocentes- acaba de salir a la luz. Mahathir, no fue un "suceso aleatorio".

Refiriéndose a la llamada "guerra preventiva" que Estados Unidos libró contra Sadam Husein en Irak (y que planea librar contra Irán), Mahathir comentó, sólo en parte en broma, que "tal vez si yo siguiera en el cargo, podrían haber librado una guerra preventiva contra mí": "Perhaps if I were still in office, they could have waged a pre-emptive war against me".

En relación con el conflicto palestino-israelí y el papel de Estados Unidos en el mismo, afirmó que "Estados Unidos nunca podrá ser un intermediario honesto, tal vez un intermediario deshonesto". Comparó el papel de Estados Unidos en el mundo actual con una situación en la que "el jefe de policía infringe la ley". La analogía era muy acertada.

Al final, el Dr. Mahathir instó a todos los de buena voluntad que se oponen a la guerra y al imperialismo a unirse y, dijo, "si Dios quiere, la paz prevalecerá". Recemos para que el sueño del Dr. Mahathir se haga realidad.

Capítulo XXVII

Israel, un "Estado fallido" dispuesto a romper el tabú nuclear; los neoconservadores buscan la dominación mundial

"No podemos subestimar a los neoconservadores de la administración Bush", declaró el Dr. Francis Boyle en el foro especial de 2006 de la organización Perdana Global Peace, dirigida por el ex Primer Ministro malasio Mahathir Mohamad. Boyle sabe de lo que habla. Estudió en la Universidad de Chicago junto a una serie de influyentes "neoconservadores" de la actual administración Bush. Estos neoconservadores, afirma francamente Boyle, aspiran al "control y dominio de la economía mundial".

Especialista en Derecho internacional y derechos humanos, Boyle es abogado y politólogo, y profesor de Derecho en la Universidad de Illinois. Autor de ocho libros, el último de ellos Destroying World Order, Boyle fue asesor jurídico de la delegación palestina en las negociaciones de paz de Oriente Medio de 1991-1992 y es una autoridad reconocida internacionalmente en crímenes de guerra y genocidio, política nuclear y guerra biológica.

La actitud de los neoconservadores, dijo el Sr. Boyle, es: "Haces lo que te decimos o no lo haces".

Aliados con el partido de línea dura Likud en Israel, los neoconservadores no tienen "ningún problema en atacar Irán y exterminar a cientos de miles, si no millones, de iraníes". El propio Israel, dijo, estaría encantado de romper el tabú -vigente desde el ataque a Hiroshima- de utilizar armas nucleares.

Un ataque contra Irán sería un crimen de guerra, dijo Boyle. Y aunque los neoconservadores saben que tal ataque sería un crimen de guerra, "no les importa", añadió Boyle. Ven el uso de armas nucleares contra Irán como una forma de robar las reservas de petróleo de Irán y hacer un favor a Israel eliminando a uno de sus enemigos percibidos.

Además, en caso de ataque a Irán, Boyle afirmó que el propio Israel podría aprovechar la ocasión para declarar la guerra a Siria y Líbano con el fin de atacar a Hezbolá, la fuerza palestina asentada en Líbano.

Mientras tanto, Israel "mata de hambre a los palestinos", con el apoyo de Estados Unidos, "porque los palestinos tuvieron la osadía de elegir a musulmanes [dentro de Hamás] como sus líderes".

El uso de armas nucleares "forma parte del plan", "es de dominio público" y la mayoría de los gobiernos europeos "están en ello", afirmó Boyle.

La guerra no es fácil de localizar, señaló, recordando que tras el conflicto "local" que estalló a raíz del asesinato del Archiduque Francisco Fernando en Sarajevo, estalló la Primera Guerra Mundial, a consecuencia de la cual murieron 20 millones de personas.

En realidad, las políticas de los neoconservadores apenas difieren de la política tradicional estadounidense, afirmó Boyle. Desde los días en que Estados Unidos aplicó políticas imperiales para hacerse con el control de Hawai, Cuba, Filipinas y Puerto Rico, por ejemplo, "nada ha cambiado en cuanto a la dinámica operativa de la política imperial estadounidense". Con el pretexto de "detener el desarrollo de armas de destrucción masiva, luchar contra el terrorismo y promover la democracia", Estados Unidos, dijo sin rodeos, "está intentando robar un imperio de hidrocarburos a los Estados y pueblos musulmanes de Oriente Medio".

En 1967, dijo, Israel emprendió una guerra preventiva ilegal y se apoderó de las tierras de los Estados árabes, y Estados Unidos y Europa apoyaron a Israel cuando los árabes respondieron con la autodefensa. Cuando los árabes respondieron con un embargo de petróleo, Henry Kissinger, entonces Secretario de Estado, declaró que "no volvería a ocurrir" y EE.UU. reunió su Mando Central para "robar, conquistar y dominar" el petróleo y el gas del Golfo Pérsico y Asia Central.

Boyle afirmó que Israel es un "Estado fallido" que sirve de "gato por liebre" a Estados Unidos y que ni siquiera podría sobrevivir sin la ayuda militar y económica que recibe de Estados Unidos.

La primera guerra de Irak, en 1991, fue de hecho la primera expedición del mando central y de su llamada fuerza de despliegue rápido, una expedición que llevaba 15 años gestándose, "a una escala sin precedentes". El objetivo era dividir Irak entre los beligerantes kurdos, suníes y chiíes, ya que, como señaló Boyle, Irak era -según el propagandista antimusulmán Samuel Huntington- el único Estado árabe capaz de desafiar a Estados Unidos e Israel.

Las sanciones, que siguieron a la primera guerra, provocaron la muerte de 1,5 millones de iraquíes. La ex Secretaria de Estado Madeleine Albright declaró que "el precio valió la pena". Desde 1990, se ha producido un "genocidio puro y simple de las poblaciones musulmana y cristiana de Iraq".

Boyle cree que Estados Unidos fue cómplice de los atentados terroristas del 11 de septiembre, en el sentido de que altos funcionarios estadounidenses sabían que se iba a producir el atentado y permitieron que sucediera, con el fin de proporcionar un pretexto para una larga guerra. Afirma que Estados Unidos llevaba tiempo planeando invadir Afganistán para apoderarse de su petróleo y gas natural, y que tras el 11 de septiembre "dijeron todas las mentiras que tenían que decir e infringieron todas las leyes que tenían que infringir para lanzar la guerra".

En la actualidad, afirmó Boyle, "Irán será la próxima víctima de estos duros delincuentes, a menos que trabajemos para detenerlos".

La advertencia del Dr. Boyle de que Israel está totalmente dispuesto a utilizar su Golem nuclear para lograr sus objetivos no debe ser ignorada. De lo contrario, el mundo pagará un alto precio.

Capítulo XXVIII

El fin de la vida en la Tierra: las terribles consecuencias de la proliferación nuclear incontrolada

La Dra. Helen Caldicott, nacida en Australia y que ha pasado gran parte de su vida en Estados Unidos, es pediatra de profesión, pero se ha ganado el reconocimiento mundial por sus incansables esfuerzos para detener la proliferación de armas nucleares. Cofundadora de Physicians for Social Responsibility y Nuclear Policy Research, es autora de cinco libros y está considerada una de las principales autoridades mundiales sobre los peligros de la guerra nuclear. Por eso, cuando la Dra. Caldicott pronunció una conferencia en el Foro Especial de la Organización Mundial por la Paz Perdana 2006, celebrado en Kuala Lumpur (Malasia), sus comentarios llamaron acertadamente la atención.

Hablando como médico, la doctora Helen Caldicott afirmó que el entonces Secretario de Defensa de Estados Unidos, Donald Rumsfeld, uno de los líderes de la guerra contra Irak y más recientemente contra Irán, era "claramente un sociópata. Miente constantemente y lo hace de forma encantadora". De hecho, afirma, existe una "ideología y una psicología" distintas entre quienes abogan por la guerra contra Irán.

La Sra. Caldicott declaró que "debe producirse un cambio radical en la psique de los líderes mundiales y su público", pues de lo contrario "nuestro camino actual nos llevará a la aniquilación, quizá dentro de 20 años, pero quizá también dentro de 10 años".

No hay tiempo que perder", declaró. "Los líderes sabios deben alzarse para alejarnos del suicidio nuclear y poner en marcha el impulso necesario para detener la ciega y temeraria carrera hacia la destrucción mutua asegurada". Actualmente hay 30.000 armas nucleares en el mundo, el 97% de las cuales están en manos de Estados Unidos y Rusia.

La Sra. Caldicott recuerda que Estados Unidos está librando contra Irak lo que sólo puede calificarse de "guerra nuclear". Ella ha visto con sus propios ojos los resultados de la exposición al uranio 238 utilizado por Estados Unidos en las armas convencionales desplegadas en las dos guerras contra Irak.

El uranio es altamente cancerígeno. Se disemina por las tormentas de polvo. Se deposita en los huesos humanos. En Basora (Irak), el número de cánceres infantiles ha aumentado un 700%. Del mismo modo, el número de anomalías congénitas en los recién nacidos iraquíes ha aumentado un 700%: niños que nacen sin cerebro, sin brazos, con un solo ojo o sin ojos.

"Estados Unidos está contaminando para siempre la cuna de la civilización. Se trata de un crimen de guerra sin precedentes. Es un genocidio", dijo la Sra. Caldicott. "Es una guerra nuclear.

Aún hoy, "bombas de racimo" estadounidenses sin explotar ensucian las arenas de Irak y Afganistán. Así que aún quedan más tragedias por venir.

Sin embargo, cuando la Dra. Caldicott intentó hacer llegar este mensaje a los medios de comunicación, se encontró con que éstos optaban por ocultarlo. El *New York Times* le dijo: "No podemos publicar esta información".

La Sra. Caldicott señaló que los periódicos británicos y australianos habían publicado la información facilitada por su instituto de investigación sobre política nuclear, lo que les honraba, pero que los periódicos estadounidenses no lo hacían.

Y ahora", añadió, "están estos neoconservadores de la administración Bush que hablan de utilizar armas nucleares en Irán contra las instalaciones nucleares iraníes de Natanz e Isfahan. Si sólo se lanzaran tres bombas sobre cada una de estas instalaciones, la lluvia radiactiva se extendería a Afganistán, Pakistán e India, y la radiactividad se propagaría río abajo, debido a las corrientes de aire mundiales, hasta el sudeste asiático y Malasia. En total, un millón de personas podrían morir o resultar heridas como consecuencia de las primeras explosiones.

Se espera que unos 2,6 millones de personas mueran pronto como consecuencia de la radiación. Otros diez millones y medio estarían expuestos a la radiación, con el consiguiente peligro para las víctimas y sus hijos no nacidos. Simplemente no hay suficientes instalaciones médicas para hacer frente a las consecuencias.

El ataque planeado contra Irán, dijo Caldicott, es un "increíble crimen internacional" que podría provocar una mayor agitación internacional. Por ejemplo, preguntó, ¿es posible que los rusos se pongan nerviosos y se impliquen más en un conflicto con sus rebeldes chechenos? ¿Podría haber más explosiones nucleares? El resultado final sería el invierno nuclear y "el fin de la vida en la Tierra, el fin de la creación".

"Esta es la crisis más grave a la que se ha enfrentado la Tierra", afirmó, y dado que "el pueblo estadounidense determina el destino de la Tierra, los líderes estadounidenses necesitan un poco de amor duro" y deben ser frenados.

"Estados Unidos es el tirano del mundo", declaró, "y todos somos cómplices de la intimidación estadounidense. Los tiranos deben ser castigados".

Y aunque la Sra. Caldicott es judía, no dudó en señalar que Israel (con su propio Golem nuclear) ha desempeñado un papel fundamental en los problemas de Oriente Medio y en la proliferación nuclear.

Este erudito y humanista es una autoridad cuyas advertencias deben ser tenidas en cuenta en un momento en que el polvorín de Oriente Medio amenaza con llevar al mundo a una catástrofe nuclear.

Capítulo XXIX

Desinformación institucionalizada: el papel del monopolio mediático en la promoción de la guerra

El conde de origen alemán Hans-Christof Von Sponeck, que trabajó 26 años en las Naciones Unidas desempeñando diversos cargos, ha visto de primera mano cómo Estados Unidos (y sus aliados israelíes y británicos) desempeñaron un papel fundamental en la promulgación de la mentira de que Sadam Husein estaba desarrollando armas nucleares (y químicas) de destrucción masiva en Irak.

Como principal representante de la ONU en Irak para la administración del programa "alimentos por petróleo" (creado tras la primera guerra del Golfo en 1991) y, por tanto, responsable de supervisar las denominadas empresas de desarrollo armamentístico de Irak, Von Sponeck se dio cuenta de que el pueblo iraquí estaba siendo sometido a una campaña de destrucción y dimitió en señal de protesta.

En los años siguientes, se convirtió en uno de los críticos más abiertos de la política estadounidense en la región, y condenó con vehemencia los movimientos hacia la guerra con Irán.

En junio de 2006, el Sr. von Sponeck se dirigió a la Perdana Global Peace Organization del Dr. Mahathir Mohamad en Kuala Lumpur (Malasia) y expuso sus propias preocupaciones, basadas en sus conocimientos muy reales.

Refiriéndose al actual debate sobre un ataque estadounidense a Irán, Von Sponeck dijo que "la presión sanguínea mundial es alta... pero [el mundo] es consciente de los peligros y no hay conciencia de la posibilidad de un 'ataque colectivo' para todo el mundo", inherente a la posibilidad de las consecuencias de una guerra contra Irán.

Observó con especial preocupación que en la actualidad no se están realizando esfuerzos serios para detener la proliferación nuclear, sino que se está investigando una nueva generación de armas nucleares.

Von Sponeck destacó la hipocresía de la administración Bush, que se ha dirigido a India para discutir acuerdos nucleares, pero también ha condenado a Irán por sus ambiciones nucleares. El ex funcionario de la ONU denunció lo que denominó "un increíble doble rasero en el Consejo de Seguridad de la ONU" en torno a la controversia sobre el desarrollo nuclear iraní.

Refiriéndose al libro de John Perkins, Confesiones de un sicario económico, que describe la carrera de Perkins explotando naciones del Tercer Mundo en nombre de intereses financieros internacionales, Von Sponeck bromeó diciendo que las tácticas utilizadas por los intereses occidentales son verdaderamente "tercermundistas", en el sentido negativo de la palabra. "El Tercer Mundo no está en Malasia, sino al otro lado del Atlántico", dijo Von Sponeck refiriéndose a Estados Unidos. Von Sponeck condenó lo que denominó el "darwinismo del mercado", que "está en flagrante contradicción con el deseo de derechos humanos y justicia".

El diplomático alemán señaló que con la guerra de Irak, una nación -Estados Unidos- "decidió abandonar la comunidad de naciones y embarcarse en una política de unilateralismo". Señalar esto, añadió, "no es ser antiamericano". Al contrario, añadió, "es decir que estamos examinando los hechos de un periodo muy peligroso de nuestra historia". En su opinión, Estados Unidos ha "creado artificialmente" la crisis de Irán, que guarda muchas similitudes con la anterior campaña contra Irak.

Sin embargo, basándose en sus propias observaciones, el Sr. von Sponeck espera que se esté llegando a un punto de inflexión: "Todavía hay gente en Washington que reconoce los límites del poder estadounidense" y que está de acuerdo en que "es una idea descabellada atacar a Irán con armas nucleares", lo que de hecho se propuso en los círculos de planificación militar de la administración Bush.

Además, añadió, se están desarrollando nuevas alianzas en todo el mundo, tanto económicas como políticas, que suponen un desafío a los esfuerzos de quienes dirigen la política estadounidense hacia el imperio global. "Los días de Estados Unidos como superpotencia están contados. Aunque Estados Unidos no desea una solución pacífica, von Sponeck cree que habrá una presión mundial para evitar un ataque contra Irán.

M. Von Sponeck recordó que el siglo XX fue testigo del final del colonialismo y que esperaba que el siglo XXI fuera un periodo de "independencia intelectual", durante el cual los ciudadanos de Estados Unidos (en particular), pero también de todo el mundo, fueran capaces de rechazar lo que denominó "la avalancha de información inútil" y "el peligro de la desinformación y la desinformación deliberadas" en los medios de comunicación, que son "todo un disparate", en particular en lo que respecta a Irak e Irán.

Según el Sr. Von Sponeck, ha llegado el momento y nos encontramos en un periodo en el que los "medios independientes en busca de la verdad" deben asumir el reto de corregir las mentiras y engaños de los medios dominantes, lo que él denomina "desinformación institucionalizada".

Mahathir y sus colegas de la Organización Mundial por la Paz Perdana que luchan por desalojar la agenda de guerra y dominación global que actualmente está en juego en la campaña contra Irán, pero que es mucho mayor y más peligrosa de lo que cualquier mente humana pueda imaginar.

Volvamos ahora a las proféticas advertencias de un intelectual estadounidense que, hace unos cincuenta años, reconoció que el creciente poder del sionismo político en América y el surgimiento del Estado de Israel, combinados con la aparición del Golem nuclear, constituían un problema crítico que, para la supervivencia de la humanidad, debía resolverse. Su llamamiento a la razón sigue siendo intemporal.

Capítulo XXX

"El mayor crimen del siglo XX" Apelación de un profeta a la razón

Los peligros del sionismo, el imperialismo y la locura nuclear Hace unos cincuenta años, un intelectual estadounidense poco conocido (entonces o ahora) vio las inevitables consecuencias del imperialismo global estadounidense y los peligros de las guerras inútiles libradas en nombre de la "democracia". Reconoció que el ascenso del poder sionista y la aparición simultánea de armas nucleares eran una combinación desastrosa. El difunto Lawrence Dennis (1893-1977) hizo un llamamiento a la razón que resulta muy pertinente para la supervivencia de Estados Unidos y del mundo actual.

A mediados del siglo XX, desde principios de los años treinta hasta los sesenta, Dennis se consolidó como el mayor teórico nacionalista estadounidense.

Opositor declarado a la injerencia imperial, Dennis advirtió desde el principio contra la implicación estadounidense en los asuntos del Tercer Mundo -especialmente en Oriente Próximo- y predijo el desastre para Estados Unidos (y el mundo) como consecuencia última.

Lo que Dennis dijo en sus mejores tiempos es tan profundo y tan profético que su comentario merece ser resucitado en estos tiempos modernos.

Uno no puede dejar de leer las observaciones de Dennis -publicadas en su boletín de pequeña tirada (pero todavía muy discretamente influyente), The Appeal to Reason (publicado desde los años cincuenta hasta principios de los sesenta)- y reflexionar sobre cómo su análisis de los acontecimientos mundiales, incluso entonces, reflejaba con tanta exactitud la propaganda y el belicismo que condujeron a la invasión estadounidense de Irak y a los acontecimientos que siguieron.

Aunque se le recuerda sobre todo como el genio que fue juzgado en 1944 (junto con otras treinta personas) por cargos falsos de "sedición" por oponerse a la iniciativa de Franklin Roosevelt de llevar a Estados Unidos a lo que se convirtió en la Segunda Guerra Mundial, a menudo se olvida que Dennis fue también un firme crítico de la Guerra Fría.

Durante la Guerra Fría, Dennis se mostró inflexible sobre los peligros del ruido de sables contra la Unión Soviética. Reconocía que el comunismo no podía sobrevivir y era categórico al afirmar que la intervención estadounidense en el Tercer Mundo en nombre de la "lucha contra el comunismo" sólo crearía nuevos enemigos para Estados Unidos, allanando el camino para que los soviéticos explotaran el disgusto del Tercer Mundo con el aventurerismo estadounidense.

Ni "conservador" ni "liberal", Dennis desafió (y censuró) estas etiquetas, mucho antes de que se pusieran de moda y mucho antes de que los intelectuales honestos se dieran cuenta de que estos términos habían dejado de ser relevantes (y quizá nunca lo fueron).

Y en esta época de "corrección política", probablemente merezca la pena señalar que, aunque Dennis era de origen afroamericano por ambos lados de su familia, "pasaba" por "blanco". Aunque nunca negó formalmente su origen étnico, para gran consternación de los maniáticos modernos que exigen retrospectivamente que Dennis "actuara como negro" y se negara así la oportunidad de convertirse en el diplomático, economista, escritor y conferenciante itinerante en que se ha convertido este ser humano de múltiples talentos.

Irónicamente, sólo en los últimos años muchos nacionalistas estadounidenses de "izquierda" y "derecha" han llegado a reconocer la sabiduría de Lawrence Dennis.

Hoy en día, incluso Pat Buchanan se hace eco de la postura antiimperialista y de "América primero" de Dennis, haciendo un llamamiento a los críticos de la "Pax Americana" tanto de "derechas" como de "izquierdas" para que se unan contra el Nuevo Orden Mundial, que es -ahora con demasiada claridad- una amalgama enloquecida, saqueadora y belicista de las fuerzas del capitalismo plutocrático internacional y del sionismo, unidas en un Eje del Mal.

Sin embargo, mucho antes de Buchanan, revistas independientes como Right, The American Mercury, *The Spotlight* (todas ellas ya desaparecidas) y ahora American Free Press, así como la revista quincenal de historia estadounidense The Barnes Review, conmemoraban a Dennis.

Willis A. Carto -editor de The Barnes Review- era amigo de Dennis y atesora su rara colección del boletín de Dennis, The Appeal to Reason, en la que se basa la siguiente destilación del pensamiento de Dennis sobre el peligro combinado de la intromisión mundial de EEUU y el apoyo al sionismo en la era de las armas nucleares.

Reflexionando sobre el intenso pensamiento de Dennis y sus escritos y análisis cuidadosamente elaborados sobre las grandes cuestiones de la guerra, el capitalismo, el imperialismo y la expansión, y su oposición a ellas -por no hablar de la interacción de estas fuerzas con la espiral de influencia sionista tras la creación del Estado de Israel y el auge de la proliferación nuclear-, el lector se sorprenderá de lo clarividente que fue Dennis al escribir hace más de 50 años.

No es de extrañar que muchas de las personalidades más influyentes del siglo XX se inspiraran en las ideas de Dennis: desde el ex embajador Joseph P. Kennedy (padre del presidente Kennedy) hasta el general Robert Wood, pasando por el famoso aviador Charles Lindbergh o historiadores de espíritu libre como William Appleman Williams y Harry Elmer Barnes, entre muchos otros que respetaron el dinámico poder cerebral de este hombre asombroso.

Aunque uno puede no estar de acuerdo con todo lo que Dennis tenía que decir - y Dennis no lo habría exigido - es imposible negar que Dennis era un profeta capaz de ir directo al grano y analizar los asuntos mundiales con un estilo vívido y sin rodeos. Sus palabras son un llamamiento a una ofensiva mundial contra el Golem nuclear de Israel.

"El mayor crimen del siglo XX" Por Lawrence Dennis La dinámica de las guerras religiosas se basa en el odio (al pecado) y el miedo (al demonio extranjero). Eso es lo que tenemos. El pueblo estadounidense nunca ha sido suficientemente informado de que la Primera y la Segunda Guerras Mundiales y el fiasco de Corea fueron guerras religiosas [aunque] yo fui el único que insistió en la naturaleza de guerra religiosa de la Primera y la Segunda Guerras Mundiales y en el estado de Guerra Fría permanente posterior a la Segunda Guerra Mundial.

Este aspecto de las guerras americanas desde 1914 debe considerarse a la luz de la historia y de la analogía con las guerras religiosas del siglo XVII y siglos anteriores. Esto no fue tan evidente en la Primera Guerra Mundial como en la Segunda. El Kaiser y el emperador Francisco José de Austria-Hungría no tenían equivalente en el nazismo de Hitler o el fascismo de Mussolini, ni en el comunismo ruso o chino de hoy.

La Primera Guerra Mundial se convirtió en una especie de guerra religiosa por necesidad práctica, con el fin de vender al pueblo estadounidense su participación en esa guerra junto a los Aliados. Los estadounidenses no se habrían unido a esa guerra si se les hubiera dicho que era un buen negocio para Estados Unidos o que era necesaria para la defensa del país.

Tuvimos que explicar a los estadounidenses que era una guerra para acabar con la guerra. Para ellos, eso la convertía en una guerra religiosa. Hitler y su "ismo" facilitaron la venta de la Segunda Guerra Mundial al pueblo estadounidense como una guerra religiosa.

Antes de cada una de las dos últimas guerras mundiales y antes de la próxima, los estadounidenses tenían la ilusión de que se podía impedir o disuadir a los demonios extranjeros de hacer el mal si tan sólo hacíamos lo correcto. Lo correcto es desarrollar un enorme potencial bélico y denunciar constantemente a los demonios extranjeros por lo que son y por lo que hacen. Cuando estas ilusiones resultan falsas y el demonio extranjero se niega a cumplir uno de nuestros ultimátums, como hicieron los japoneses antes de Pearl Harbor, y cuando el demonio extranjero finalmente ataca, como en Pearl Harbor, es la ideología estadounidense la que dicta, como ha hecho hasta ahora, la acción que debemos emprender como nación.

El obstáculo para el debate es que casi nadie de renombre con una carrera o un medio de vida que asegurar está dispuesto a arriesgarse a decirles a los estadounidenses o a los británicos que cometieron un error luchando en dos guerras mundiales que la mayoría de ellos sigue pensando que ganaron.

Decir esto es exponerse a la acusación de defender a los demonios alemanes y argumentar que no valía la pena salvar al mundo de la conquista y dominación alemanas. La respuesta es que los resultados de la lucha por salvar al mundo de un solo demonio han sido mucho peores que si se hubiera permitido que alemanes y rusos lucharan entre sí o que chinos y japoneses hicieran lo mismo.

La respuesta es que nunca ha habido, ni habrá, un solo demonio cuyo mundo deba ser salvado por cruzados que, derrotando a este único demonio, puedan marcar el comienzo del Milenio.

Los Estados Unidos no intervencionistas tuvieron un gran éxito en el siglo XIX. La América intervencionista ha sido un fracaso en los asuntos mundiales desde la Primera Guerra Mundial. En los asuntos mundiales desde la Segunda Guerra Mundial, Estados Unidos ha hecho más de lo que podía masticar.

La idea de que británicos, alemanes o estadounidenses podrían, en el siglo XX, reproducir el Imperio Romano de dos milenios ha sido ampliamente pregonada en este país y en todo el mundo occidental. Pero esta idea siempre ha sido absurdamente irrealista.

La unificación del mundo según cualquier fórmula parece cada día menos posible. La ley y la fuerza no ofrecen ninguna fórmula para la paz mundial. Una mayor tolerancia es el único enfoque constructivo del problema de la guerra. Las armas nucleares hacen inaceptable la guerra. La guerra nuclear sólo puede evitarse apelando a la razón y al interés propio.

¿Qué es la política exterior estadounidense o la política de Oriente Medio? Es la intervención por la fuerza y con dinero en cada gran crisis o conflicto en el extranjero, en nombre de abstracciones como la seguridad colectiva, el Estado de derecho mundial, la defensa y las Naciones Unidas.

Las Naciones Unidas no están unidas. La destrucción por represalia no es defensa. Una política intervencionista es imprevisible e incontrolable.

La intervención no puede tener éxito. Sólo la no intervención y el equilibrio de poder podrían servir a Estados Unidos.

Estados Unidos inventó las armas nucleares y lanzó la guerra nuclear... nuestra contribución a la decadencia de Occidente. Por lo tanto, Estados Unidos debe evitar la guerra nuclear disuadiendo a quienes poseen armas nucleares de utilizarlas. ¡Tonterías! Predecimos que una vez que se apriete el gatillo atómico, habrá una guerra total.

Una política de no intervención o neutralidad, ahora tan a menudo descrita erróneamente como aislacionista, da a una nación como Estados Unidos mucha más iniciativa y poder para dar forma a los acontecimientos y determinar los resultados que nuestra actual política de intervención ilimitada e impredecible.

Gracias a los 40 años de injerencia estadounidense en el mundo desde 1917, el mundo actual está más desorganizado que nunca. La intervención estadounidense mediante el dinero o la fuerza crea una situación o equilibrio de poder que sólo puede mantenerse mediante un despliegue continuo y a menudo creciente de fuerza y dinero estadounidenses.

La actualidad internacional está marcada por la transferencia de la responsabilidad de la defensa a Estados Unidos por parte de británicos e israelíes.

La política exterior estadounidense de intervención a ultranza sólo sirve a un objetivo principal, el de mantener el pleno empleo mediante la inflación y el máximo gasto público.

La pericia jurídica o la defensa de una parte, ya sea para una nación en una competición mundial o para un grupo de presión o movimiento a escala nacional, no contribuirán a la paz ni a mejorar las relaciones y la estabilidad.

El internacionalismo, el universalismo y la unidad del mundo son conceptos o instrumentos de pensamiento irreales y peligrosos. El universalismo o internacionalismo estadounidense es una farsa.

Podemos respetar a cualquier creyente sincero y coherente que defienda su particular culto a la unicidad del mundo o universalismo, sea religioso, político o de otro tipo, ideológico u operativo, siempre que no se proponga imponer su orden mundial por la espada, como hicieron los cruzados cristianos de antaño y tantos otros tipos de lunáticos históricos o fanáticos religiosos.

Pero para cualquier persona racional resulta nauseabundo que los sureños estadounidenses -que ahora se oponen como entonces a la integración o la asimilación racial- prediquen el internacionalismo, el globalismo, el reinado mundial de una ley única y una especie de universalismo empalagoso.

Lo mismo puede decirse de los dirigentes y portavoces sindicales, todos los cuales profesan el más profundo apego a los valores y normas de un internacionalismo o universalismo global, pero todos los cuales se oponen a reducir nuestras barreras a la inmigración para permitir que nuestro mercado laboral se vea inundado por millones de trabajadores baratos procedentes del mundo multicolor.

El internacionalista del trabajo organizado es un impostor, al igual que el internacionalista del Sur y el globalista que está en contra de la integración, pero al que le gustaría que las fuerzas estadounidenses estuvieran estacionadas en todo el planeta para hacer cumplir el estado de derecho global, mientras desprecia o niega la decisión de nuestro Tribunal Supremo sobre la integración.

Cuando los liberales y los internacionalistas hacían campaña para que entráramos en una guerra antinazi, ¿eran menos extremistas que los llamados conservadores que hoy predican el anticomunismo? Los revisionistas no son ni han sido nunca extremistas. La etiqueta de extremista debería aplicarse en general a los partidarios de la guerra.

El factor más extremo actualmente en vigor y que hay que temer es la guerra, incluidos los preparativos de guerra.

La guerra se ha convertido gradualmente en un factor extremo desde mediados del siglo XIX. La guerra aumentó la deuda nacional de 43.000 millones de dólares en 1940 a 279.000 millones en 1945. La Guerra Fría la elevó a más de 300.000 millones de dólares en la actualidad.

¿Puede combatirse con éxito el extremismo de la guerra mediante la moderación? ¿Debemos responder siempre al extremismo con extremismo? [John E. Kennedy parece haber sido más un moderado que un extremista.

Por desgracia, el extremismo, es decir, una forma o tipo de extremismo, suele tener más atractivo para el público en general que una política de moderación. Kennedy ha sido objeto de muchas críticas porque no habla o actúa con la suficiente dureza para el gusto de la mayoría de la gente. La mayoría de la gente sigue sin hacer una valoración precisa o racional de los nuevos factores de la guerra.

[Estos comentarios se hicieron el 7 de junio de 1963, menos de seis meses antes del asesinato de John F. Kennedy en Dallas. De hecho, el comentario de Dennis prefiguró, en muchos aspectos, la creencia posterior de que JFK fue asesinado precisamente por su negativa a adoptar la "línea dura" de los sionistas y sus aliados de la Guerra Fría que hoy constituyen la camarilla "neoconservadora" al más alto nivel del gobierno estadounidense. -MICHAEL COLLINS PIPER].

Gran parte de las críticas actuales a Kennedy se basan en su fracaso a la hora de conseguir algo para Estados Unidos o de demostrar lo que a las masas de nuestro pueblo les gusta considerar como liderazgo mundial.

El Boobus Americanus, o paleto americano, no puede entender por qué su país, victorioso en la Segunda Guerra Mundial, no debería ser hoy el líder mundial y controlar la situación global.

Está claro que ni el presidente Kennedy ni ninguno de sus portavoces pueden decirle al Boobus Americanus que Estados Unidos no ganó la Segunda Guerra Mundial, sino que Rusia y el comunismo, con la única ayuda de Estados Unidos, ganaron la guerra.

Y esto es algo que ni los llamados conservadores estadounidenses ni los llamados liberales estadounidenses están dispuestos a decir abierta o públicamente.

Los conservadores hablan duro contra el demonio exterior y contra más gobierno en casa. Es paradójico e irracional.

¿Qué puede haber más absurdo que la exigencia por parte de los conservadores estadounidenses de una política más dura hacia la Rusia y la China comunistas y una reducción de la intervención, el control y la imposición del gobierno en casa

¿Qué puede haber más paradójico que estar a favor de la guerra y en contra del socialismo? La gran debilidad de la mayoría de los conservadores y liberales estadounidenses es su incapacidad para adoptar una visión operativa de la gran guerra moderna. No les entra en la cabeza que una gran guerra moderna deba ser socialista.

La Guerra Fría en curso debe degradar el mundo blanco y mejorar el mundo de color, algo que nuestros estúpidos sureños [que apoyaron] la guerra de Woodrow Wilson para hacer del mundo un lugar seguro para la democracia nunca vieron. De Gaulle lo ve y quiere poner fin a la inútil guerra francesa en el norte de África.

[De hecho, en 1962, De Gaulle cedió el control de Argelia a Francia, para consternación de Israel, y nació una nueva gran república árabe. Durante el mismo periodo, De Gaulle empezó a romper su larga alianza con Israel y a apoyar los programas de armamento nuclear de Israel, precisamente en un momento en que John F. Kennedy protestaba enérgicamente contra el afán de Israel por adquirir armas nucleares. -MICHAEL COLLINS PIPER].

Los días de la explotación rentable de África o Asia por parte del hombre blanco han terminado. A partir de ahora, sólo la cooperación rentable es un objetivo racional y práctico.

La idea o ideal de la unidad mundial ha sido promovida durante más de medio siglo por nuestras fundaciones subvencionadas. Nunca se ha visto respaldada por la historia ni por la actualidad. Hoy está más desacreditada que nunca.

Al pueblo estadounidense se le vendieron dos guerras mundiales sobre la base de una teoría general que era altamente irracional y contraria a la lógica de la historia pasada, y que los acontecimientos desde 1917 han demostrado repetida y concluyentemente que es falsa.

Según esta teoría general, una guerra para acabar con la guerra y el Estado de Derecho mundial podrían imponer la paz con justicia. Como tantas veces hemos dicho, la frase o idea más descabellada del siglo XX fue una guerra para acabar con la guerra.

Cualquiera que pensara que la guerra podía acabar con la guerra debería haber sido enviado a un hospital psiquiátrico para un análisis y tratamiento psiquiátricos.

Una de las grandes locuras de la América del siglo XX fue el prohibicionismo: fuera el alcohol, fuera la guerra. Si es un pecado, detenlo o prohíbelo.

La gran idea de los Estados Unidos: El mundo debe ser unificado por la fuerza - la nuestra o la suya. Esta idea es objetiva y lógicamente errónea. Pero se ha aceptado como una idea 100% estadounidense. Si quieres ser un conformista y no un inconformista, un disidente o un subversivo, un riesgo para la seguridad, tienes que suscribir esta idea equivocada.

La generación que empezó a leer a Mahan sobre el poder marítimo, a Kipling sobre la carga del hombre blanco y las razas inferiores sin ley, y a muchos otros sobre el destino manifiesto de América y Gran Bretaña, también empezó a recibir subvenciones por abrazar estas ideas.

Las subvenciones procedían de millonarios británicos como Cecil Rhodes y Andrew Carnegie y estadounidenses como John D. Rockefeller. Se consideraba que las tendencias tecnológicas y el progreso científico apoyaban esta ideología de "nosotros o ellos".

Los partidarios de la unificación mundial por la fuerza que se oponen al reparto son unos impostores. Estos internacionalistas no tienen ningún problema en denunciar el nacionalismo como egoísta, depredador y, en general, inmoral. Atacan incluso con más violencia a ciertos representantes extremos del racismo, es decir, de un racismo distinto del suyo. Pero son tan culpables como aquellos a quienes atacan cuando se trata de compartir o de establecer un orden mundial basado en la igualdad de oportunidades y de acceso.

Estamos dispuestos a unirnos a nuestros compatriotas para defender este país de cualquier invasión de extranjeros que busquen un lugar donde vivir.

Pero no estamos dispuestos a luchar ni a hacer luchar a los estadounidenses para proteger a otras regiones del mundo de guerras o ataques similares. Para esas guerras, nuestro consejo es mantenerse al margen, intentar localizarlas y limitarlas, intentar evitarlas o ponerles fin utilizando los buenos oficios y negociando con ambas partes.

No queremos participar en guerras para liberar a otros pueblos. Dejemos que se liberen ellos mismos. No queremos participar en guerras para defender el statu quo en otras regiones.

La intervención del gobierno en todas las fases de la vida doméstica ha ido en aumento desde la Primera Guerra Mundial. Los negros en pie de guerra en el Sur explotaron esta tendencia. Se subían a la ola del futuro, iniciada por la Primera Guerra Mundial y acelerada enormemente por la Segunda.

Los sureños que ahora luchan desesperadamente contra la creciente marea de color eran partidarios de que Estados Unidos se involucrara en la Primera y la Segunda Guerras Mundiales para que el mundo fuera seguro para la democracia. No tuvieron la imaginación ni la inteligencia para prever las consecuencias de las cruzadas en las que se embarcó Estados Unidos.

[El General Douglas MacArthur dijo: "La guerra mundial se ha convertido en un Frankenstein que destruye a ambas partes. Ya no es un arma de aventura, un atajo hacia el poder internacional. Si pierdes, te destruyen.

Si gana, sólo puede perder. Ya ni siquiera tiene la suerte del ganador de un duelo. Sólo contiene las semillas de un doble suicidio".

El enfoque de MacArthur sobre la guerra no es pacifista, sino operacionalista, y esa es la línea que hemos seguido durante más de tres décadas.

La dinámica del odio y el miedo llevó a Occidente a dos guerras. Para implicar a Estados Unidos en dos guerras mundiales, fue necesario movilizar y utilizar la dinámica del odio y el miedo.

Estos factores, por supuesto, siempre estuvieron presentes y operativos en las guerras nacionalistas de los dos siglos y medio anteriores al siglo XX y posteriores a la era de las Guerras de Religión. Pero estos factores nunca fueron tan importantes en los dos siglos y medio transcurridos entre 1648 y 1900 como lo fueron en el mundo occidental durante el siglo XX. La democracia no alcanzó su madurez hasta finales del siglo XIX.

Incitar al odio y al miedo en las masas es la forma más fácil y segura de que un dirigente político del mundo occidental consiga y ejerza el poder.

Ahora es el medio aprobado para llevar a un país a la guerra o mantenerlo en un estado de guerra permanente como en el que nos encontramos actualmente.

En el siglo XX, Occidente enseñó a los afroasiáticos a odiar y temer. Hoy odian y temen la dominación blanca, no el comunismo. Nunca han conocido el colonialismo ruso blanco.

La fuerza de [el líder panárabe egipcio Gamal] Nasser hoy es que puede contar con la creciente marea del anticolonialismo o el odio y el miedo a los intrusos blancos en África y Asia.

Ningún líder político de África o Asia puede tener mejor baza que ser odiado o denunciado por nosotros, los estadounidenses. El hecho de que estemos "en contra" del comunismo es la mayor baza del comunismo en África y Asia. El hecho de que estemos "a favor" de un gobernante o régimen local en África o Asia es la peor desventaja para ese gobernante o régimen.

La minoría blanca global debería tener la inteligencia suficiente para comprender que explotar o intentar explotar y utilizar la dinámica del odio y el miedo nunca ha sido ni será un buen negocio para una minoría privilegiada. La dinámica del odio y el miedo, a largo plazo, sólo puede resultar fatal para la minoría. El Occidente blanco, o acomodado, es la minoría. La actual crisis en Oriente Medio ocupa los titulares de los políticos.

¿Cómo podría nuestra élite de poder de Washington conseguir entre 40.000 y 50.000 millones de dólares al año para gastos de defensa y ayuda exterior si no tuvieran titulares sobre crisis bélicas en Oriente Próximo y otras regiones en nuestros periódicos la mayor parte del tiempo

Es maravilloso tener un "Hitler del mundo de color" que no es ni de lejos tan peligroso o poderoso como Adolf.

El resultado final es seguro. El tiempo, los números y el espacio están con el mundo de color. Están con los nacionalistas musulmanes y contra los nacionalistas israelíes. Lo que le ha faltado al mundo de color es unidad y dinamismo para hacer la guerra a los blancos.

Israel contribuye a la unificación y activación del mundo de color para la guerra contra los colonizadores y otros extranjeros.

Los [rusos] no pueden controlar, pero ayudarán y animarán a los africanos a oponerse a Estados Unidos e Israel. Nuestros patriotas fanáticos y "antis" que quieren llevar la carga del hombre blanco en Asia y África, ahora que los europeos han sido expulsados, son ingenuos cuando suponen que Moscú controla o dirige cada factor de poder disruptivo o patrón de comportamiento que actualmente está dando dolores de cabeza al Tío Sam, a la ONU, a las potencias coloniales occidentales o a Israel. Esto no tiene sentido.

Una cosa es ayudar y alentar a un alborotador y sacar provecho de sus actividades. Otra muy distinta es controlarlas o dirigirlas.

La política y la acción recientes de Estados Unidos, Occidente y, al parecer, Israel se basan en la premisa irracional de que las personas de color sólo respetan la fuerza y que, por tanto, sus oponentes blancos sólo tienen que movilizar la fuerza suficiente contra las personas de color. Lo que hace que esta suposición básica sobre la fuerza y la gente de color sea tan disparatada es una simple cuestión de aritmética.

Sin duda, las potencias coloniales blancas y los israelíes nunca podrán lograr una superioridad última y decisiva sobre el mundo de color y las vastas regiones que pueblan. Sin embargo, el mundo occidental o blanco, si se guiara por el racionalismo operativo y el cálculo en lugar del legalismo místico, el moralismo y el tradicionalismo, podría formular y elaborar fácilmente propuestas o acuerdos con el mundo de color que fueran mutuamente ventajosos para ambas o todas las partes implicadas. Esa es nuestra palabra, "constructivas".

Sólo una vuelta a la neutralidad, como aconsejó Washington en su discurso de despedida, podría impedir realmente que nuestro gobierno iniciara y librara una tercera guerra mundial a pesar de las abrumadoras probabilidades numéricas.

Sólo la sustitución de la diplomacia por el intento de jugar a ser Dios o el policía del mundo puede proporcionar una alternativa operativa práctica a la guerra total, si un día un salvaje en algún lugar va demasiado lejos.

Sólo el operacionalismo racional y la lógica del interés nacional ilustrado, en lugar de obedecer a los imperativos de los absolutos legalistas, moralistas y tradicionalistas, pueden evitar la Tercera Guerra Mundial y, con ella, el eventual exterminio de la mayor parte de la humanidad.

A medida que se intensifique la guerra en Oriente Medio, Estados Unidos tendrá que enviar cientos de miles, si no millones, de tropas estadounidenses a la región para proteger los pozos de petróleo y los miles de kilómetros de oleoductos que transportan el petróleo hasta el Mediterráneo para su exportación a los europeos que dependen de él. Por supuesto, al pueblo estadounidense no se le dirá que es necesario enviar tropas estadounidenses a Oriente Medio para proteger los intereses petroleros. Se les dirá que la intervención estadounidense en la región es necesaria para defender a Estados Unidos deteniendo la agresión comunista.

[Aunque Dennis escribió esto en 1955, en plena Guerra Fría, sus observaciones siguen siendo válidas. Hoy, el enemigo "comunista" ha sido sustituido por el enemigo "islamofascista" y por "dictadores de Oriente Medio con armas de destrucción masiva" (MICHAEL COLLINS PIPER).

Si los líderes nacionalistas del mundo de color pueden obligar a Estados Unidos a desplegar millones de tropas estadounidenses en el mundo de color a perpetuidad para acabar con el pecado comunista [o, en el paradigma actual, con el pecado "islamofascista" - MICHAEL COLLINS PIPER], ¿de qué tienen que preocuparse estos líderes? Cuantos más indígenas mueran a manos de tropas estadounidenses o extranjeras, mejor será para los intereses a largo plazo de los nacionalismos indígenas que ahora están en pie de guerra contra los extranjeros.

¿Cómo puede Estados Unidos ejercer presión sobre pueblos que viven tan al límite de la subsistencia? La presión sólo se ejercerá sobre los contribuyentes y reclutas estadounidenses para guerras de perpetua intervención extranjera sin retorno en botín.

Hollywood no podría haber elegido un escenario de guerra más apropiado que Palestina. En este siglo, nos hemos acercado a la guerra nuclear y nos hemos alejado de la guerra santa. Este es el siglo de las guerras religiosas.

Para la apertura de la tercera gran guerra religiosa de la historia, ninguna región podría ser más apropiada que Tierra Santa, cuna de dos, si no tres, de las verdaderas grandes religiones del mundo: el judaísmo, el cristianismo y el islam.

La puesta en escena y el reparto son soberbios y lógicos. Sión es el tema de la Torá, los Profetas, los Salmos, las Lamentaciones y muchos de los grandes clásicos históricos, como los de José y Maimónides. Es la tierra elegida de, el pueblo elegido. Es objeto de una atención especial por parte de Dios, o más bien de Yahvé, el Dios de Israel.

Hoy, el Tío Sam ha tomado el relevo. Por supuesto, Alá está en el otro bando, el de los árabes. Yahvé ha ayudado a los Hijos de Israel a apoderarse de la Tierra Prometida más de una vez en los últimos cuatro mil años. Pero nunca impidió que fueran expulsados y dispersados. Esto es lo que el Tío Sam debe hacer en el futuro.

Por razones que nosotros, como teólogos, somos incapaces de dar, Yahvé permitió que el pueblo elegido fuera expulsado de la tierra elegida más de una vez. Pero el Tío Sam no puede permitir que tal cosa le suceda al nuevo Israel.

El Tío Sam no es un derrotista. No apoya la guerra, el pecado ni la agresión. Lucha para acabar con las guerras. Es un perfeccionista.

Los creyentes de las grandes religiones con promesas mesiánicas esperaban y rezaban por la llegada del Mesías y el amanecer del Milenio. Hoy, los estadounidenses no sólo deben esperar y rezar por el Milenio, sino que deben luchar por él, en todo el planeta. Este es el nuevo internacionalismo.

Dios nunca ha detenido la guerra o el mal en toda la historia, como el Tío Sam debe hacer hoy. Sabemos que el Tío Sam está comprometido a no permitir que ocurra una guerra o agresión sin intervenir para detener la guerra. Él no puede permitir que el pueblo elegido sea expulsado de Israel como lo ha sido, más de una vez, en el pasado.

Es apropiado que la tercera guerra mundial comience en Tierra Santa. ¿Cuál será la naturaleza, la escala, la duración y los resultados de la tercera guerra emprendida por los Estados Unidos en una sola vida para acabar con la guerra y el mal

Será interesante ver cómo aumentan las bajas estadounidenses en Oriente Próximo mientras el Tío Sam intenta detener lo que Yahvé no detuvo en un pasado lejano. Y será aún más interesante seguir las reacciones masivas de los estadounidenses ante los muertos y heridos de la cruzada en Tierra Santa.

La contribución de Estados Unidos a la guerra religiosa en el siglo XX [fue] el mono-diabolismo [es decir, el nombramiento de un único enemigo "diablo"]. Ahora que el Tío Sam ha tomado el relevo e intenta hacer un trabajo que Yahvé nunca hizo, el Tío Sam nunca puede admitir la más mínima imputación de pecado o maldad a ninguno de sus aliados o protegidos. Uno de los "ismos" debe recibir autorización de seguridad. El otro debe ser considerado subversivo. No pasará mucho tiempo antes de que tanto el judaísmo como el islam estén sujetos a una evaluación de seguridad como parte de la guerra permanente. [Dennis vio claramente que, en última instancia, en Estados Unidos, el judaísmo tendría una autorización de seguridad. No así el Islam. Dennis lo vio venir... -MICHAEL COLLINS PIPER].

Hoy en día, cuando el Tío Sam va a la guerra, resuelve simple y decisivamente toda la cuestión del pecado o de quién y qué es bueno o justo y quién y qué es malvado y malo. El pecado está siempre y únicamente del lado del enemigo.

Esto fue establecido por los juicios de Nuremberg y otros juicios por crímenes de guerra. Solo hay un diablo que esta en contra del Tio Sam o que no esta con el.

[Y George W. Bush lo dijo: "O estás con nosotros o estás con los terroristas": "O estás con nosotros o estás con los terroristas" (MICHAEL COLLINS PIPER).

Los preparativos para la Tercera Guerra Mundial continúan en Oriente Próximo por Israel, el petróleo, el colonialismo occidental contra el nacionalismo de color y la racionalización de la lucha entre el mundo libre y el comunismo. Israel y nuestras potencias coloniales occidentales son nuestro baluarte contra el comunismo y el mundo de color. Este esquema corresponde a lo que Sir Norman Angell llamó en el London Times del 15 de abril de 1956: "El suicidio de Occidente".

En el modelo de guerra religiosa del suicidio occidental del siglo XX, Occidente emprende una cruzada, se infla y se tecnologiza hasta la muerte. Se extingue intentando poner fin a la guerra.

Se está preparando para hacer inhabitable el mundo con armas de fisión nuclear a fin de que el mundo sea seguro para la democracia. El leitmotiv es la idea de que los pecados y demonios extranjeros no pueden tolerarse, sino que deben eliminarse.

Si el saber humano no puede acabar con la guerra o el pecado, ahora puede acabar con la raza humana. Ahora tenemos un potencial infinito de aniquilación. ¿Cuánto tiempo podrán nuestros idealistas contener su deseo de hacer el bien apretando el gatillo de la aniquilación global

Si no tuviéramos la fisión nuclear y tantos conocimientos técnicos, la actual ola de locura podría acabar en nada peor que la sangrienta inutilidad de las Cruzadas o las guerras religiosas de los siglos XVI y XVII.

Los antiguos militares, técnicos y capitalistas nazis alemanes se están trasladando silenciosamente [al mundo árabe] para cooperar y asimilarse. Si eso no vuelve locos a los estadounidenses y británicos que sucumbieron a la propaganda de la Segunda Guerra Mundial sobre el "racismo" alemán, ¡no sabemos qué podría hacerlo! Curiosamente, Dennis también comentó en otro lugar que Hitler "no era lo suficientemente racional" para haberse aliado con el mundo árabe, por ejemplo, "tenía una opinión demasiado elevada de los británicos y de la raza blanca", un comentario que sorprenderá a quienes percibían a Dennis como un admirador incondicional de Hitler [MICHAEL COLLINS PIPER].

Si los alemanes se alían ahora con Rusia y los nacionalistas antiblancos del mundo de color, ¿a quién encontrarán británicos y franceses para participar en su tercera guerra santa? ¿Es la respuesta: "Sólo Estados Unidos e Israel? "¿Sólo Estados Unidos e Israel?" Si es así, las cartas estarán muy echadas en contra de la tercera cruzada angloamericana.

[Dennis no sabía entonces que Francia rompería su alianza con Israel o que, en el período previo a la segunda guerra de Estados Unidos contra Irak, Francia emergería como aliada de Alemania y Rusia contra Estados Unidos, Gran Bretaña e Israel. Como veremos, Dennis también señaló la capacidad de Rusia para explotar las tensiones del Tercer Mundo con Estados Unidos y, del mismo modo, predijo la derrota de Rusia tras su invasión del Afganistán musulmán. - MICHAEL COLLINS PIPER].

Rusia tiene 21 millones de musulmanes, más del 10% de su población, concentrados principalmente en las regiones de las que Rusia obtiene la mayor parte de su petróleo. La idea de que los comunistas rusos puedan convertirse al comunismo y controlar desde Moscú a los 200 millones de indígenas de África y a los mil trescientos o mil cuatrocientos millones de asiáticos nos parece demasiado idiota para merecer una consideración seria. Pero Rusia, la única gran potencia junto a Estados Unidos, puede beneficiarse de la revuelta del mundo de color contra las potencias occidentales.

La nueva racionalización de la guerra religiosa es llamarla aplicación de la ley. Los intentos de establecer un estado de derecho mundial inviable garantizan una guerra religiosa permanente, inflación y socialismo. En lo que respecta a la guerra y la política de poder -internacional o intranacional-, el único tema en el que existe un acuerdo general entre los creadores de la opinión y la política estadounidenses de hoy es que no se debe volver al neutralismo.

La mayoría de la gente de derechas, que critica la decisión del Tribunal Supremo sobre la desegregación y el uso de la fuerza armada federal para imponerla, está, de forma bastante incoherente y divertida, a favor del liderazgo mundial estadounidense, de la intervención estadounidense y de la liberación por la fuerza de los pueblos esclavizados por los diablos rojos del Kremlin.

Los komisarios del Kremlin están haciendo que su antiguo líder sin par y nuestro noble aliado de guerra, Stalin, parezca un demonio, un monstruo y culpable de todo tipo de crímenes y pecados. En lo que respecta a Stalin, los comunistas del Kremlin siguen la línea de los anticomunistas estadounidenses. Los anticomunistas estadounidenses siguen la línea comunista del Kremlin.

Es muy divertido. Pero es importante. Lo que está demostrado es que nuestros aliados, bajo la dirección victoriosa de Stalin, en asociación con nosotros, eran demonios tan grandes y tan malos como los nazis y los fascistas. Los pecados de Stalin fueron los operativos inevitables del comunismo.

El mayor crimen del siglo XX puede resultar ser la extinción de la raza humana por radiación nuclear en una guerra librada con las armas que nosotros, americanos buenos y amantes de la paz, estamos haciendo perfeccionar a nuestros científicos. Estamos desarrollando estas armas para poner fin a la guerra, el comunismo y el pecado en este planeta y así marcar el comienzo del Milenio.

CONCLUSIÓN

La "israelización" de la política exterior estadounidense Planificación de una guerra mundial en nombre de la "democracia" Irán, Rusia, China, Venezuela, "islamofascistas" ¿Quién será el próximo objetivo de los sumos sacerdotes de la guerra

El presidente George W. Bush es quizás, en virtud de su alto cargo, el Judas más insidioso y peligroso de Estados Unidos. Su papel en la implicación de Estados Unidos en la guerra de Irak -por no mencionar su protagonismo en la ocultación de la verdad sobre las fuerzas que se escondían tras el ataque del 11 de septiembre contra Estados Unidos- le ha convertido en un auténtico enemigo interno en jefe, por así decirlo.

Ahora insta a Estados Unidos a librar una nueva guerra contra Irán. La verdad es, sin embargo, que el mesiánico llamamiento de Bush a una "revolución democrática" global (expuesto en su segundo discurso inaugural y que suena muy parecido a la retórica del movimiento bolchevique trotskista global) no fue realmente obra suya. Sus palabras fueron escritas por otras personas mucho más inteligentes que el joven Bush. Y los orígenes de la nueva filosofía de Bush son realmente reveladores. Lo que quizá sea más aterrador es que la retórica del presidente de EEUU -impulsada por sus "asesores" entre bastidores- apunta a más y más acciones militares en todo el mundo en los próximos años.

Aunque un documental, El cerebro de Bush, sugería que Karl Rove, supuestamente el principal táctico político del Presidente, es el cerebro que le dice al Presidente lo que tiene que pensar, ahora está claro, basándose en pruebas sólidas, que el ministro israelí de origen soviético Anatoly "Natan" Sharansky es quien puede presumir de ese título.

Aunque llamó la atención del mundo en los años setenta como disidente soviético, no hay que suponer que Sharansky fuera nunca un conservador del libre mercado o un anticomunista al estilo occidental. Al contrario, Sharansky era un viejo comunista tradicional que, como muchos otros en la Unión Soviética, simplemente chocaba con el régimen en el poder. Pero gracias a los medios de comunicación internacionales, Sharansky aprovechó su encarcelamiento por los soviéticos -que le acusaron de ser un espía de la CIA- para convertirse en un "activista de los derechos humanos" de alto perfil.

Más tarde, tras salir de la cárcel, Sharansky emigró a Israel y rápidamente se estableció como uno de los líderes extremistas más virulentos del país, llegando a acusar al Primer Ministro israelí Ariel Sharon -apodado "el César israelí"- de ser "demasiado blando" con los cristianos y musulmanes palestinos.

*Una variante de este ensayo se publicó como capítulo final del anterior libro del autor, Las cabras de Judas. Sin embargo, dado que la información sigue siendo tan pertinente y completa como siempre -especialmente en el contexto del presente volumen-, se reimprime aquí de forma actualizada en beneficio de quienes no hayan leído el libro anterior y con disculpas para quienes sí lo hayan hecho, con la esperanza de que la relectura les resulte provechosa.

El papel de Sharansky en la formación del pensamiento de Bush no es una "teoría de la conspiración". Por el contrario, revelaciones de la propia Casa Blanca -publicadas, aunque discretamente, en los principales medios de comunicación- han demostrado que Sharansky no sólo consultó personalmente al Presidente a la hora de redactar el ahora controvertido Discurso Inaugural, sino que al menos dos de los principales publicistas estadounidenses de Sharansky estuvieron entre los responsables de redactar la innovadora proclamación de Bush.

El propio Bush declaró al Washington Times en una entrevista publicada el 12 de enero de 2005, incluso antes de su toma de posesión: "Si quiere hacerse una idea de mi forma de pensar en política exterior, lea el libro de Natan Sharansky, The Case for Democracy. Es un libro excelente.

Enterrado en el último párrafo de un larguísimo artículo publicado el 22 de enero de 2005, el *New York Times* informa de que "el presidente recibió el libro [de Sharansky] y pidió al Sr. Sharansky que se reuniera con él en el Despacho Oval [...]. Bush también entregó el libro a varios ayudantes, pidiéndoles que también lo leyeran". Sharansky visitó la Casa Blanca el pasado mes de noviembre". El Times no especificó quién le dio el libro al Presidente en primer lugar, pero averiguar quién instó realmente al Presidente a leer el libro podría ser muy revelador.

Confirmando la revelación del Times, el *Washington Post* también reveló el 22 de enero de 2005 (aunque, de nuevo, en los párrafos finales de un extenso análisis) que un funcionario de la administración había dicho que la planificación del discurso de Bush había comenzado inmediatamente después de las elecciones de noviembre y que el propio Bush había invitado a Sharansky a la Casa Blanca para consultarle y que, en palabras del Post, "Sharansky también ayudó a dar forma al discurso con su libro".

Fue el Post el que reveló que dos conocidos "neoconservadores" pro-Israel - William Kristol, editor de la revista Weekly Standard del multimillonario Rupert Murdoch, y el psiquiatra reconvertido en periodista Charles

Krauthammer, ferviente defensor de una dura guerra militar y económica de Estados Unidos contra el mundo árabe y musulmán- estaban también entre los invitados a ayudar a redactar el discurso del Presidente.

Kristol -en particular- y Krauthammer son ampliamente reconocidos, incluso en los principales medios de comunicación estadounidenses, como parte de lo que hemos denominado "los sumos sacerdotes de la guerra", que desempeñaron un papel decisivo en la orquestación de la guerra de Estados Unidos contra Irak, y que ocupaban un lugar destacado en la "lista de deseos" de Israel para la administración Bush.

No es coincidencia que el empleado de la Casa Blanca que, según el Post, ayudó a organizar las conferencias de planificación para guiar el pensamiento de Bush sea Peter Wehner, director de la Oficina de Iniciativas Estratégicas de la Casa Blanca. Wehner es un protegido de Kristol, ya que fue su adjunto cuando Kristol era jefe de personal del secretario de Educación de la administración Reagan , William Bennett, a su vez protegido del influyente padre de Kristol, el famoso comunista "ex trotskista" convertido en sionista neoconservador, Irving Kristol.

Así pues, dada la considerable contribución de Kristol a la formación de la mentalidad de Bush, no es de extrañar que, como afirma el Post, "las grandes ambiciones de Bush hayan entusiasmado a sus partidarios neoconservadores, que consideran noble y necesario su llamamiento a situar a Estados Unidos al frente de la batalla para extender la democracia".

Por su parte, William Kristol reaccionó en un editorial del Weekly Standard el 24 de enero de 2005 afirmando que "es una buena noticia que el Presidente se muestre tan entusiasmado con el trabajo de Sharansky. Sugiere que, a pesar de todas las críticas y dificultades, el Presidente sigue decidido a continuar dirigiendo la nación siguiendo las líneas básicas de la política exterior que estableció durante su primer mandato".

El 22 de enero de 2005, BBC News señaló que Sharansky "de hecho, lleva tiempo moviéndose en los círculos conservadores estadounidenses".

Ya en julio de 2002 -justo antes de que Bush pronunciara un discurso muy polémico en el que pedía la "democratización" del mundo árabe- el viceministro de Defensa conservador Paul Wolfowitz asistió a una conferencia de Sharansky en la que el dirigente israelí hizo la misma petición.

Poco después, cuando Bush pronunció su propio discurso, haciéndose eco de Sharansky, los israelíes de línea dura "proporcionaron una importante afirmación de última hora", según el neoconservador estadounidense Richard Perle, que -entre periodos en el gobierno, durante los cuales fue investigado por el FBI bajo sospecha de espiar para Israel- suministró armas a un fabricante israelí de armamento.

Aunque la noticia de la profunda influencia de Sharansky no fue muy conocida entre las bases estadounidenses, sí causó revuelo en Israel, donde el Jerusalem Post tituló un artículo declarando que "La Casa Blanca se inspira en el libro de Sharansky sobre la democracia". De hecho, el periódico israelí llegó a decir que Bush "está promocionando [el libro de Sharansky] gratuitamente", señalando que el Presidente había elogiado el libro de Sharansky en una entrevista en la CNN.

El hecho de que Sharansky fuera puesto a cargo de los "asuntos de la diáspora" en el gabinete israelí es realmente significativo. El término "diáspora" se refiere a todos los judíos que viven fuera de las fronteras de Israel y la "declaración de objetivos" del gabinete de Sharansky afirma que "se centra en Israel, el sionismo, Jerusalén y la interdependencia de los judíos de todo el mundo".

En esencia, esto se traduce en un único objetivo general: asegurar la existencia y el futuro del pueblo judío dondequiera que se encuentre". En resumen, Sharansky es nada menos que el poderoso portavoz del movimiento sionista mundial. Y hoy, sus puntos de vista conforman sin duda la visión del mundo de George Bush.

Por todo ello, no es de extrañar que el 22 de enero de 2005, el medio de comunicación surcoreano en lengua inglesa Chosun Ilbo llegara a describir la filosofía de Sharansky, expuesta en su libro The Case for Democracy -ahora elogiado por Bush- como "un modelo para la política exterior estadounidense".

La línea propagandística del intransigente israelí Sharansky en la que se basó el discurso inaugural del Presidente fue casi una inversión completa de la retórica de Bush durante la campaña presidencial de 2000. Esta contradicción es un punto que, en teoría, debería haber dado que pensar a los republicanos que votaron a Bush la primera vez que se presentó a las elecciones presidenciales.

Al proclamar con entusiasmo en un análisis de portada el 21 de enero de 2005 que el discurso de Bush sentaba "las bases para una misión de libertad global", el Washington Times -una de las principales voces "neoconservadoras" que abogan por una política exterior globalista y de línea dura, en sintonía con las exigencias de seguridad de Israel- afirmó sin rodeos que...

En su discurso de investidura, el Presidente Bush lanzó a Estados Unidos a una nueva misión global expansionista y mucho más agresiva para liberar a los países oprimidos de los dictadores, un cambio radical respecto a su campaña de 2000, en la que advertía del riesgo de convertirse en el policía del mundo...

una doctrina internacionalista ambiciosa, quizá sin precedentes, que podría desplegar el poder militar estadounidense mucho más allá de los compromisos actuales de Estados Unidos...

Por su parte, el diario "liberal" del Times, el *Washington Post*, declaró el 21 de enero de 2005 que el discurso de Bush era "más wilsoniano que conservador", es decir, que recordaba el internacionalismo mesiánico del ex presidente estadounidense Woodrow Wilson, que difícilmente es un héroe para los nacionalistas estadounidenses o los conservadores tradicionales.

Apoyando de hecho el giro de 180 grados de Bush, el Post reconocía que la declaración de Bush "promete un internacionalismo agresivo que, si se persigue seriamente, transformaría las relaciones con muchas naciones de todo el mundo", afirmando que si Bush hablaba en serio, la política estadounidense "está al borde de un cambio histórico".

James Steinberg, ex viceconsejero de Seguridad Nacional en la administración Clinton, consideró bastante intrigante la aparición de Bush como voz del globalismo, en el sentido de que suponía una decidida traición a lo que había sido la tradicional oposición republicana a la injerencia internacional. Steinberg declaró al *New York Times* el 21 de enero de 2005 que es "bastante sorprendente que una de las nociones a las que tanto se han resistido los republicanos sea la idea de una profunda interdependencia en el mundo, y ahora [Bush ha] abrazado esencialmente la idea de que la tiranía en cualquier lugar amenaza la libertad en cualquier lugar".

Del mismo modo, Robert Kagan, una de las voces más agresivas de los medios neoconservadores, se hizo eco -desde una perspectiva diferente- de la American Free Press (AFP), con sede en Washington, cuando escribió en el Post el 23 de enero de 2005 que "los objetivos de Bush son ahora la antítesis del conservadurismo". Afirmó sin rodeos: "Son revolucionarios": "Son revolucionarios". Lo que Kagan no mencionó fue la sorprendente similitud entre el bushismo y el trotskismo.

En su editorial del 31 de enero de 2005, AFP describía a Bush -no en la misma línea amistosa que Kagan- como un "revolucionario", para disgusto de muchos conservadores tradicionales que -inexplicablemente- seguían viendo al Presidente como la voz del patriotismo estadounidense.

Estas personas ignoraban claramente (y siguen ignorando) que lo que se conoce como "neoconservadurismo" no tiene nada que ver con lo que los estadounidenses han considerado durante mucho tiempo "conservador" en el sentido nacionalista tradicional estadounidense del término.

Sin embargo, el sionista Robert Kagan entiende esta distinción, que es precisamente la razón por la que ha dicho que "Bush puede perder el apoyo de la mayoría de los conservadores anticuados" una vez que se den cuenta de la naturaleza de su nueva política internacionalista. En resumen, los conservadores han sido "engañados". Por eso AFP recuerda a sus lectores que no olviden lo que dijo Jesús: "Cuidado con los lobos vestidos de oveja" o más bien "Cuidado con las cabras de Judas".

Mientras tanto, la influencia de Sharansky en el republicanismo estadounidense -bajo George Bush y en los años venideros- sigue siendo sustancial. De hecho, existe una nueva marca de republicanismo, al menos según Ken Mehlman, a quien el presidente George W. Bush eligió personalmente tras las elecciones de 2004 para presidir el Comité Nacional Republicano (Mehlman dejó el cargo en 2007). (En un discurso ante el American Israel Public Affairs Committee (AIPAC), el lobby israelí, en Washington el 14 de marzo de 2005, el entonces recién nombrado presidente nacional del GOP se describió a sí mismo franca y entusiastamente como un "republicano de Sharansky".

Lo sorprendente es que parece ser la primera vez en la historia de Estados Unidos que el presidente de uno de los comités nacionales del partido utiliza el nombre y la ideología de un dirigente político de una nación extranjera -y además conocido como "extremista"- para describir su propia ideología.

En el pasado, existían los "republicanos de Taft", que se definían como partidarios de las ambiciones presidenciales del senador nacionalista y tradicionalmente conservador Robert Taft, de Ohio -conocido popularmente como "Mr. Republican"-, líder indiscutible del bloque "America First" en el Congreso desde 1936 hasta su prematura (y, según algunos, "sospechosa") muerte en 1953.

Más tarde surgieron los conservadores "republicanos de Goldwater" que, bajo el liderazgo del senador Barry Goldwater (Arizona), allanaron el camino para el ascenso de los "republicanos de Reagan", que tomaron el poder en 1980 de la mano de Ronald Reagan, un popular presidente durante dos mandatos.

Al mismo tiempo, en oposición a los republicanos de Taft y Goldwater, los republicanos más liberales e internacionalistas se unieron en torno al gobernador de Nueva York Thomas E. Dewey y al abogado de Wall Street Wendell Willkie, llamándose naturalmente "republicanos de Dewey" y "republicanos de Willkie".

Más tarde, por supuesto, muchos de estos mismos líderes del partido se transformaron en "republicanos de Rockefeller", siguiendo al gobernador de Nueva York Nelson Rockefeller. E incluso hubo algunas personas, durante un tiempo, que se autodenominaron "republicanos de Eisenhower", haciendo hincapié en sus opiniones supuestamente "convencionales y moderadas" (como quiera que se definan) en el espíritu del 35° Presidente de los Estados Unidos, Dwight D. Eisenhower.

Hoy, el Presidente Nacional del Partido Republicano no se llama a sí mismo "republicano de Reagan", ni siquiera "republicano de Bush" (por el presidente en ejercicio del Partido Republicano, que gozaba de gran popularidad entre los miembros de base de su partido), sino que ensalza a un líder extranjero -un extremista notorio- como modelo de lo que es el republicanismo del siglo XXI.

Este es un legado directo de George W. Bush, que con tanto orgullo instaló a Sharansky como uno de los dictadores ideológicos del Partido Republicano, traicionando el legado histórico del Partido Republicano. La política de Sharansky de promover la "democracia global" no está en la tradición estadounidense, pero se ha convertido en parte integrante de lo que es el Partido Republicano "moderno".

Todos estos elementos, en su conjunto, plantean interrogantes sobre la dirección de la futura política exterior estadounidense. Ya es evidente que los elementos sionistas de línea dura que rodean a George W. Bush tienen en mente futuras guerras y provocaciones.

Aunque la llamada "guerra global contra el terror" está dirigida contra aquellos a quienes los neoconservadores proisraelíes se refieren ahora como "islamofascistas" (recordando convenientemente al villano favorito de la judería mundial del siglo XX: el fascismo), está claro que hay mucho más por venir, si la retórica de los "sumos sacerdotes de la guerra" ha de ser examinada y tomada en serio.

Además de Irán y Siria, que llevan mucho tiempo en el punto de mira de los halcones sionistas, otros tres países (Rusia, China y Venezuela) parecen ser ahora objetivos prioritarios de Bush y sus secuaces neoconservadores. Estos países no parecen encajar en la categoría de "democracia" que Sharansky y Bush están tan decididos a promover a escala mundial, e incluso un somero examen de la cobertura mediática neoconservadora y la retórica relativa a estas naciones deja claro que la guerra -ya sea "fría" o "caliente"- bien puede estar en el horizonte. Y los estadounidenses pagarán por estas guerras y lucharán en ellas.

Los chivos expiatorios neoconservadores estadounidenses y sus colaboradores del lobby proisraelí de Washington ya han disparado los primeros cañonazos de una nueva Guerra Fría contra el dirigente ruso Vladimir Putin, cada vez más objeto de duras críticas y preguntas hostiles sobre su "compromiso con la democracia".

Está por ver si Putin será visto como el "nuevo Hitler" o el "nuevo Stalin", pero los últimos indicios sugieren que la guerra sionista contra el nacionalismo ruso se ha lanzado ahora en suelo estadounidense.

La gran pregunta es si los estadounidenses serán engañados y arrastrados a una nueva guerra que es innecesaria y no debería librarse.

La verdad es que la hostilidad de los neoconservadores hacia Putin proviene precisamente del hecho de que Putin no ha sido percibido como atento a las demandas del Israel sionista.

Por eso Putin y los nacionalistas rusos son ahora el objetivo de la élite sionista internacional.

Aunque la naciente hostilidad neoconservadora hacia Putin fue ampliamente debatida en publicaciones pro-Israel de pequeña tirada y en periódicos de la comunidad judía estadounidense, sólo más tarde publicaciones de gran tirada como The Weekly Standard y The *New York Times*, por nombrar sólo las más importantes, empezaron a hacerse eco de estas preocupaciones sobre Putin, más bien como si los grandes diarios estuvieran tomando la delantera a los demás periódicos. Sin embargo, cada vez más, la idea de que "Putin es un posible enemigo" se presenta ahora al estadounidense medio a través de los medios de comunicación.

Otra de las principales preocupaciones sobre Putin es que se ha opuesto abiertamente al puñado de multimillonarios plutócratas rusos (muchos de los cuales también tienen nacionalidad israelí) que se hicieron con el control de la economía rusa con la connivencia del entonces dirigente ruso Boris Yeltsin tras el colapso de la antigua Unión Soviética.

Está claro que a medida que Putin se enfrentaba a los oligarcas multimillonarios que saqueaban la economía rusa (y en algunos casos se refugiaban en Israel), los principales medios de comunicación impresos y audiovisuales estadounidenses empezaron a atacar cada vez más al líder ruso.

Una publicación estadounidense proisraelí de línea dura, The New Republic, planteó la cuestión el 24 de septiembre de 2004: "afirmando que, permanezca o no Putin personalmente en el poder, existe un movimiento creciente -de carácter "nacionalista"- que ejerce una gran influencia entre la población rusa". A The New Republic le preocupa la posibilidad de una "revolución fascista", es decir, un movimiento hostil a los oligarcas israelíes (con vínculos con el crimen internacional) que han saqueado la economía rusa. Del mismo modo, anteriormente, en su libro de 1995, Russia: A Return to Imperialism, el académico israelí Uri Ra'anan, con sede en la Universidad de Boston, se preocupaba de que la Rusia postsoviética pudiera suponer una amenaza para Occidente (es decir, para Israel y los intereses sionistas en Occidente).

Estos trabajos se hacen eco de autores como Jonathan Brent y Vladimir Naumov que, en su libro de 2003 El último crimen de Stalin, concluyen diciendo que "Stalin es una posibilidad perpetua", dejando abierta la proposición teórica de que Putin, u otros posibles futuros líderes rusos, podrían surgir eventualmente como herederos del legado antisionista de Stalin.

A raíz de ello, el influyente Consejo de Relaciones Exteriores (CFR) declaró oficialmente, a todos los efectos, una nueva "guerra fría" contra Rusia.

Poderosa rama neoyorquina del Royal Institute on International Affairs, con sede en Londres, financiado por la familia Rothschild, gran mecenas de Israel, el CFR estuvo durante años bajo el dominio de la familia Rockefeller de Estados Unidos.

En los últimos años, sin embargo, un destacado financiero pro-Israel, Maurice "Hank" Greenberg, ha surgido como una figura clave del CFR. Del mismo modo, aunque en el pasado el CFR se ha presentado a menudo (en los medios de comunicación controlados por los judíos) como la voz de la clase dirigente anglosajona protestante blanca en política exterior, lo cierto es que el CFR cuenta con un número desmesuradamente elevado de judíos estadounidenses que son fervientes partidarios de Israel.

Sea como fuere, en lo que respecta a la Rusia de Putin, el CFR anunció a finales de 2005 la formación de un nuevo "grupo de trabajo bipartidista" para estudiar las relaciones entre Estados Unidos y Rusia. El CFR estaba al frente de esta nueva unidad para vigilar -de hecho, presionar- a Rusia para que siguiera los dictados de Estados Unidos como parte del impulso de la administración Bush a la democracia global, un tema expuesto por el mentor intelectual de Bush, el soviético (pero no ruso) Natan Sharansky.

Convertido en una figura destacada de la política israelí, Sharansky ha sido el impulsor de la política exterior de Bush, y así es reconocido por éste.

Algunos dirían que fue una mera coincidencia que el 7 de diciembre de 2005, aniversario de Pearl Harbor, los dos periódicos más influyentes del país, el *New York Times* y el *Washington Post*, que se hacen eco de los pronunciamientos del CFR y de la élite (proisraelí) de la política exterior, se dedicaran a atacar virulentamente al presidente ruso Vladimir Putin.

El *New York Times* ofreció a sus lectores un artículo de opinión titulado "La Plaza Roja vacía de Moscú". El comentario, que acusaba a la Rusia de Putin de "ser cada vez menos democrática", estaba firmado por el candidato demócrata a la vicepresidencia en 2004, el ex senador John Edwards, de Carolina del Norte, y el candidato republicano a la vicepresidencia en 1996, Jack Kemp. Se da la circunstancia de que este dúo compartía la presidencia del grupo de trabajo sobre la política estadounidense hacia Rusia, que acababa de crear el CFR.

Al atacar a Putin, Edwards y Kemp afirmaron que "Rusia se enfrenta a la disyuntiva de entrar en la corriente principal del mundo moderno o quedar atrapada en un vórtice de reacción y aislamiento".

Portavoces del CFR dijeron a Putin que debería archivar la legislación propuesta para reprimir a la oposición nacional. La declaración se produce en un momento en el que muchos legisladores y líderes de opinión rusos están denunciando el poder de los grupos sionistas nacionales, considerados problemáticos para Rusia, sobre todo por sus vínculos internacionales y sus lazos con oligarcas multimillonarios y fuerzas aliadas de Israel.

En asombrosa sincronía con el ataque del dúo del CFR a Putin el 7 de diciembre en el *New York Times*, el mismo día el *Washington Post* -sólo una "coincidencia", por supuesto- publicó un editorial titulado "La agenda antidemocrática" que planteaba la pregunta: "¿Es Rusia un socio de Estados Unidos en la guerra contra el terror

El Post continuaba diciendo: "No lo sabrías por la implacable campaña de Moscú para frustrar la agenda democrática del presidente Bush en la Asia Central musulmana", refiriéndose al apoyo de Putin al presidente uzbeko Islam Karimov y a lo que el Post denominaba "un bloque emergente de dictaduras dirigidas por Moscú" que incluye Bielorrusia, Turkmenistán y Kazajstán. El Post señalaba la ayuda de Putin a los líderes de estas naciones y luego pedía una respuesta a la pregunta: "¿Es éste el acto de un socio o de un adversario?". El Post dijo que era hora de que el presidente Bush "dejara de esquivar esa pregunta". Claramente, la respuesta del Post a la pregunta estaba implícita en su pregunta.

El hecho de que estos ataques más contundentes contra Putin se produjeran al mismo tiempo, el 7 de diciembre, pareció a muchos observadores de Rusia muy interesante y simbólico, como mínimo.

Varios meses después, se publicó el informe del CFR sobre Putin -supuestamente elaborado bajo la dirección de los mencionados Edwards y Kemp- y sus conclusiones no auguraban nada bueno para Putin. El líder ruso estaba claramente en el punto de mira de poderosos intereses internacionales a menudo descritos vagamente como el "Nuevo Orden Mundial".

Para sorpresa de todos, el informe del "grupo de trabajo bipartidista" del CFR retomaba y exponía formalmente los mismos temas que Edwards y Kemp ya habían esbozado en su ataque a Putin el 7 de diciembre.

El informe del CFR insta a la administración Bush a adoptar una línea dura con Putin. El CFR afirma que las políticas de Putin pueden no redundar en interés de Estados Unidos. El informe afirma que "la idea misma de una asociación estratégica [entre Estados Unidos y Rusia] ya no parece realista". En otras palabras, el CFR ha declarado una nueva "guerra fría" contra Rusia.

Y ahora, tras la publicación de este informe del CFR, surgen rumores (de fuentes desconocidas) de que Rusia pasó secretos militares estadounidenses al gobierno de Sadam Husein antes de la invasión estadounidense de la ahora destruida república árabe. Estos rumores, que han recibido una gran atención por parte de los principales medios de comunicación estadounidenses, no hacen sino alimentar el frenesí anti-Putin que ya se ha desatado. Sin embargo, antes de que los patriotas estadounidenses se suban al carro anti-Putin y anti-Rusia, deberían vigilar a las fuerzas que lo impulsan.

Esencialmente, ahora que los neoconservadores estadounidenses se oponen a Putin, es como si estuviéramos asistiendo a un rejuvenecimiento de la guerra de los trotskistas contra el nacionalismo ruso, remodelada para adaptarla a las consideraciones geopolíticas del siglo XXI.

Hoy, a diferencia de la primera mitad del siglo XX, antes de la creación del Estado de Israel, no se puede subestimar el papel central de este Estado de Oriente Medio en la visión neoconservadora del mundo, ya que la preocupación por Israel es una consideración clave en la campaña neoconservadora contra Putin.

Pero Putin y el fenómeno nacionalista ruso que ha revitalizado no son el único objetivo del sionismo y de la maquinaria bélica estadounidense, ahora en manos de los aliados neoconservadores de Israel.

Aunque durante años nuestro supuesto "aliado" Israel ha vendido cantidades masivas de armas convencionales y suministrado (tanto directa como indirectamente) tecnología de defensa estadounidense (incluidos conocimientos nucleares) a la China Roja, esto ha recibido clara y definitivamente el imprimátur del lobby israelí en Washington.

Hoy, sin embargo, gracias a la retórica de estos mismos neoconservadores, el tambor de la guerra contra China está en el aire. Las mismas fuerzas que han ayudado a China a construir su maquinaria militar durante los últimos 25 años están agitando ahora el fantasma de China como un peligro para Estados Unidos. Desde hace varios años, se considera cada vez más a China como un nuevo "enemigo" potencial, que los partidarios de la guerra contra China creen que puede requerir una acción militar estadounidense.

Sin embargo, quienes se atrevan a mirar más de cerca encontrarán otras fuerzas en juego en esta retórica antichina.

Fíjese en esto: el 23 de abril de 2001, el periódico proisraelí New Republic, publicado por el "liberal" Martin Peretz, adoptó una postura inequívoca contra China. En este número se publicaron nada menos que cuatro importantes artículos bajo el lema "Un enemigo para nuestro tiempo". En la portada, una amenazadora foto de soldados chinos de rostro adusto armados con ametralladoras se dirige a grandes zancadas hacia el lector.

El 30 de abril de 2001, el Weekly Standard, propiedad del multimillonario Rupert Murdoch y dirigido por el propagandista neoconservador William Kristol, adoptó una línea dura respecto a China en una serie de artículos cuyo tono y retórica apenas diferían de los de su homólogo "liberal", The New Republic.

Lo notable es que ni The New Republic ni The Weekly Standard mencionaron ni una sola vez el principal elemento que ha permitido a la enorme (y aún creciente) maquinaria bélica china alcanzar el nivel que tiene hoy: Esto no sorprendió a nadie que supiera que tanto The New Republic como The Weekly Standard -a pesar de sus diferencias cosméticas entre "liberales" y "conservadores"- han sido ruidosos y entusiastas transmisores mediáticos de la propaganda del lobby pro-israelí: Israel no puede hacer nada malo -y eso incluye armar a China.

No nos equivoquemos. A lo largo de su historia, que precede a la de Estados Unidos en varias decenas de siglos, China (mucho antes de caer en manos comunistas) siempre ha tenido y tendrá su propia agenda geopolítica.

Sin embargo, cabe preguntarse si China debe considerarse un "enemigo" de Estados Unidos.

¿Por qué influyentes voces "conservadoras" y "liberales" que representan intereses sionistas se han unido de repente para tocar el tambor de la guerra contra China

No se alegren de la conclusión de que "los liberales por fin lo entienden". Al contrario, es hora de que los estadounidenses patriotas despierten.

Ahora se habla de China, en palabras de The New Republic, como "el enemigo de nuestro tiempo". En el pasado, fue el Kaiser. Después, Adolf Hitler.

Después, la Unión Soviética. Y ahora, junto con el mundo musulmán, China está de repente en el punto de mira de los "sumos sacerdotes de la guerra". Una agenda más amplia está en marcha. Nos espera una "larga lucha con China", declaró The New Republic y, como era de esperar, The Weekly Standard estuvo de acuerdo.

En los últimos días, se han planteado "preocupaciones" similares sobre China en un amplio abanico de influyentes publicaciones -especialmente en el ámbito neoconservador de Sharansky-Bush- y muchos comentarios en los medios de comunicación retoman repetidamente el tema de que China es un "enemigo" o un "enemigo potencial". La lista de tales pronunciamientos antichinos es interminable, pero he aquí un ejemplo notable y preeminente

En un artículo publicado en el neoconservador Washington Times el 15 de noviembre de 2005, Frank Gaffney Jr llegó a afirmar que George W. Bush debería hacer comprender a los dirigentes chinos que el poder de Estados Unidos bien podría utilizarse para "ayudar al pueblo chino a liberarse de un régimen que lo oprime y que nos amenaza cada vez más".

El mencionado Gaffney es un antiguo miembro de la red neoconservadora pro-Israel en Washington, que se remonta a sus días como ayudante (junto al omnipresente cerebro geopolítico sionista Richard Perle) del senador Henry M. Jackson (D-Wash.), uno de los más fervientes defensores de Israel en el Capitolio. Así que el belicismo de Gaffney no es sólo obra de un agitador poco notorio.

El hecho de que estas voces proisraelíes estén tan decididas a levantar las armas contra China -cuando todo el tiempo era su nación favorita, Israel, la que estaba armando a China- es un fenómeno intrigante. Incluso en el apogeo de la Guerra Fría contra la URSS, las élites capitalistas occidentales estaban involucradas en lucrativos negocios con el Kremlin, con bancos como Chase Manhattan y otras grandes corporaciones haciendo cola para hacer negocios con sus enemigos "anticapitalistas".

Y como señalamos en Los Sumos Sacerdotes de la Guerra, fueron los partidarios "neoconservadores" de la línea dura de Israel quienes desempeñaron un papel fundamental en la exacerbación del sentimiento antisoviético en Estados Unidos, agitando el espectro de lo que en realidad era una "acumulación de armas soviéticas" groseramente sobreestimada, cuando en realidad la URSS estaba al borde del colapso.

Además, las "desesperadas" guerras de Corea y Vietnam formaban parte de un plan más amplio. Por el camino, el iraquí Saddam Hussein, los ayatolás iraníes y más tarde el presidente iraní Mahmoud Ahmadenijad -entre otros- ocuparon un lugar de honor en el panteón de la villanía orquestado por los medios de comunicación.

El pueblo estadounidense -claramente y en contra de lo que pueda decir o querer creer- parece amar la guerra. Y los plutócratas y su prensa títere (en concierto con los poderosos sionistas) están siempre dispuestos a inventar una nueva para satisfacer la demanda popular.

Hoy, los creadores de opinión "conservadores" y "liberales", que actúan como propaganda de la élite plutocrática que controla los principales medios de comunicación, están diciendo al pueblo estadounidense que se prepare para la guerra.

Y si no vamos a enfrentarnos a China, tenemos un nuevo "enemigo" a sólo unas horas en coche hacia el sur, que se presta perfectamente a la anticuada "diplomacia de la cañonera" estadounidense.

Hugo Chávez, el pintoresco hombre fuerte nacionalista venezolano, es ahora oficialmente el objetivo de la red imperialista neoconservadora y proisraelí que dirige incuestionablemente las políticas de la administración Bush.

Aunque los principales medios de comunicación presentaron el llamamiento del evangelista Pat Robertson para que Estados Unidos asesinara a Chávez como una especie de arrebato temerario -que la administración Bush denunció oficialmente, aunque de forma poco convincente, y por el que Robertson ofreció su propia "disculpa" poco sincera-, los hechos demuestran que los "neoconservadores" proisraelíes tienen la imagen de Chávez en su diana desde hace tiempo.

El hecho es que desde que Chávez llegó al poder en 1999, los "sumos sacerdotes de la guerra" neoconservadores -y sus aliados en las revistas y órganos de propaganda proisraelíes de Estados Unidos y de todo el mundo- han murmurado constantemente que Chávez y su gobierno eran hostiles a los intereses de Israel y, por tanto, "antisemitas".

Chávez y sus partidarios (con razón) consideraron las declaraciones de Robertson como un "globo sonda" lanzado por Robertson en colaboración con la administración Bush, una estratagema para llamar la atención sobre Chávez como enemigo de Israel y del imperialismo. Probablemente no sea una coincidencia que Robertson pidiera el asesinato de Chávez el 22 de agosto de 2005, poco después de que el periódico neoconservador The Weekly Standard criticara a Chávez en su edición del 8 de agosto, afirmando que Chávez era "una amenaza para algo más que su propio pueblo" y que Chávez era una amenaza para la pequeña pero rica población judía de Venezuela -unas 22.000 personas en una nación de 22 países. En su edición del 8 de agosto, el diario El País afirmaba que Chávez era "una amenaza para algo más que su propio pueblo" y que constituía una amenaza para la pequeña pero rica población judía de Venezuela (unas 22.000 personas en un país de 22 millones).

El Standard deploró que la televisión estatal venezolana hubiera emitido un reportaje en el que se especulaba con la posibilidad de que el Mossad israelí estuviera relacionado con el asesinato de un funcionario local en Venezuela. Agentes de policía allanaron una escuela judía que, según el gobierno, albergaba armas que podrían haber estado implicadas en el crimen.

Este acto de defensa nacional, contra una supuesta amenaza de la agencia de espionaje de una potencia extranjera -Israel- fue presentado por el Standard como una especie de acción de la Gestapo al estilo de Adolf Hitler.

Afirmando que "la hostilidad hacia los judíos se ha convertido en un sello distintivo del gobierno venezolano", el Standard citó un "informe sobre antisemitismo global" del Departamento de Estado de EEUU que pretendía documentar, en palabras del Standard, "hasta qué punto el gobierno venezolano es ahora abiertamente antisemita". Al periódico proisraelí le preocupa especialmente que uno de los asesores más cercanos de Chávez fuera el difunto Norberto Ceresole.

Descrito como "un escritor argentino tristemente célebre por sus libros que niegan el Holocausto y sus teorías conspirativas sobre los planes judíos para controlar el planeta", el libro de Ceresole que saluda a Chávez plantea enérgicamente cuestiones sobre la influencia sionista en el mundo en su primer capítulo.

Chávez se ha negado a dar marcha atrás ante las críticas sionistas. En 2000, cuando anunció un viaje a Irak para visitar a Sadam Husein, Chávez se burló de las críticas de los medios neoconservadores declarando: "Imagínense lo que dirán los fariseos cuando me vean con Sadam Husein".

De hecho, las quejas de los partidarios de Israel contra Chávez se remontan a los primeros años de su mandato. En 2000, el Instituto Stephen Roth sobre Antisemitismo y Racismo de la Universidad de Tel Aviv (Israel) publicó un informe sobre el antisemitismo en el mundo en 1999/2000 en el que apuntaba a Chávez en términos inequívocos: "Venezuela ha experimentado una dramática transformación política desde las elecciones generales de 1998, que ha tenido un impacto negativo en la comunidad judía. La frialdad de la nueva administración hacia la comunidad e Israel ha fomentado el antisemitismo, sobre todo en la prensa dominante... Algunos observadores [señalan] las estrechas relaciones del Presidente con Libia, Irak e Irán, lo que explicaría también su hostilidad hacia Israel.

El informe también saca a relucir el fantasma de la amistad de Chávez con Ceresole, "el conocido antisemita argentino", señalando que Chávez es considerado enemigo de Israel.

Mientras tanto, aunque a los estadounidenses que se enteraron de la provocación de Robertson a Chávez los medios de comunicación les dijeron que Chávez era un "izquierdista" y un "amigo de Fidel Castro" -acusaciones que sin duda enardecerán a muchos estadounidenses-, el hecho de que la red pro-Israel tuviera un problema con Chávez se mantuvo en secreto. Las críticas del lobby israelí a Chávez se limitaron a pequeñas pero influyentes revistas (como The Weekly Standard) leídas casi exclusivamente por fanáticos pro-Israel como Robertson y otros "duros".

Sin embargo, para manipular a los estadounidenses, los principales medios de comunicación ayudaron a la administración Bush avivando el miedo a que Chávez representara una nueva "amenaza comunista", cuando nada más lejos de la realidad. En realidad, Chávez se inspira (y su revolución) en la tradición de Simón Bolívar, que liberó a las provincias andinas de la corona imperial española y que (incluso en los textos tradicionales de historia americana) ha sido llamado "el George Washington de Sudamérica".

Aunque Chávez es un crítico del supercapitalismo mundial desenfrenado, al que califica de "demonio", Alma Guillermoprieto señalaba en la edición del 6 de octubre de 2005 de la New York Review of Books que "un gran número de empresarios han prosperado bajo su gobierno, y él ha dejado claro que ve un papel importante para el sector privado y, más concretamente, para la inversión extranjera". Así que Chávez está lejos de ser un "comunista", a pesar de la desinformación mediática. Y en cuanto a Castro, que está en el ocaso de su vida, el hecho de que Chávez haya sido amistoso con Castro -como lo han sido prácticamente todos los dirigentes de Sudamérica, por no mencionar los de - no es "prueba" de que Chávez sea un "comunista".

Sin embargo, cuando Robertson pidió el asesinato de Chávez en su 700 Club -un programa imprescindible para muchos republicanos de base- envió un mensaje alto y claro: "No nos gusta Chávez".

El "nosotros" en este caso eran los neoconservadores y sus aliados en Israel, que colaboran estrechamente con Robertson y otros evangelistas televisivos de la "derecha cristiana" que han proporcionado al lobby israelí una ferviente (y poderosa) base de apoyo.

Al final, todo este ruido de sables globalista en nombre de una forma mal definida de "democracia", tal y como la concibió el mentor filosófico de George W. Bush, Natan Sharansky, no está permitiendo a Estados Unidos hacer nuevos amigos en el extranjero. Al contrario, se está ganando cada vez más enemigos y allanando el camino para futuros desastres en política exterior...

Mientras tanto, el Dr. Mahathir Mohamad, descrito a menudo como el "padre de la Malasia moderna" y respetado durante mucho tiempo como portavoz de los países en desarrollo, no rehúye estas provocaciones belicosas. Habla con pasión y franqueza.

En una entrevista concedida en 2005 al diario británico The Guardian, el primer ministro de Malasia (retirado en 2003) declaró que la administración Bush era un "régimen canalla" y denunció a su aliado, el primer ministro británico Tony Blair, como un "mentiroso probado" por propagar la desinformación de Bush y sus asesores políticos proisraelíes.

Este malayo sin pelos en la lengua, que goza de gran estima en todo el Tercer Mundo, causó un gran revuelo en 2003 cuando, en una larga conferencia ante una reunión internacional de líderes musulmanes, afirmó que "los judíos dirigen el mundo por poder", un comentario breve en un largo discurso, pero suficiente para desencadenar un frenesí mediático mundial. Sin embargo, Mahathir declaró a The Guardian que no estaba dispuesto a retirar sus comentarios. Declaró

Los políticos [americanos] están muertos de miedo de los judíos, porque cualquiera que vote en contra de los judíos perderá las elecciones. Los judios de America apoyan a los judios de Israel. Israel y otros judíos controlan la nación más poderosa del mundo. Eso es lo que quiero decir [que los judíos controlan el mundo]. Lo sostengo.

Los mordaces comentarios de Mahathir sobre el comportamiento de Estados Unidos, especialmente en lo que se refiere a su implicación en Oriente Próximo, reflejan no sólo la opinión musulmana, sino también la creciente opinión en Europa y otros lugares. Mahathir declaró a The Guardian

Estados Unidos es la nación más poderosa. Pueden ignorar al mundo entero si quieren hacer algo. Incumplen el derecho internacional. Detienen a personas fuera de su país; las acusan según la ley estadounidense. Los matan...

Esto es terror [y] Estados Unidos es tan culpable de terrorismo como la gente que estrelló sus aviones contra edificios... Bush no entiende al resto del mundo. Cree que todos deberían ser neoconservadores como él.

Viniendo de uno de los principales líderes musulmanes del mundo, que ha instado a sus correligionarios a rechazar el terrorismo y el extremismo, la valoración del Dr. Mahathir de la guerra declarada por Estados Unidos contra el terrorismo es especialmente pertinente y una advertencia muy concreta a los responsables estadounidenses comprometidos con los intereses de Israel: Aunque atrapen a Bin Laden, no pueden estar seguros de que no habrá otro Bin Laden. Es imposible conseguir que los terroristas firmen un tratado de paz.

La única forma de derrotar al terror es atajar sus causas profundas. No se inmolan sin motivo, están enfadados, frustrados. ¿Y por qué están enfadados? Fíjense en la situación palestina. Cincuenta años después de la creación del Estado de Israel, las cosas van de mal en peor.

Si no te ocupas de este problema, la guerra contra el terrorismo no acabará nunca. ¿Cuánto tiempo vas a seguir examinando los zapatos de la gente

Mahathir como una "teoría de la conspiración del mundo musulmán", recordemos que, como se informó anteriormente, el Forward, un destacado periódico judío con sede en Nueva York, informó el 11 de mayo de 2005 de que Barry Jacobs, del Comité Judío Estadounidense, había acusado a altos cargos de la comunidad de inteligencia estadounidense de ser hostiles a Israel y de librar una guerra contra los grupos de presión proisraelíes y sus aliados neoconservadores en la administración Bush.

Forward informa de que Jacobs cree, según el resumen de Forward, que "la idea de que los judíos estadounidenses y los neoconservadores del Pentágono conspiraron para empujar a Estados Unidos a la guerra contra Irak, y posiblemente también contra Irán, está muy extendida dentro de la comunidad de inteligencia de Washington."

De hecho, las preocupaciones de Jacobs son válidas, como hemos demostrado detalladamente en este volumen. La considerable influencia del lobby judío en Estados Unidos es motivo de creciente preocupación, como debe ser.

El hecho es que las políticas de George W. Bush no sólo preocupan a los países árabes y musulmanes, o a Rusia, China o incluso Venezuela. Muchos buenos estadounidenses (incluidos los que ocupan altos cargos) ven un peligro real en estas políticas. Y muchas personas de todo el mundo reconocen que estos estadounidenses comparten sus preocupaciones.

omo parte de sus esfuerzos por oponerse al imperialismo y a las guerras para promover el imperialismo, el Dr. Mahathir de Malasia ha creado la Organización Mundial por la Paz Perdana, mencionada anteriormente en este libro. El 17 de diciembre de 2005, el Dr. Mahathir y los participantes en un foro especial de la organización anunciaron la iniciativa de Kuala Lumpur para criminalizar la guerra. Como su nombre indica, esta iniciativa y los esfuerzos por promover su mensaje son un serio llamamiento a la acción mundial para criminalizar la conducta bélica. El texto de la iniciativa es el siguiente

LA INICIATIVA DE KUALA LUMPUR PARA CRIMINALIZAR LA GUERRA

El Foro Mundial de la Paz de Kuala Lumpur, que reúne a personas interesadas de los cinco continentes

UNIDOS en la convicción de que la paz es la condición esencial para la supervivencia y el bienestar de la raza humana,

DECIDIDOS a promover la paz y a preservar a las generaciones venideras del flagelo de la guerra, indignado por el frecuente recurso a la guerra para resolver las disputas entre naciones,

PREOCUPADO porque los militaristas se preparan para nuevas guerras, TRISTE porque el uso de la fuerza armada aumenta la inseguridad para todos,

ATERRADOS ante la idea de que la posesión de armas nucleares y el riesgo inminente de una guerra nuclear conduzcan a la aniquilación de la vida en la Tierra.

Para lograr la paz, declaramos ahora que

- Las guerras implican cada vez más el asesinato de inocentes y son, por tanto, odiosas y criminales.

- El asesinato en tiempos de guerra es tan criminal como el asesinato en sociedades en tiempos de paz.

- Dado que los homicidios en tiempo de paz están sujetos al derecho penal interno, los homicidios en tiempo de guerra también deben estar sujetos al derecho penal internacional. Esto debe ser así con independencia de que tales homicidios en tiempo de guerra estén autorizados o permitidos por el derecho interno.

- Deben penalizarse todas las actividades comerciales, financieras, industriales y científicas que ayuden e instiguen a la guerra.

- Todos los dirigentes nacionales que inicien una agresión deben estar sujetos a la jurisdicción de la Corte Penal Internacional.

- Todas las naciones deben reforzar su determinación de aceptar los propósitos y principios de la Carta de las Naciones Unidas y establecer métodos para resolver las controversias internacionales por medios pacíficos y renunciar a la guerra.

- No se recurrirá a la fuerza armada a menos que lo autorice una resolución adoptada por mayoría de dos tercios de todos los miembros de la Asamblea General de las Naciones Unidas.

- Todos los legisladores y miembros del gobierno deben afirmar su creencia en la paz y comprometerse a trabajar por ella.

- Los partidos políticos de todo el mundo deben hacer de la paz uno de sus principales objetivos.

- En todos los países deben crearse organizaciones no gubernamentales comprometidas con la promoción de la paz.

- Los funcionarios y profesionales, especialmente en los ámbitos médico, jurídico, educativo y científico, deben promover la paz y combatir activamente la guerra.

- Los medios de comunicación deben oponerse activamente a la guerra y a la incitación a la guerra y promover conscientemente la resolución pacífica de los conflictos internacionales.

- Los medios de entretenimiento deben dejar de glorificar la guerra y la violencia y, en su lugar, cultivar una ética de la paz.

- Todos los líderes religiosos deben condenar la guerra y promover la paz.

Con este fin, el Foro decide establecer una secretaría permanente en Kuala Lumpur para

Poner en marcha esta iniciativa.

OPONERSE a las políticas y programas que incitan a la guerra. SOLICITAMOS la cooperación de [organizaciones no gubernamentales] de todo el mundo para alcanzar los objetivos de esta iniciativa.

Los nacionalistas estadounidenses -los verdaderos patriotas de Estados Unidos- comparten el espíritu de la iniciativa de Kuala Lumpur. Y los estadounidenses deben unirse -y unirse a otros en todo el mundo- para oponerse a los belicistas imperiales. Tenemos que tener mucho cuidado antes de "unirnos a la bandera" y subirnos al carro de la guerra que se está formando ante nuestros ojos.

George Bush dejará su cargo en enero de 2009. Sin embargo, otros intentarán continuar con las peligrosas políticas imperiales creadas por las mentiras y la mala gestión de la era Bush. Depende de todos los buenos estadounidenses -y de sus muchos amigos en todo el mundo- trabajar juntos para poner de rodillas a estos intrigantes.

Unas palabras finales...

¿Qué tenemos que hacer

Este volumen nunca pretendió ser un análisis científico (o una visión histórica) del arsenal de armas de destrucción masiva del Estado de Israel. La verdad es que sólo los israelíes saben exactamente lo poderoso y capaz que es su Golem. Y la historia (o al menos gran parte de ella) de las ambiciones nucleares de Israel ya ha sido examinada en otros lugares.

Más bien, nuestro objetivo es examinar el peligro muy real que representa la bomba infernal de Israel, un peligro que se ve magnificado, como hemos visto, por el hecho de que los líderes de Israel -tanto los de la "corriente principal" como los de la "franja" (que se acerca cada vez más al centro)- son muy capaces de desencadenar el Golem si lo consideran necesario.

Ninguna otra nación del mundo ha situado las armas nucleares en el centro de su existencia. No hay ninguna otra nación en el mundo que considere su arsenal nuclear como algo sagrado.

De hecho, ninguna otra nación ha incorporado a su filosofía fundacional el concepto de que su pueblo es un "pueblo elegido" que ocupa un lugar especial a los ojos de Dios, que es superior a todos los demás.

Aunque las rivalidades y los prejuicios étnicos y religiosos han estado a menudo en el centro de las controversias en todo el mundo, no hay ninguna otra nación -con la excepción de Israel- que considere a su propio pueblo superior a todos los demás pueblos y culturas del planeta.

Y sin embargo, a pesar de todo esto, Israel es una nación que, incluso internamente, está plagada de una agitación interna que inevitablemente se hace aún más angustiosa por las constantes señales de corrupción masiva y mala gestión, cuyos detalles aparecen de vez en cuando en la prensa occidental.

Como resultado, la estabilidad y el propio futuro de Israel como nación siguen siendo inciertos.

Aunque Israel y sus partidarios nos quieren hacer creer que "los árabes" y "los musulmanes" son la mayor amenaza para la supervivencia de Israel, la realidad es que el propio Israel es la mayor amenaza para su propio futuro y el del pueblo judío en su conjunto.

Aunque muchas personas (sobre todo estadounidenses, influidos por los medios de comunicación) perciben a Israel como una "democracia" unida y próspera, nada más lejos de la realidad.

El conflicto entre las facciones de la élite judía (y el pueblo) de Israel es, en ocasiones, casi tan enconado como el conflicto entre Israel y los pueblos del mundo árabe.

A fin de cuentas, la pequeña nación de Israel se presenta como un polvorín de primer orden, con constantes conflictos con sus vecinos que no hacen sino agravar el peligro.

Sin embargo, esta atribulada y preocupante nación de unos 5.000.000 de habitantes -aproximadamente el tamaño del estado de Nueva Jersey- mantiene al mundo como rehén. Así de sencillo.

Gracias al poder de su grupo de presión en Washington -que dicta innegablemente la política exterior estadounidense- y a la presencia del Golem nuclear israelí (que, en virtud de su existencia, otorga al grupo de presión israelí en Washington una influencia aún mayor), este atribulado y perturbador Estado racista (que dista mucho de ser una democracia) puede y debe ser considerado ahora -de forma bastante espeluznante- como uno de los Estados más grandes del mundo, en virtud de su existencia, que otorga aún más influencia al lobby israelí en Washington), este atribulado y perturbador Estado racista (que dista mucho de ser una democracia) puede y debe ser considerado ahora -de forma bastante espeluznante- como una de las naciones más poderosas del planeta -si no la más poderosa- en virtud del dominio efectivo que Israel ejerce sobre los medios de comunicación estadounidenses (y, por tanto, sobre el propio gobierno estadounidense).

Fue Israel -y sólo Israel- quien arrastró a Estados Unidos a la vergonzosa y destructiva guerra contra Irak, una guerra que ha expulsado a millones de personas de sus hogares en una nación antaño próspera.

Cuántos futuros terroristas se han engendrado entre los jóvenes iraquíes que ahora viven o están destinados a vivir en el exilio o en míseros campos de refugiados, en calles destrozadas por la guerra y edificios bombardeados, en ciudades y pueblos antaño prósperos devastados por la invasión estadounidense de su patria, bajo el liderazgo de Israel.

Hoy, Estados Unidos está al borde de otra guerra inútil contra el pueblo iraní. Y, una vez más, se trata de una guerra "made in Israel".

Israel ha abierto una brecha no sólo entre Estados Unidos y los pueblos árabes de Oriente Próximo, sino también entre Estados Unidos y los musulmanes de todo el mundo, por no hablar de los millones y millones de personas que resienten las maquinaciones globales de Estados Unidos dirigidas por Israel y su grupo de presión en Washington.

Políticos y responsables estadounidenses, académicos y líderes militares, oficiales de inteligencia y diplomáticos están todos en el punto de mira: quienes se atreven a oponerse a las intrigas de Israel son amenazados, sometidos a chantaje, boicots, difamación y, sí, asesinados.

Aquí, en Estados Unidos, se han puesto en marcha medidas -leyes como la llamada Patriot Act- que, aunque diseñadas ostensiblemente para "luchar contra el terrorismo", no son más que mecanismos de estado policial al viejo estilo, concebidos para frenar la disidencia y establecer un gobierno autoritario. Pero el futuro se presenta mucho peor, a menos, claro está, que los estadounidenses y otros se unan para poner fin a esta locura, antes de que sea demasiado tarde. De eso no cabe duda. Como he dicho antes: ha llegado el momento. Hay que hacer algo.

¿Qué puedes hacer?

En primer lugar, los oficiales militares estadounidenses retirados y los veteranos de todos los rangos que comprendan la naturaleza de la perniciosa influencia de Israel en la política estadounidense deben unirse para utilizar su buena voluntad entre el pueblo estadounidense para dar a conocer este peligro. Deben volver a comprometerse, como hicieron antes, con la defensa de Estados Unidos. Y contarán con el apoyo de la mayoría de los estadounidenses de a pie si se atreven a hacerlo.

Nuestros veteranos de guerra estadounidenses deben ocupar el centro de la escena política, si no como candidatos, al menos como voces públicas inflexibles a favor de la paz, que desafíen el poder del lobby israelí en Estados Unidos.

Los candidatos a cargos públicos que pregonan su lealtad a Israel deben ser denunciados pública y ruidosamente, reprendidos, expuestos como chupópteros comprados y pagados. Los estadounidenses deben olvidarse de las sutilezas y dejar de lado la vieja teoría de que los funcionarios públicos tienen derecho al respeto. Cualquier político que siga apoyando a Israel no tiene derecho a ningún respeto. Cualquier político que apoye a Israel debe ser expulsado de su cargo.

Los estadounidenses deben protestar en voz alta y públicamente fuera de los verdaderos pasillos del poder. Los estadounidenses deben olvidarse de hacer piquetes en la Casa Blanca y el Congreso. En lugar de llevar a 100.000 airados manifestantes contra la guerra a Washington para marchar por la Avenida Pensilvania, debería haber 10.000 airados manifestantes contra la guerra ante cada sinagoga y organización de la comunidad judía en cada gran ciudad de Estados Unidos.

Estos son los verdaderos centros de poder político en Estados Unidos, los puntos de reunión para los millones de dólares en contribuciones de campaña que apoyan el poder sionista en Estados Unidos. Las manifestaciones airadas en las ciudades y pueblos de Estados Unidos alertarían al estadounidense medio de lo que realmente son las insanas aventuras imperiales de Estados Unidos en el extranjero.

Los estadounidenses de toda condición deben estar preparados para enfrentarse a sus vecinos judíos y exigirles que dejen de apoyar a organizaciones como la Liga Antidifamación, el Comité Judío Estadounidense, el Congreso Judío Estadounidense y todo tipo de operaciones pro-Israel que florecen hoy en suelo estadounidense.

Todo esto puede -y debe- hacerse pacíficamente, eso está claro. Los estadounidenses son buenas personas -personas no violentas-, pero hasta ahora han tenido miedo de enfrentarse frontalmente a los alborotadores que hay entre nosotros. Esto no puede seguir así.

Los estadounidenses -incluidos los estadounidenses judíos de buena fe que estén dispuestos a desafiar a sus autoproclamados líderes- deben presionar a los líderes y cómplices del bloque de poder sionista y dejar claro, sin ambigüedades, que los estadounidenses deben estar dispuestos a levantarse -unidos- y declarar sin ambigüedades, de una vez por todas, que NO HABRÁ MÁS guerras para ISRAEL.

Este sencillo eslogan, repetido suficientes veces en suficientes lugares y ante suficientes personas, explicará -de una vez por todas- cuál es la principal fuente de problemas en nuestro mundo. La gente debería estar preparada para decir simplemente: "¡Al diablo con el lobby judío

El Golem nuclear de Israel es fundamental en esta fuente de problemas y otorga a Israel la autoridad desenfrenada para conducir sus asuntos en casa, en los territorios ocupados y en sus relaciones con sus vecinos de la región (y del resto del mundo) de una manera que no se ajusta a las normas razonables de la ley o la ética.

En un futuro no muy lejano, Israel y sus partidarios tendrán que reconocer un simple hecho: les superan en número. El experimento sionista en Palestina ha fracasado y el resultado es un mundo convulso, consecuencia directa de unos cuarenta años de intervención estadounidense en Oriente Próximo en nombre de Israel, para salvar a un Estado fallido que nunca debería haber llegado a existir.

En el momento de escribir estas líneas (julio de 2007), los palestinos están en guerra entre sí -de nuevo debido a la intriga israelí-estadounidense- y los israelíes vuelven a "fingir" que están dispuestos a trabajar con la facción de Al Fatah entre los palestinos para lograr una solución de la cuestión palestina. Pero quienes conocen la historia de los israelíes reconocen que esto no es más que "más de lo mismo".

Israel debe estar dispuesto a compartir el poder con los cristianos y musulmanes autóctonos de Palestina. La era de un Estado exclusivamente judío, con superioridad judía y estatus de segunda clase para los palestinos, debe y pronto llegará a su fin. La rueda de la historia gira cada vez más rápido en esa dirección.

El mundo civilizado debe estar dispuesto a comprometerse con el desmantelamiento del arsenal nuclear de Israel y con el establecimiento de un nuevo paradigma en Palestina, que contribuirá en gran medida al establecimiento de una paz justa y que garantizará en gran medida el fin del conflicto en Oriente Próximo que gira en torno al Golem de Israel. De lo contrario, no cabe duda: Estados Unidos y el mundo (incluido Israel) conducirán cada vez más rápido por el camino del Armagedón.

-MICHAEL COLLINS PIPER

Esto es lo que el preso de conciencia israelí Mordechai Vanunu, delator nuclear y nominado en varias ocasiones al Premio Nobel de la Paz, dijo sobre Michael Collins Piper...

A lo largo de los años se ha escrito mucho sobre la criatura conocida como Estado de Israel. Mucho de lo que se ha escrito sobre Israel y aceptado por los occidentales no es cierto.

Israel ha sido presentado como un amigo no amenazador de la humanidad, que simplemente desea vivir en paz con el resto del mundo. He visto a la bestia de cerca y puedo decirles que no es así.

Sólo unas pocas personas son lo suficientemente valientes y honestas para retratarlo en su verdadera luz, y una de ellas es Michael Collins Piper en sus libros como Juicio Final, Los Sumos Sacerdotes de la Guerra y La Nueva Jerusalén.

En un momento de agitación ideológica tsunámica, cuando los propagandistas audaces son implacables en sus frenéticos esfuerzos por reescribir los hechos de la historia, Michael Collins Piper llega para desafiar a estos traficantes de la verdad: el Voltaire americano, un pensador ilustrado y polemista que no teme enfrentarse a las duras realidades, haciéndolo con elegancia y brío.

En los últimos años, Piper se ha erigido en embajador sin parangón del movimiento nacionalista estadounidense ante personas de todo el mundo: de Moscú a Abu Dhabi, pasando por Kuala Lumpur, Tokio, Toronto y Teherán.

En términos claros, hizo un llamamiento -un grito de guerra- para que todos nos unamos, recuperemos nuestro patrimonio y barramos la corrupción del capital internacional y la fuerza malévola que está llevando a nuestro mundo al borde de la aniquilación nuclear.

El mensaje de Piper es alto y claro: los verdaderos estadounidenses no apoyan el plan sionista de aprovechar el poderío militar de Estados Unidos para conquistar el mundo; la gente de bien que se opone al imperio sionista debe dejar a un lado sus diferencias y cerrar filas, unidos para la batalla final.

Apasionado, sin ninguna pretensión de imparcialidad, Piper identifica y fustiga a quienes muestran actitudes de odio abierto hacia el nacionalismo y la libertad.

Habiendo hecho de la escritura histórica una forma de arte, Piper tiene pocos iguales. Tampoco hay muchos que digan la verdad al poder como Piper lo hace tan bien.

El rabino Abraham Cooper, del Centro Simon Wiesenthal, afirmó que Piper es "antiamericano" porque critica a Israel. De hecho, el trabajo de Piper demuestra precisamente lo proamericano que es.

-RYU OHTA, Presidente de la Sociedad para la Crítica de la Civilización Contemporánea, con sede en Tokio (Japón)

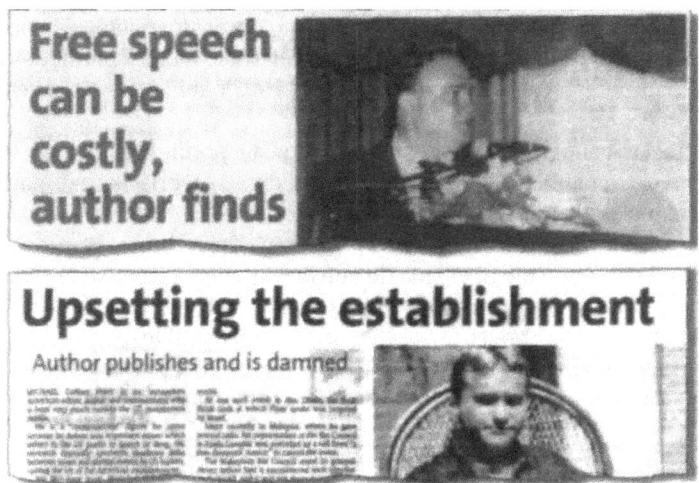

Los medios de comunicación de todo el mundo elogian a Michael Collins Piper, pero los medios controlados estadounidenses lo denigran...

En marzo de 2003, en vísperas de la invasión estadounidense de Irak, Michael Collins Piper, autor de La nueva Jerusalén, estuvo en Abu Dhabi, la capital de los Emiratos Árabes Unidos (EAU), como invitado del distinguido Centro Zayed de Coordinación y Seguimiento, el think tank oficial de la Liga de Estados Árabes. La conferencia de Piper, centrada en la parcialidad de los medios de comunicación estadounidenses a favor de Israel, recibió una cobertura muy favorable en la prensa árabe e inglesa de Oriente Medio (véase más arriba). En agosto de 2004, Piper viajó a Kuala Lumpur, la capital de Malasia, donde habló ante numerosos industriales, intelectuales, abogados, periodistas, diplomáticos y otros, y recibió una cobertura similar de los medios de comunicación locales, directa y honesta (abajo). En cambio, Piper ha sido duramente atacado por los principales medios de comunicación estadounidenses en su país. No es de extrañar, ya que Piper -crítico de medios del periódico independiente American Free Press (AFP)- es un firme defensor de las medidas para frenar la creciente concentración de la propiedad de los medios de comunicación en manos de un reducido número de familias e intereses financieros.

Cómo descubrí el problema de Israel: Desde que empecé a escribir y a hablar públicamente -hace unos 25 años, cuando aún no había cumplido la veintena- me han preguntado en repetidas ocasiones (tanto aquí, en Estados Unidos, como en todo el mundo) cómo llegué a mi particular punto de vista, sobre todo en lo que respecta a la "relación especial" de Estados Unidos con Israel. Me parece apropiado utilizar este foro para responder a esa pregunta a quienes estén interesados.

Como siempre me ha interesado la política, desde los siete u ocho años, primero me interesé por la historia de la Guerra Civil. A partir de ahí, se desarrolló mi interés por los asuntos políticos estadounidenses en general.

Como mucha gente, me creí el mito de que la política giraba en torno a demócratas y republicanos, y más tarde me creí la teoría de que había una diferencia real entre "liberales" y "conservadores".

Al final, sin embargo, me di cuenta de que la verdadera diferencia estaba entre los nacionalistas y los internacionalistas y, al final, me quedó claro que la principal fuerza de poder -prácticamente indiscutible- en los asuntos estadounidenses era el papel del lobby judío y la agenda sionista global. Cómo llegué a esa conclusión fue un proceso de aprendizaje en sí mismo, y muy personal.

Verá, cuando era niño -durante la guerra de Vietnam- me oponía mucho a la guerra porque era instintivamente antibelicista. Luego acabé viendo los efectos de la guerra en mi hermano mayor, que fue reclutado y enviado a Vietnam. Ahora está muerto. Sobrevivió a la guerra de Vietnam, pero nunca se recuperó del todo del impacto físico y psicológico de la guerra. Este libro -El Golem- está dedicado en parte a mi hermano. Por desgracia, fue una de las muchas víctimas de la guerra.

Y sin embargo, irónicamente -si he de decir toda la verdad, y lo haré- mi hermano era un firme partidario de las políticas de George W. Bush. Como muchos buenos patriotas estadounidenses, mi hermano -un conservador tradicional- se dejó engañar por la propaganda sionista de Fox News y otros medios "conservadores" que prevalecen hoy en día.

En algunos aspectos, mi hermano probablemente rechazaría los fundamentos de este libro, aunque sólo fuera porque su tesis va tan en contra de la línea propagandística que ha llegado a aceptar en su demasiado corta vida.

De todos modos, como estaba muy, muy en contra de la guerra, empecé a estudiar la política exterior estadounidense.

Cuando tenía unos 16 años, había llegado a la conclusión de que el principal polvorín -el principal problema- de la política exterior estadounidense era Oriente Próximo. Y era precisamente -determiné- por el apoyo incondicional de Estados Unidos a Israel.

En consecuencia, creo que fuimos las víctimas de los atentados terroristas del 11 de septiembre. Sea quien sea el responsable del 11 de septiembre -y creo que Israel fue el principal instigador del 11 de septiembre, tema que voy a tratar en esta conferencia-, no creo que haya nada de qué preocuparse.

A Reflective Essay by Michael Collins Piper to explore in a forthcoming book - the bottom line is that the 9-11 tragedy was a direct outgrowth of the U.S. involvement in the Middle East, specifically, U.S. favouritism for Israel. Incluso si, como afirma George Bush, los musulmanes radicales fueron los responsables de los atentados del 11 de septiembre, éstos siguen estando vinculados a la actitud partidista de Estados Unidos hacia Israel.

Hace años y años, dije a quien quisiera escucharme que Estados Unidos acabaría siendo víctima de un atentado terrorista procedente del mundo musulmán debido a nuestra política en Oriente Próximo, y aunque Estados Unidos ha sido víctima de un atentado terrorista masivo, no creo -como dije- que los musulmanes sean los responsables del mismo.

Pero, en cierto modo, he sido reivindicado, al menos si se creen las mentiras de George W. Bush. Y muchos buenos estadounidenses creen esas mentiras. Pero parecen incapaces de vincular este supuesto "ataque terrorista musulmán" con las políticas corruptas del gobierno estadounidense en la conducción de la política exterior de nuestro país.

Hoy, por supuesto, nos encontramos envueltos en esta guerra en Irak. Y si los sionistas y los políticos que controlan, como George W. Bush, se salen con la suya, iremos a la guerra con Irán.

Ni que decir tiene que, como siempre he dicho, la política estadounidense en Oriente Próximo se basa en la mentira, la intimidación y el doble rasero: La única constante de la política estadounidense en Oriente Próximo es que se basa en la mentira, la intimidación y el doble rasero. Esta política debe ser (¿falta texto?) Debido a mi interés por Oriente Próximo, obviamente leí mucho sobre el tema y descubrí que había un aspecto de la política estadounidense en Oriente Próximo que apenas se exploraba en los documentos publicados sobre el tema: el hecho de que John F. Kennedy estaba inmerso en una guerra secreta, entre bastidores, con Israel, intentando detener los incesantes esfuerzos de Israel por construir armas nucleares de destrucción masiva.

Como siempre me ha interesado el asesinato de JFK, pronto descubrí, en el curso de mi propia investigación, que había buenas razones para creer que Israel había desempeñado realmente un papel importante en el crimen que tuvo un impacto tan profundo en el curso de la política estadounidense hacia Israel y el mundo árabe.

La publicación de mi propio libro sobre el asesinato de JFK, Juicio Final, me llevó a profundizar en la política exterior de Estados Unidos y, como resultado, empezaron a materializarse mis libros posteriores sobre el problema de Israel y su impacto en nuestro mundo. Francamente, creo que mi trabajo resistirá el paso del tiempo.

Con el tiempo, gracias a mis esfuerzos, he tenido la oportunidad de viajar a lugares a los que nunca habría esperado ir y de conocer a muchas personas excelentes de todo el planeta que comparten mis inquietudes. Gracias a ello, estoy convencido, ahora más que nunca, de que habrá una solución definitiva al problema de Israel.

UNA CARTA DEL AUTOR...

Estimado lector

La perniciosa influencia del sionismo en el mundo actual no está a punto de desaparecer. En este momento de la historia mundial, el sionismo sigue siendo la principal influencia que determina el curso de los asuntos humanos.

En las páginas de GOLEM hemos visto cómo el Estado de Israel, gracias a su arsenal nuclear de armas de destrucción masiva, ha alcanzado el estatus de superpotencia.

Lo que hemos explorado es sólo la proverbial punta del iceberg, y los peligros crecen día a día. No podemos permitir que la situación empeore.

Diariamente, debes transmitir la información contenida en este libro a tus amigos y vecinos. Tienes que explicar a todo el que se preocupe que hasta que no se resuelva el problema del arsenal nuclear de Israel, no hay esperanza de detener el terrorismo, de llevar la paz a Oriente Medio, de conseguir que Estados Unidos vuelva al buen camino y se ocupe de sus propios problemas internos, en lugar de intentar vigilar el mundo.

Sus tarjetas, llamadas, correos electrónicos y cartas son muy alentadores y siempre se agradecen, especialmente sus críticas constructivas a mi trabajo.

Mis mejores deseos y que Dios le bendiga

MICHAEL COLLINS PIPER

ES MICHAEL COLLINS PIPER...

No cabe duda de que Michael Collins Piper es hoy uno de los principales objetivos del lobby israelí...

Descrito como el "Voltaire americano", Michael Collins Piper es realmente el autor que el lobby israelí adora odiar. Repetidamente atacado por los propagandistas de Israel, Piper permanece imperturbable, a pesar de que su vida ha sido amenazada por Irv Rubin, el violento líder de la Liga de Defensa Judía, una organización terrorista. Un día, tras descubrir que su teléfono estaba pinchado, Piper bromeó: "No ha sido el Vaticano quien ha pinchado este teléfono".

Al estilo de su combativo y pintoresco tatarabuelo, el famoso constructor de puentes "coronel" John Piper -padre sustituto y primer socio comercial del gigante industrial Andrew Carnegie-, el franco autor aprovecha cualquier oportunidad para enfrentarse a sus numerosos detractores, aunque éstos suelen negarse a debatir con él.

Como su antepasado, Piper tiende puentes a su manera: en los últimos años ha dado conferencias por todo el mundo, en lugares tan diversos como Abu Dhabi (Emiratos Árabes Unidos), Moscú (Rusia), Kuala Lumpur (Malasia), Tokio (Japón), Teherán (Irán) y Canadá. Los partidarios policiales de la guerra y el imperialismo se han visto perturbados por los enérgicos esfuerzos de Piper por forjar lazos de entendimiento entre personas de todos los credos y colores.

Amante de los perros, los gatos y todos los animales, un progresista americano a la antigua usanza en la tradición de LaFollette-Wheeler, Piper rechaza las etiquetas "liberal" y "conservador" por arcaicas, artificiales y divisorias, manipuladoras palabras de moda en los medios de comunicación diseñadas para suprimir la disidencia popular y la libre investigación. En una ocasión le ofrecieron una lucrativa misión en una operación encubierta de inteligencia en África, pero la rechazó, prefiriendo su independencia, una postura acorde con su herencia étnica: otro de los tatarabuelos de Piper era un nativo americano de pura cepa.

Piper extrae gran parte de sus escritos de su biblioteca de unos 10.000 volúmenes, entre ellos muchas obras raras, y es colaborador habitual de American Free Press, semanario nacional con sede en Washington, y de la revista histórica The Barnes Review. Un crítico de medios de comunicación aclamó a Piper como uno de los 25 mejores escritores de Internet. En 2006, Piper comenzó a presentar un comentario radiofónico nocturno en la Republic Broadcasting Network en republicbroad-casting.org en Internet.

A lo largo de su carrera, Piper ha desvelado varias historias importantes. En 1987, fue el primero en revelar la trampa tendida por el Departamento de Justicia al Tesorero del Estado de Pensilvania, Budd Dwyer, que condujo al escandaloso suicidio público de éste. Piper fue también el primero en revelar que Roy Bullock, afincado en San Francisco, era un agente de la Liga Antidifamación (ADL), intermediario del Mossad israelí implicado en el espionaje ilegal de ciudadanos estadounidenses. Esto ocurrió siete años antes de que el *New York Times* confirmara el vínculo de Bullock con la ADL. La ADL nunca perdonará a Piper el papel esencial que desempeñó en primera línea para desenmascarar a Bullock.

Piper fue el único periodista que se atrevió a afirmar que el atentado de Oklahoma City fue una operación de "bandera falsa" del Mossad para implicar a Sadam Husein, un proyecto desbaratado por los investigadores estadounidenses que rechazaron las maquinaciones de Israel, optando en su lugar por otro "encubrimiento de un loco solitario". El trabajo pionero de Piper sobre el papel de Israel en el 11-S ha sido recogido por los buscadores de la verdad y condenado por los defensores de Israel por su exactitud.

Otros títulos

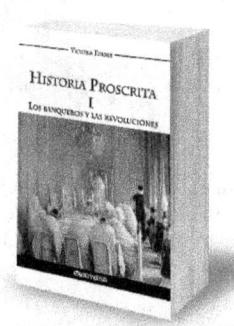

OMNIA VERITAS

Omnia Veritas Ltd presenta:

HISTORIA PROSCRITA
I
LOS BANQUEROS Y LAS REVOLUCIONES

POR

VICTORIA FORNER

Los procesos revolucionarios necesitan agentes, organización y, sobre todo, financiación, dinero.

LAS COSAS NO SON A VECES LO QUE APARENTAN...

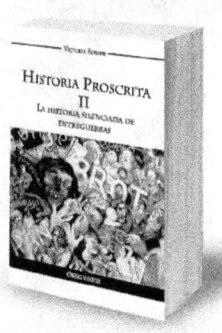

OMNIA VERITAS

Omnia Veritas Ltd presenta:

HISTORIA PROSCRITA
II
LA HISTORIA SILENCIADA DE ENTREGUERRAS

POR

VICTORIA FORNER

"El verdadero crimen es acabar una guerra con el fin de hacer inevitable la próxima."

EL TRATADO DE VERSALLES FUE "UN DICTADO DE ODIO Y DE LATROCINIO"

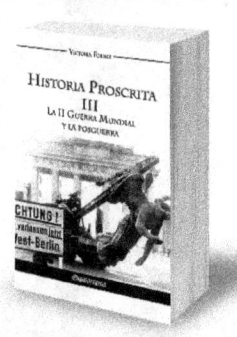

OMNIA VERITAS

Omnia Veritas Ltd presenta:

HISTORIA PROSCRITA
III
LA II GUERRA MUNDIAL Y LA POSGUERRA

POR

VICTORIA FORNER

Distintas fuerzas trabajaban para la guerra en los países europeos

MUCHOS AGENTES SERVÍAN INTERESES DE UN PARTIDO BELICISTA TRANSNACIONAL

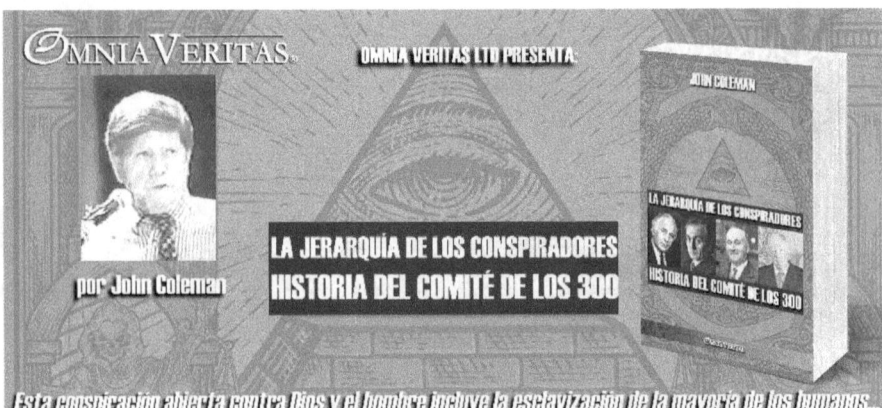

www.ingramcontent.com/pod-product-compliance
Lightning Source LLC
Chambersburg PA
CBHW071433150426
43191CB00008B/1117